WESTEND

PAUL SCHREYER

DIE ANGST DER ELITEN

Wer fürchtet die Demokratie?

WESTEND

Mehr über unsere Autoren und Bücher:
www.westendverlag.de

Die Deutsche Nationalbibliothek verzeichnet diese Publikation in der Deutschen Nationalbibliografie; detaillierte bibliografische Daten sind im Internet über http://dnb.d-nb.de abrufbar.

Das Werk einschließlich aller seiner Teile ist urheberrechtlich geschützt. Jede Verwertung ist ohne Zustimmung des Verlags unzulässig. Das gilt insbesondere für Vervielfältigungen, Übersetzungen, Mikroverfilmungen und die Einspeicherung und Verarbeitung in elektronischen Systemen.

ISBN 978-3-86489-209-7
5. Auflage 2021
© Westend Verlag GmbH, Frankfurt/Main 2018
Satz: Publikations Atelier, Dreieich
Umschlaggestaltung: Buchgut, Berlin
Druck und Bindung: CPI – Clausen & Bosse, Leck
Printed in Germany

Inhalt

Vorwort	9
1 Reichtum regiert	13
2 Die Wahrheit über den Populismus	22
3 »Hate Speech« und die Meinungsfreiheit	33
4 Der Traum von der Gemeinschaft	47
5 Sind Volksabstimmungen gefährlich?	60
6 Weshalb direkte Demokratie nicht im Grundgesetz steht	76
7 Die Angst vor dem Volksentscheid	85
8 Aus Ohnmacht wird Wut oder: Wer ist die AfD?	94
9 Milliardäre machen Politik	107
10 Begrenzte Grundrechte	123
11 Der Tiefenstaat	130
12 Das Eigentum	142
13 Vorsicht, Querfront!	160
14 Der Mythos von der »neuen Zeit«	173
Anmerkungen	180
Literatur	215
Personenregister	217

»Es ist leicht zu sehen, warum Demokratie gerade bei Gruppen, die sich selbst für Eliten halten, nicht immer beliebt ist. Aber die demokratische Zumutung der Demut mag ihnen nicht nur im politischen Leben weiterhelfen.«[1]

Christoph Möllers, 2008

»Denn während der Adel nicht den Thron angreift – ohne den er nicht bestehen kann –, sondern den König, der ihm nicht passt, greift die Volksmacht nach dem Throne selbst, als das, was unvereinbar mit ihr ist.«[2]

James Harrington, 1656

»Wir müssen bewusst unsere eigene Welt gestalten, nicht mittels gedankenloser Gewohnheiten und destruktiver Vorurteile, sondern nach den Grundprinzipien der unserer Spezies eigenen *Vernunft, Reflexionsfähigkeit* und *Diskussion*.«[3]

Murray Bookchin, 2002

Vorwort

Quer durch die Geschichte zieht sich der Streit, wer in der Gesellschaft das Sagen haben soll. Ob in Antike, Mittelalter, 20. Jahrhundert oder heute: Immer wieder aufs Neue stellt sich die Frage nach der Macht im Staate und die nach der Gerechtigkeit. Sollen die Reichen, die »Experten«, die »Klugen« entscheiden – oder soll die Politik tatsächlich von allen bestimmt werden?

Man könnte meinen, die Antwort sei leicht. Demokratie gilt als etwas Positives, so gut wie jeder ist dafür. Doch wie demokratisch sind wir wirklich? Besteht tatsächlich die Absicht, das Volk regieren zu lassen? Viele Menschen halten eine solche Vorstellung für gefährlich. Die Forderung nach echter Volksherrschaft, also zum Beispiel regelmäßigen Volksabstimmungen, gilt als populistisch. Wer die Bürger direkt fragt, so die Befürchtung, der setzt sich den Stimmungen und Bauchgefühlen einer leicht manipulierbaren Masse aus. Statt Schwarmintelligenz, so die Sorge, regieren am Ende bloß die Dummheit der Vielen und deren Vorurteile. Sind wir daher mit einer indirekten, parlamentarischen Demokratie, also gewählten Abgeordneten, professionellen Vertretern, die einen kühlen Kopf bewahren, nicht besser dran?

Andere behaupten das Gegenteil und sind überzeugt, dass die repräsentative Demokratie nur Theater ist, eine inszenierte »Bundestags-Show«, die transparente Politik bloß vorgaukelt, während die echten Entscheidungen in den Hinterzimmern der Lobbyisten getroffen werden, weit weg vom Bürger und der Öffentlichkeit.

Fest steht: Mit der Demokratie ist es eine widersprüchliche Sache. Einerseits wird sie gefeiert und beschworen. Man beruft sich auf sie und will sie verteidigen, besonders gegen die sogenannten Populisten. Doch die Liebe zum Volkswillen kühlt rasch ab, wenn jene Populisten tatsächlich Wahlen gewinnen. Regelmäßig bricht dann Unruhe aus, manchmal gar Panik, wie nach dem Einzug Donald Trumps ins Weiße Haus. Demokratie ist toll – solange nicht die Falschen gewählt werden. Aber wer genau sind die »Falschen«, und wer entscheidet das?

Das Thema beschäftigt spätestens seit den Erfolgen von Trump, AfD und Co. immer mehr Menschen. Viele sind besorgt und sehen die Rechte von Minderheiten oder gleich die ganze Demokratie in Gefahr. Über die Ursachen der jüngsten Wahlergebnisse wird dabei heftig gestritten. Manche vermuten ein Kommunikationsproblem und mangelnde Bildung. Unzufriedene und impulsive »Wutbürger« würden unseriösen Rattenfängern und deren Sprüchen auf den Leim gehen. Die einfachen und radikalen Lösungen führten aber in die Irre, weshalb die fehlgeleiteten Bürger aufgeklärt werden müssten. Ein vernünftiger und umfassend informierter Mensch könne Trump oder die AfD schließlich kaum wählen.

Andere widersprechen und meinen, dass die Unzufriedenheit mit der Politik berechtigt sei. Man könne daher auch kaum jemanden zu einer anderen, »besseren« Wahl überreden. Vielmehr sei eine Protestwahl heute oft der einzige Weg, sich noch Gehör zu verschaffen. Und wenn vom Establishment des linken Parteienspektrums die beim Volk populären Kandidaten immer wieder als zu radikal abgelehnt und sogar sabotiert würden – wie Bernie Sanders in den USA, Jeremy Corbyn in Großbritannien, Jean-Luc Mélenchon in Frankreich oder Sahra Wagenknecht in Deutschland –, dann blieben dem Wähler am Ende eben bloß die Rechten als Alternative zum herrschenden Einheitskonsens. Eine solche Protestwahl sei ein Alarmzeichen für Probleme, denen man nicht mit pädagogischer Ermahnung, sondern mit einem echten Wechsel der Politik begegnen müsse.

Gestritten wird also, so viel steht fest, ganz handfest um eine Deutung der Realität. Geht es »uns« gut, wie die Regierung nicht müde wird zu betonen? Befindet sich die Gesellschaft politisch, wirtschaftlich und moralisch auf einem erfolgversprechenden Weg hin zu einem für alle erstrebenswerten Ziel, das nur besser vermittelt werden muss?

Viele sehen es anders. Die Krise, seit 2008 zunächst im Finanzsektor, hat mittlerweile zahlreiche Facetten. Dem Verlust des Vertrauens in die Banken folgte mit den Enthüllungen Edward Snowdens 2013 eine Welle des Misstrauens gegenüber den Geheimdiensten. Daran schloss sich spätestens mit der Ukrainekrise ab 2014 eine große Vertrauenskrise rund um die Medien an, Stichwort »Lügenpresse«.

Das Unbehagen umspannt mittlerweile die ganze Gesellschaft. Nichts läuft richtig, so scheint es. Den Institutionen ist nicht zu trauen. Vieles wird als falsch, marode und verlogen erkannt. Die Ideologie, derzufolge »wir« im Westen das »gute« System sind, das zum Nutzen aller arbeitet und daher mit Recht die Welt dominiert, hat tiefe Risse bekommen. Verkündet und vertreten wird diese Sichtweise zwar weiterhin von einem eng verflochtenen Beziehungsnetz aus Konzernen, Lobbyverbänden, der NATO sowie vielen etablierten Parteien, Denkfabriken und Medien. Doch eben dieses Beziehungsnetz, dieses »System« verliert weltweit stetig an öffentlicher Legitimation. Die *Frankfurter Allgemeine Zeitung* berichtete 2017 unter Berufung auf die Ergebnisse einer großen, international durchgeführten Meinungsumfrage:

»Die Menschen trauen den Eliten nicht mehr (…) Das Vertrauen der Menschen in die politischen und gesellschaftlichen Institutionen erodiert. Politikern, Managern, Nichtregierungsorganisationen und auch den Medien wird immer weniger vertraut. Die Mehrheit der Menschen glaubt inzwischen, dass das aus diesen Säulen gebildete ›System‹ nicht mehr funktioniert.«[1]

Dreh- und Angelpunkt dieses Systems ist der Finanzsektor, der, unbehelligt von wachsender Armut und den Nöten der Bürger, nach fest zementierten Regeln Geld von unten nach oben umverteilt und sich, so scheint es, sowieso keiner Demokratie unterordnet. Der Finanzsektor existiert für sich, selbstgerecht, selbstgefällig und zu Reformen offenbar unfähig. Die gesellschaftliche Macht verharrt aufs Dichteste konzentriert bei Banken, Investoren und deren Interessenvertretern in den öffentlichen Institutionen – so der Eindruck.

Aus dieser Perspektive gesehen liegt die Gefahr für die Demokratie nicht zuerst in populistischen Vereinfachern, sondern viel grundlegender in Machtstrukturen, die alles andere als demokratisch verfasst sind. Der Finanzsektor dient weder der Gesellschaft, noch lässt er sich durch gewählte Abgeordnete ernsthaft einschränken oder kontrollieren. Vielmehr lenkt er selbst die Politik. Ähnliches lässt sich über die Geheimdienste sagen.

Wie viel Demokratie ist heute also überhaupt möglich? Und wie demokratisch sind unser Gemeinwesen, die Regierung, die Konzerne, die Medien tatsächlich verfasst? Wo stehen wir heute, was fehlt und welche Voraussetzungen für eine Demokratie sind vielleicht gar nicht erfüllt?

Diese Fragen will das vorliegende Buch beleuchten. Und so viel sei schon mal verraten: Am Schluss steht kein neues Heilsversprechen, kein perfekt geplantes Zukunftssystem. Dafür lohnt ein Blick in die Vergangenheit umso mehr. Denn unsere eigene – leider oft vergessene – Geschichte hält viele Lösungsansätze schon bereit. Man muss sie nur studieren.

1 Reichtum regiert

Manche Zusammenhänge sind so simpel und banal, dass sie leicht übersehen werden. Louis Brandeis, einer der einflussreichsten Juristen der USA und von 1916 bis 1939 Richter am Obersten Gerichtshof, formulierte es so: »Wir müssen uns entscheiden: Wir können eine Demokratie haben oder konzentrierten Reichtum in den Händen weniger – aber nicht beides.«[1]

Hinter dieser Aussage stehen Erfahrung und Beobachtung, aber auch eine innere Logik: Wenn in einer Gesellschaft die meiste Energie darauf verwandt wird, Geld und Besitztümer anzuhäufen, dann sollte es niemanden überraschen, dass die reichsten Menschen an der Spitze stehen. Was wir als führendes Prinzip akzeptieren, das beschert uns auch entsprechende Führer. Und wo sich Erfolg an der Menge des privaten Vermögens bemisst, da können die Erfolgreichen mit gutem Grund ihren politischen Einfluss für recht und billig halten.

Logisch erscheint es auch, wenn in einer solchen Gesellschaft die Regierung immer wieder gegen die Interessen der breiten Masse entscheidet. Vereinfacht gesagt: Wo reiche Menschen an der Spitze stehen, da herrscht nun mal nicht die Mehrheit. Private Bereicherung und Allgemeinwohl passen ungefähr so gut zusammen wie ein Krokodil in den Goldfischteich. An diesem Widerspruch ändert sich auch dann nichts, wenn die Goldfische und das Krokodil gemeinsam demokratisch eine Regierung wählen, die dann eindringlich an das Krokodil appelliert, doch bitte, im Interesse aller, seinen Appetit zu zügeln.

Aber Moment: Stimmt die grundlegende Annahme hier überhaupt? Regieren reiche Menschen? Existiert nicht schon seit Jahrzehnten ein frei gewähltes Parlament mit Abgeordneten aus der Mitte der Gesellschaft? Ist Bundeskanzlerin Angela Merkel, Tochter eines Pfarrers und Enkelin eines Polizisten, nicht das Musterbeispiel für einen bodenständigen, bescheidenen Menschen ohne größeren privaten Besitz? Kann man Ähnliches nicht auch über Frank-Walter Steinmeier (Sohn eines Tischlers) oder Martin Schulz (Sohn eines Polizisten) sagen? Und bei aller berechtigten Kritik am Einfluss von Lobbyisten: Versucht die Bundesregierung mit »Mutti« Merkel an der Spitze nicht immer wieder, das Wohl der einfachen Leute im Auge zu behalten, sich fürsorglich an den Bedürfnissen der breiten Masse zu orientieren?

Forscher vom Institut für Sozialwissenschaften der Universität Osnabrück sind 2016 dieser Frage in einer aufwendigen empirischen Untersuchung nachgegangen.[2] Ihre 60 Seiten lange Antwort lautet auf den Punkt gebracht: leider nein. Das Besondere daran: Die Studie wurde nicht von der Linkspartei, Attac oder den Gewerkschaften in Auftrag gegeben, sondern von der Bundesregierung selbst. Arbeitsministerin Andrea Nahles hatte 2015 den Anstoß gegeben. Sie wünschte sich eine solide Faktengrundlage für den damals in Vorbereitung befindlichen 5. Armuts- und Reichtumsbericht der Bundesregierung, in dem auch der politische Einfluss der Vermögenden wissenschaftlich untersucht werden sollte.[3]

Diesem Auftrag folgend, hatte das Osnabrücker Forscherteam um Professor Armin Schäfer, Vizechef der Deutschen Vereinigung für Politikwissenschaft, die »Responsivität« der deutschen Politik überprüft, also inwieweit die Regierung tatsächlich durch Beschlüsse und Gesetze dem Willen der Bevölkerung folgt. Diese Responsivität, oder »Bereitschaft zur Antwort«, steht letztlich im Zentrum jeder Idee von Demokratie. Eine demokratische Regierung hat die Wünsche und Forderungen aller im Blick und handelt entsprechend. Der Auftrag der Bundesregierung, wissenschaftlich zu untersuchen, inwieweit sie diesen Anspruch selbst erfüllt, ließ aufmerken. Noch nie zuvor hatte eine deutsche Regierung das so grundlegend prüfen lassen.

Die Autoren der Studie analysierten dabei zunächst anhand der regelmäßigen Meinungsumfragen von ARD-Deutschlandtrend[4] die Ansichten der Bevölkerung in etwa 250 Sachfragen. Untersuchungszeitraum waren die Jahre von 1998 bis 2015. Dann glichen sie diese Ergebnisse mit dem Handeln der Regierung in den Jahren danach ab. Was wurde umgesetzt, was nicht?

Die Analyse wies dazu noch einen entscheidenden Clou auf: Das Forscherteam unterschied die politischen Ansichten der Befragten gestaffelt nach deren Einkommen. Denn betrachtet man die Meinungen der einkommensschwächsten 10 Prozent (im Folgenden: »Arme«) und die der einkommensstärksten 10 Prozent (im Folgenden: »Reiche«), dann ergeben sich teils drastische Unterschiede.

So wurde etwa bei einer Deutschlandtrend-Umfrage im Jahr 1999 danach gefragt, ob Vermögende stärker zum Abbau der öffentlichen Verschuldung herangezogen werden sollten. 70 Prozent der Armen stimmten dem Vorschlag zu, aber nur 46 Prozent der Reichen. Die Regierung orientierte sich an Letzteren. Im Jahr 2000 wurde gefragt, ob das Rentenniveau gesenkt werden sollte. Nur 43 Prozent der Armen stimmten zu, jedoch 64 Prozent der Reichen. Ergebnis: Das Rentenniveau wurde per Gesetz gesenkt. 2003, während der Diskussion um die Einführung der Hartz-Reformen, wurde gefragt, ob die Bezugsdauer des Arbeitslosengeldes gekürzt werden solle. Insgesamt gesehen war eine Mehrheit von 54 Prozent der Bevölkerung dafür. Betrachtete man aber die Einkommen getrennt, dann zeigte sich, dass zwar 69 Prozent der Reichen der Kürzung zustimmten, doch nur 44 Prozent der Armen. Gekürzt wurde trotzdem. Ein ähnliches Bild ergab sich bei der 2012 gestellten Frage, ob die Rente mit 67 rückgängig gemacht werden solle: 65 Prozent der Armen wollten das, aber bloß 33 Prozent der Reichen. Die Regierung folgte wieder dem Mehrheitswunsch der Wohlhabenden.[5]

Wie die Studie zeigt, existieren die zweitgrößten Meinungsunterschiede zwischen Armen und Reichen in der Arbeitsmarkt- und

Sozialpolitik. Noch stärker sind die Differenzen bloß in der Außenpolitik. Als 2007 danach gefragt wurde, ob die Bundeswehr möglichst schnell aus Afghanistan abziehen solle, stimmten 75 Prozent der Armen zu, gegenüber 43 Prozent der Reichen. Die Regierung überging auch diesmal die Geringverdiener, der Militäreinsatz wurde zunächst sogar noch intensiviert.

Dass solche Beispiele, die man in der Studie nachlesen kann, keine Einzelfälle oder Ausnahmen sind, fanden die Forscher in akribischer Kleinarbeit heraus. Die Ergebnisse sind eindeutig. So heißt es in der Untersuchung:

»Je höher das Einkommen, desto stärker stimmen politische Entscheidungen mit der Meinung der Befragten überein. (…) Was Bürger mit geringem Einkommen in besonders großer Zahl wollen, hatte in den Jahren von 1998 bis 2013 eine besonders niedrige Wahrscheinlichkeit, umgesetzt zu werden.«[6]

Mehr noch: Eine politische Regelung wurde nicht nur umso eher von der Regierung umgesetzt, je mehr Reiche sie unterstützten. Das hatte man ja fast schon erwartet. Nein, ein Vorschlag wurde von der Regierung auch *umso eher abgelehnt, je mehr Arme dafür waren!* Die Forscher sprechen hier von einem »negativen Zusammenhang«. Sie schreiben wörtlich, dass »die Wahrscheinlichkeit auf Umsetzung sogar sinkt, wenn mehr Menschen aus der untersten Einkommensgruppe eine bestimmte politische Entscheidung befürworten.«[7] Das bedeutet, dass die Regierung die Armen nicht einfach nur ignoriert, sondern praktisch aktiv gegen sie arbeitet.

Bei der Berücksichtigung der Ansichten der Mittelschicht sieht es laut der Studie ähnlich aus.[8] Deren Forderungen werden von der Regierung annähernd im gleichen Maße ignoriert wie die der Armen.[9] Das heißt konkret: Es ist für die Politik praktisch egal, wie viele Menschen aus der Mittelschicht eine bestimmte Veränderung wünschen. Es existiert jedenfalls so gut wie kein messbarer Zusammenhang zwischen der Zustimmungsrate für eine Forderung in der Mittelschicht und deren Umsetzung. Ein solcher Zusammenhang ist allein für die Wünsche der Einkommensstärksten nachweisbar, dort jedoch sehr deutlich.

Was geschah nun mit diesen Forschungsergebnissen? Das Arbeitsministerium übernahm die Erkenntnisse der Studie nicht eins zu eins in den Armuts- und Reichtumsbericht, sondern fasste sie auf 18 Seiten zusammen und ordnete die Auszüge erklärend ein. Der ermittelte »negative Zusammenhang« zwischen Forderungen der Armen und deren Umsetzung wurde zwar kurz erwähnt, aber nicht weiter erläutert. Gleichwohl blieb die Kernaussage der Forschungsergebnisse zunächst erhalten.

Das änderte sich allerdings, nachdem das Arbeitsministerium den Bericht im Oktober 2016 zur Abstimmung ans Bundeskanzleramt gesandt hatte. Dort zeigte man wenig Interesse an einer regierungsamtlichen Veröffentlichung solcher Tatsachen. Nicht dass die ermittelten Fakten angezweifelt worden wären, nein, wesentliche Teile des Berichts wurden vom Kanzleramt einfach stillschweigend und ohne weitere Debatte gestrichen oder umgeschrieben.

Die massive Zensur blieb jedoch nicht lange geheim.[10] Die Presse berichtete und der Verein Lobbycontrol machte schließlich im Frühjahr 2017 zur Vorstellung des Berichts öffentlich, welche Sätze gelöscht worden waren – peinlich für die Regierung.[11] Einer der Absätze, der dem Rotstift von Merkels Büro zum Opfer fiel, lautete:

»Die Studie liefert somit einen empirischen Beleg für eine ›Krise der Repräsentation‹. In Deutschland beteiligen sich Bürgerinnen mit unterschiedlichem Einkommen nicht nur in sehr unterschiedlichem Maß an der Politik, sondern es besteht auch eine klare Schieflage in den politischen Entscheidungen zulasten der Armen. Damit droht ein sich verstärkender Teufelskreis aus ungleicher Beteiligung und ungleicher Responsivität, bei dem sozial benachteiligte Gruppen merken, dass ihre Anliegen kein Gehör finden und sich deshalb von der Politik abwenden – die sich in der Folge noch stärker an den Interessen der Bessergestellten orientiert.«

Der Begriff »Krise der Repräsentation« tauchte ursprünglich an mehreren Stellen des Berichts auf und wurde überall vom Kanzleramt gelöscht. Es scheint, dass man diese Wahrheit an der Spitze nicht hören wollte, Forschung und Belege hin oder her. Selbst in der 700 Seiten dicken Langfassung des Armuts- und Reichtumsberichts[12] war kein Platz mehr dafür. Das vierseitige Kapitel »Responsivität der Politik«, in dem detailliert dargelegt wird, wie die Regierung die Forderungen von Armen und Reichen höchst ungleich behandelt, wurde auf wenige Sätze zusammengestrichen. Stattdessen ergänzte das Kanzleramt einen eigenen Absatz in gefälligem Marketingdeutsch:

»Der Bundesregierung liegt daran, politische Betätigung quer durch die Gesellschaft anzuregen und mit vielen Menschen über die Gestaltung der Lebensverhältnisse in Deutschland ins Gespräch zu kommen. Dazu hat sie in dieser Legislaturperiode u. a. den Bürgerdialog ›Gut Leben in Deutschland‹ geführt. Der Dialogprozess ›Arbeiten 4.0‹ ist ein weiteres Beispiel dafür, mit Bürgern frühzeitig über gesellschaftliche Trends, ihre Konsequenzen und die Erwartungen an die Politik ins Gespräch zu kommen. Auch über den vorliegenden 5. Armuts- und Reichtumsbericht wird ein Dialog mit Wissenschaft und Verbänden geführt.«

»Ins Gespräch kommen« ist offenbar das Stichwort – was an den berühmten »Dialog« erinnert, den die SED-Führung im Herbst 1989 mitten im politischen Umbruch unbedingt mit ihren Bürgern führen wollte. Nur hatten die schon keine Lust mehr, fühlten sich verschaukelt und nicht ernst genommen. Der »Dialog« erschien ihnen als durchsichtige Simulation einer echten Beteiligung an der Macht.

In der Gegenwart ist manches anders, doch die Beschwichtigungen klingen ähnlich. So heißt es beschönigend in der Kanzleramts-Zensurvariante des Berichts: »Die Einstellungen der Befragten unterschieden sich je nach Einkommen erkennbar, aber nicht fundamental.« Deutlich wird bei solcher Sprachartistik die Sorge, dass Meinungsunterschiede zwischen Armen und Reichen ein größeres Thema werden könnten. Um jeden Preis soll offenbar der Eindruck vermieden werden, es gäbe im Land unterschiedliche soziale Klassen mit widersprüchlichen Interessen.

Der aufwendig erstellte Armuts- und Reichtumsbericht schien der Regierung peinlich zu sein. Erst ganz am Ende der Legislaturperiode, im Juni 2017, kurz vor Sommerpause und Bundestagswahl wurden die Erkenntnisse des Berichts erstmals im Ausschuss für Arbeit und Soziales debattiert. Die geschilderten brisanten Fakten kamen aber auch bei dieser Gelegenheit kaum vor. Lediglich eine Abgeordnete stellte eine Frage dazu,[13] ein geladener Experte antwortete – dann verschwanden die explosiven Forschungsergebnisse wieder in den bürokratischen Mühlen und Formalien des parlamentarischen Trotts, wo der stoische Takt der Tagesordnungen, vorformulierten Stellungnahmen und Protokolle eine lebendige Debatte kaum vorsieht.

Eine Aussprache zum Armuts- und Reichtumsbericht im Bundestag kam ebenfalls erst in letzter Minute im Juni 2017 zustande. Eine Sternstunde des Parlamentarismus wurde auch das nicht, eher eine weitere Demonstration institutionalisierter Hilflosigkeit. An einem schwülen Mittwochnachmittag – der Deutsche Wetterdienst hatte gerade eine Unwetterwarnung für Berlin herausgegeben – versammelte sich ein versprengtes Häuflein von gut drei Dutzend Abgeordneten, die verloren im riesigen Plenarsaal der Arbeitsministerin lauschten. Filmreif waren düstere Wolken am Himmel über Berlin aufgezogen, an diesem Nachmittag begann ein mehrere Tage andauernder »Jahrhundertregen«, wie ihn die Hauptstadt seit 1948 nicht mehr erlebt hatte. Drinnen im trockenen Bundestag begann Andrea Nahles ihre Rede mit den Worten »Deutschland geht es gut« und endete mit dem Hinweis, gleichwohl sei noch »genug zu tun«.[14] Das hätte die Kanzlerin wohl kaum anders formuliert. Entsprechend routiniert und phrasenhaft verlief die folgende Debatte, bei der zwar von einigen Rednern die wachsende Ungleichheit angesprochen wurde, doch niemand auf den brisanten Kern des Berichts, das politische Ignorieren der Forderungen der Armen und der Mittelschicht, zu sprechen kam – eine Erkenntnis, welche die Legitimität des Bundestages als funktionierende Volksvertretung grundlegend in Frage stellt.

Von Seiten der Minister war bis auf die Sozialdemokratin Nahles, die allein am Rand der Regierungsbank saß, niemand zugegen. Finanz- und Wirtschaftsminister glänzten durch Abwesenheit, auch Merkel fehlte. Das skurrile Ende der Debatte bildete ein Redebeitrag von Ex-Familienministerin Kristina Schröder, die erklärte, dass »auch die Armen nichts davon haben, wenn man den Wohlhabenden etwas nimmt, nur um mehr Gleichheit herzustellen«. Für die CDU-Politikerin war es die letzte Rede im Bundestag – sie wechselte 2017 als Politlobbyistin in eine PR-Firma,[15] die im Internet damit wirbt, »belastbare High-Level-Zugänge zu relevanten Entscheidern in Berlin« zu besitzen, um »Unternehmensinhalte an zentralen Stellen zu platzieren«.[16] Da schließt sich dann vielleicht der Kreis zur »Krise der Repräsentation«.

Diese ist längst international zu beobachten und kein deutsches Phänomen. Im Mutterland der neuzeitlichen Demokratie, den USA, von wo aus noch im 18. Jahrhundert die Französische Revolution mit befeuert wurde, registrieren Forscher heute das gleiche Muster. Nicht zufällig orientiert sich die Studie der Osnabrücker Wissenschaftler eng an einem amerikanischen Vorbild – der 2012 veröffentlichten Untersuchung »Affluence and Influence« (»Reichtum und Einfluss«) von Professor Martin Gilens von der Princeton University.[17]

Gilens hatte für den Zeitraum von 1981 bis 2002 systematisch die politischen Ansichten der Amerikaner untersucht, anhand ihrer Antworten auf 1 800 verschiedene Fragen, die bei Erhebungen der großen Meinungsforschungsinstitute über die Jahre gestellt worden waren. Auch Gilens hatte die Ansichten der Bürger nach Einkommensklassen getrennt und anschließend überprüft, wessen Wünsche die Regierung in den folgenden Jahren tatsächlich umgesetzt hatte. Die überaus aufwendige Studie kam zum gleichen Ergebnis wie ihr deutsches Gegenstück: Die Ansichten der Armen und der Mittelschicht sind auch in den USA völlig irrelevant für die Politik. Ob nun 20, 50 oder 80 Prozent von ihnen eine Forderung unterstützen – die Wahrscheinlichkeit ihrer Umsetzung bleibt konstant niedrig. Es ist, als wären die normal und wenig verdienenden Bürger gar nicht da, ebenso sprachlos wie unsichtbar. Gilens schreibt:

»Der vollständige Mangel an Responsivität der Regierung bezüglich der Wünsche der Armen ist verstörend und passt eigentlich nur zu den zynischsten Sichtweisen auf amerikanische Politik. Wenn sich die Ansichten von Armen und Wohlhabenden unterscheiden, so zeigen die Ergebnisse, dass die Regierungspolitik in keinerlei Beziehung zum Ausmaß der Zustimmung oder Ablehnung unter den Armen steht.«[18]

Auch der Einfluss der Mittelschicht ist demnach »ununterscheidbar von null«[19]. Es gäbe zwar Fälle, in denen die Politik den Wünschen von Armen oder Mittelschicht folgen würde, allerdings immer nur dann, wenn diese Wünsche auch von den Wohlhabenden geteilt würden. Genau wie in Deutschland bestehen dabei auch in den USA die größten Meinungsunterschiede zwischen Arm und Reich auf dem Gebiet der Außenpolitik, gefolgt von der Wirtschaftspolitik.[20]

Die Konzentration von politischem Einfluss an der Spitze der Einkommensskala sei, so bilanziert es Professor Gilens, »unvereinbar mit dem demokratischen Kernprinzip der politischen Gleichheit«. Die amerikanische Gesellschaft sei »eine Demokratie nur dem Namen nach«.[21] In der *Washington Post* schrieb er 2016, mitten im Präsidentschaftswahlkampf zwischen Hillary Clinton und Donald Trump: »Viele Amerikaner, die für Außenseiterkandidaten stimmen, glauben, dass die Regierung sie mehr oder weniger ignoriert. Sie haben recht.«[22]

2 Die Wahrheit über den Populismus

Wo die Demokratie außer Betrieb gesetzt ist, da blüht das Extreme und Unversöhnliche. Die von der Regierung ignorierten Teile der Bevölkerung wenden sich neuen Anführern zu, die versprechen, sich um ihre vergessenen Anliegen zu kümmern, oder auch einfach um ihren Stolz. So weit, so logisch und menschlich. Wer nun »die Demokratie gegen Populisten verteidigen« möchte, der meint es zwar gut, gerät aber in einen Widerspruch. Trump und Co. sind bei Wahlen vor allem deshalb erfolgreich, weil die Zustände eben *nicht* demokratisch sind. Das Fehlen einer funktionierenden Demokratie bringt sie erst hervor. Sich aufzureiben an populären Außenseitern, sich mit aller Energie zu empören über deren Rückständigkeit und Gefährlichkeit, das ist emotional verständlich, politisch aber ein Weg in die Sackgasse. Auch das Diffamieren und Zurechtweisen ihrer Wähler führt nicht weiter.

Als der damalige SPD-Vorsitzende Sigmar Gabriel im Sommer 2015 seinem Unmut freien Lauf ließ und ostdeutsche Bürger, die rabiat gegen ankommende Flüchtlinge demonstriert hatten, als »Pack« beschimpfte, als »Leute, die mit Deutschland nichts zu tun haben (…) Ihr gehört nicht zu uns, wir wollen Euch nicht«[1], da schrieb Jakob Augstein im *Spiegel*:

»Gabriel will auf die Leute, die vor den Flüchtlingsheimen ihren Hass herausbrüllen, verzichten. Vielleicht meint er, wir alle könnten getrost auf sie verzichten. Aber auf diese Leute ist bereits vor langer Zeit verzichtet worden. Wenn man ihnen sagt: ›Wir brauchen Euch nicht‹, antworten sie: ›Das wissen wir längst.‹«[2]

Wer sich über Feindseligkeit und Gewalt gegen Schwächere entrüstet, der tut das mit Recht. Zugleich ist gesellschaftliche Solidarität komplexer als manche bedenken. Die zunehmende Radikalität, Aggressivität und Suche nach Sündenböcken – all das sind Symptome mit Ursachen und einer Vorgeschichte. Sie gedeihen dort, wo das System nicht funktioniert, wo Menschen nicht integriert, sondern aussortiert werden. Der Soziologieprofessor Wilhelm Heitmeyer, Gründer des Instituts für Konflikt- und Gewaltforschung an der Universität Bielefeld, erklärt, wo politische Außenseiterkandidaten ihr Publikum finden und wie Radikalität entsteht:

»In unserem Verständnis geht es erstens darum, ob jemand Zugang zu (...) Arbeit hat und dadurch Anerkennung erwerben und genießen kann. Zweitens stellt sich die Frage, ob man als Einzelner oder als Gruppe bei öffentlichen Angelegenheiten eine Stimme hat und wahrgenommen wird, denn dadurch entsteht moralische Anerkennung als Bürger. Drittens geht es um die Anerkennung der individuellen Integrität und die der eigenen Gruppe, um dadurch emotionale Anerkennung und Zugehörigkeit zum Gemeinwesen zu entwickeln. Unsere Untersuchungen zeigen sehr deutlich: Überall, wo es massive Anerkennungsdefizite gibt, kommt es zu Abwendungen oder Rückzügen. Wer sich in seinen Umgebungen nicht anerkannt fühlt, wendet sich jenen zu, in denen es Anerkennungsquellen gibt. (...) Man muss das immer betonen, und ich tue das seit Langem: Man darf den Begriff Integration nicht reservieren für Migranten und jetzt Flüchtlinge. Auch viele der seit Generationen hier lebenden Deutschen sind nicht integriert, insbesondere was die Anerkennungsgefühle und -erfahrungen angeht.«[3]

Ein Mensch, der keine öffentliche Anerkennung erfährt, nicht als Bürger, da seine Stimme konsequent politisch ignoriert wird, und nicht als tätiger Mensch, da seine Arbeitskraft als unnütz zurückgewiesen wird, der ist ähnlich fremd im Land und kaum besser integriert als ein frisch eingereister Flüchtling. Auch den Millionen Menschen in Niedriglohnjobs wird vor allem eines sehr klar vermittelt: Ihr seid verzichtbar, eure Arbeit ist wenig wert, Anerkennung verdient ihr kaum.

2017 veröffentlichte *Die Zeit* eine längere Reportage aus der Arbeiterstadt Bitterfeld in Sachsen-Anhalt, wo die AfD bei den letzten Landtagswahlen mit knapp 32 Prozent der Stimmen stärkste Partei wurde. Unter der Überschrift »Hier herrscht Klassenkampf« hieß es dort, dass die Wähler in dieser Region nicht nur mit Flüchtlingen ein Problem hätten, »sondern auch mit dem Kapitalismus«.[4] Die Autorin blieb dabei nicht in der ostdeutschen Provinz stehen, sondern analysierte die Stimmung als europäischen Trend:

»Einfaches Volk gegen globales Kapital – mit dieser Formel gewinnen die Rechten im vormals linken Arbeitermilieu Stimmen, überall in Europa. Im deindustrialisierten Norden Englands und im ländlichen Polen, im Osten Deutschlands und im Süden Frankreichs. (…) Im Sommer 2016 (…) führten Sozialforscher der Universität Oxford im Auftrag der Bertelsmann Stiftung eine Umfrage durch. Sie wollten wissen, warum so viele Menschen in Europa rechtsnationale Parteien wählen. Das Ergebnis war überall gleich. Die Anhänger der deutschen AfD und der österreichischen FPÖ, der britischen Ukip und des französischen Front National, sie alle einte dasselbe Gefühl: die Angst vor der Globalisierung.«

Zwar bietet die AfD keine Lösungen für dieses Problem an, im Gegenteil finden sich in ihrem Wahlprogramm Forderungen, die den internationalen Managern der Globalisierung gut gefallen, etwa die Ablehnung von Erbschafts- und Vermögensteuer oder eine »Verschlankung« des Staates, der mit weniger Geld dann natürlich auch weniger Aufgaben für die Allgemeinheit erfüllen kann, was alle noch abhängiger vom Wohlwollen der Vermögenden macht.[5] Dennoch hat die Partei Erfolg, weil sie eben, anders als die meisten Mitbewerber, die Wut vieler Menschen lautstark aufgreift und zu einer politischen Kraft kanalisiert.

Die AfD setzt in ihrem Programm auch soziale und demokratische Akzente, lenkt insgesamt aber die Empörung weg von den Finanzmächtigen, hin zu den etablierten Parteien im Bundestag. In ihrem Grundsatzprogramm beschreibt sie diese als »Kartell« und selbstsüchtige »Klasse von Berufspolitikern«: »Heimlicher Souverän ist eine kleine, machtvolle politische Führungsgruppe innerhalb der Parteien. Sie hat die Fehlentwicklungen der letzten Jahrzehnte zu verantworten.«[6]

Von der Verantwortung des Finanzsektors, der mit seiner Geldmacht, seinen Denkfabriken und Lobbynetzwerken diese »politische Führungsgruppe« überhaupt erst fördert und in seinem Sinne handeln lässt, liest man im AfD-Programm wenig. Stattdessen heißt es dort:

»Je mehr Wettbewerb und je geringer die Staatsquote, desto besser für alle. (...) Gegebenenfalls erforderliche staatliche Eingriffe – zum Beispiel um Monopole zu verhindern und Marktversagen entgegenzuwirken – sind auf das notwendige Minimum zu begrenzen und müssen für in- und ausländische Investoren kalkulierbar sein. (...) Die AfD (...) befürwortet den Wettbewerb nationaler Steuersysteme.«[7]

An dieser Stelle liegt ein innerer Widerspruch im Programm der AfD: Einerseits verteidigt sie die herrschenden Dogmen der Wirtschaftslenker, welche die Spaltung der Gesellschaft ausgelöst haben und weiter vorantreiben, andererseits adressiert sie laut und deutlich die Wut der dadurch Abgehängten. So schizophren das erscheint: Die Wut selbst ist berechtigt – was von vielen, die sich engagiert für die Flüchtlingshilfe (und gegen die AfD) einsetzen, weiterhin nicht gesehen wird.

So wie sich Niedriglöhner und Arbeitslose gegen Flüchtlinge aufhetzen lassen, empören sich Linke und liberale Mittelschicht über AfD-Anhänger. Wenn zwei sich streiten, freut sich bekanntlich der Dritte, in diesem Fall diejenigen, die sowohl von Lohndumping, Steuerwettbewerb zwischen den Nationen, als auch von der Zuwanderung billiger Arbeitskräfte profitieren – die Inhaber großer Konzerne. Genau darin liegt das Perfide: Sowohl die Flüchtlingshelfer als auch die AfD-Anhänger unterstützen, wenn auch auf unterschiedliche Art, unbewusst die Interessen der Reichen. Wenn sich beide Gruppen dazu auch noch hitzig bekämpfen, kommt das den Leuten an der Spitze vermutlich sehr gelegen. Das Volk ist beschäftigt, jede Fraktion wähnt sich im Recht, ruft der anderen Seite zornig und mit rotem Kopf zu, »linker Gutmensch« oder »rechter Rassist« zu sein – oder eben »Rechtspopulist«.

Aber was genau ist eigentlich Populismus? Der Begriff geht auf die römischen Popularen zurück, Politiker, die sich nicht auf die Elite, also die Führungsschicht der Gesellschaft, sondern auf das Volk (lateinisch *populus*) stützten und dort Rückhalt suchten, wie etwa der später ermordete Volkstribun Tiberius Gracchus im 2. Jahrhundert vor Christus. Damalige Geschichtsschreiber wie Cicero, der selbst zur Oberschicht gehörte, bewerteten diesen Populismus als negativ, da die etablierte Ordnung dadurch in Frage gestellt wurde.

In neuerer Zeit kam der Begriff Ende des 19. Jahrhunderts in den USA in Gebrauch. Hintergrund war die massiv zunehmende Ungleichheit in dieser Zeit. Der amerikanische Historiker Howard Zinn schrieb zu den damaligen Zuständen:

»Die industriellen und politischen Eliten (…) nahmen das Land in Besitz und generierten das größte Wirtschaftswachstum in der Geschichte der Menschheit. Sie erreichten dies mit Hilfe und auf Kosten von schwarzen Arbeitern, weißen Arbeitern, chinesischen Arbeitern, der Arbeitskraft europäischer Einwanderer und der Arbeitskraft der Frauen. Sie bezahlten sie je nach Rasse, Geschlecht, nationaler Herkunft und sozialer Klasse unterschiedlich und schufen so verschiedene Ebenen der Unterdrückung – eine gekonnte Terrassierung, um die Reichtums-Pyramide zu zementieren.«[8]

Das erinnert an die heutige Praxis der Leiharbeit und Werkverträge, wo ebenfalls gleiche Arbeit unterschiedlich bezahlt wird, was eine Solidarisierung der Arbeiter, einen Zusammenschluss, von vornherein hemmt. Zinn zitiert aus dem 1879 erschienenen Bestseller *Progress and Poverty* (auf Deutsch: *Fortschritt und Armut*) des Ökonomen Henry George – und auch das klingt aktuell:

»Es stimmt, dass der Reichtum stark zugenommen hat, und dass der Durchschnitt an Komfort, Freizeit und Kultiviertheit gestiegen ist. Aber diese Zugewinne sind nicht allgemein. Die niedrigsten Klassen haben keinen Anteil daran. (…) Diese Verbindung von Armut mit Fortschritt ist das große Mysterium unserer Tage. (…) Es bildet sich ein vages, doch allgemeines Gefühl der Enttäuschung, eine zunehmende Verbitterung in den arbeitenden Klassen, ein weit verbreitetes Gefühl von Unruhe und gärender Revolution.«[9]

Angesichts der immer stärker werdenden Konzentration von Macht und Reichtum bei den als »Räuberbarone« bezeichneten Erfolgskapitalisten wie Rockefeller (Öl), Carnegie (Stahl) oder Morgan (Bankwesen) spaltete sich die Gesellschaft, und neue Parteien entstanden. Eine dieser neuen und radikalen Kräfte war die People's Party (Volkspartei), auch Populist Party genannt.

Sie hatte ihre Ursprünge in ländlichen Bauernvereinigungen, die sich gegen zunehmende Drangsalierung und Unfreiheit wehrten. Die Bauern waren gezwungen, für dringend benötigte Kredite Teile ihrer Ernte im Vorhinein an Händler und Bankiers zu verpfänden, was sie immer öfter in eine existenzielle Abhängigkeit von den Geldverleihern brachte, die sich, bei Zinsen um 25 Prozent, bald kaum noch von Sklaverei unterschied. Auch von den reichen privaten Eisenbahngesellschaften, die als Monopolisten stark übertreuerte Frachtraten verlangten, wurden die Bauern geschröpft. Die Regierung kam ihnen nicht zu Hilfe, beide großen Parteien waren beherrscht von den Wohlhabenden.

In dieser Situation begannen die Bauern, sich selbst zu helfen und Allianzen untereinander zu bilden, die sich in den 1880er Jahren von Texas aus rasant über das ganze Land ausbreiteten. Die Bauern schufen Einkaufsgemeinschaften, solidarische Versicherungen, organisierten den Verkauf ihrer Ernte kooperativ und stellten politische Forderungen wie die nach einem Acht-Stunden-Tag für alle Amerikaner. Mit den Arbeitern in den Städten, die ebenso immer stärkerem Druck ausgesetzt waren und im selben Zeitraum zunehmend große Streiks organisierten, die brutal, teilweise mit Polizei und Militär, niedergeschlagen wurden, solidarisierte man sich. Die sogenannte Farmer's Alliance hatte 1889 etwa 400 000 Mitglieder überall in den USA. Der Historiker Lawrence Goodwyn nannte es »die massivste Organisierungskampagne aller Bürgerinitiativen im 19. Jahrhundert in ganz Amerika«[10].

Aus dieser Bewegung heraus entstand 1891 die neue People's Party. Deren Mitglieder nannten sich selbst »Populisten«. Der Begriff war positiv besetzt, als Ausdruck einer Interessenvertretung der breiten Bevölkerung, der eine Geldelite feindlich gegenübersteht. Laut New Oxford American Dictionary ist ein »populist« noch heute schlicht jemand, der »die Interessen der einfachen Menschen vertritt«. Im Programm der People's Party hieß es:

»Wir kommen inmitten einer Nation zusammen, die an der Grenze zum moralischen, politischen und materiellen Ruin steht. Korruption beherrscht die Wahlurnen, die Parlamente, den Kongress und erfasst sogar den Hermelin der Richterbank. (...) Den Arbeitern in den Städten verweigert man das Recht, sich zu ihrem eigenen Schutz zu organisieren; importierte, verarmte Arbeitskräfte drücken ihre Löhne (...) Die Früchte der Mühen von Millionen werden dreist gestohlen, um kolossale Vermögen anzuhäufen.«[11]

Bei den Präsidentschaftswahlen von 1892 stimmten mehr als eine Million Amerikaner für den Kandidaten der Populisten, James Weaver, was einem Anteil von etwa 8 Prozent entsprach. Die Partei stellte in einigen Staaten des Mittleren Westens die Gouverneure. Bei den nächsten Präsidentschaftswahlen unterstützten die Populisten dann den (am Ende die Wahl verlierenden) Kandidaten der Demokratischen Partei, die einige ihrer Ideen übernommen hatte. Danach schwand ihr Einfluss und die People's Party verlor an Bedeutung.

In den USA existiert also eine positive Tradition des Populismus. In Deutschland hingegen ist der Begriff, der sich eindeutig auf diese breite, kapitalismuskritische Bewegung der amerikanischen Bauern zurückführen lässt, klar negativ besetzt. Der *Duden* beschreibt Populismus als eine »von Opportunismus geprägte, volksnahe, oft demagogische Politik, die das Ziel hat, durch Dramatisierung der politischen Lage die Gunst der Massen zu gewinnen«. Viel deutlicher kann man seine Ablehnung kaum formulieren. Was aber stört so am Populismus?

Vier Argumente werden in der Regel genannt. Erstens würden Populisten die Bevölkerung aufteilen in eine mächtige Elite und ein entmündigtes Volk und damit Unfrieden verbreiten. Das ist sicher richtig. Zu diskutieren bleibt allerdings, ob diese Aufteilung nicht tatsächlich die Realität widerspiegelt. Die Erkenntnisse aus Kapitel 1 weisen in diese Richtung.

Zweitens heißt es, Populisten würden sich anmaßen, für alle zu sprechen, was betrügerisch sei. Denn einen einheitlichen Volkswillen gäbe es gar nicht, bloß viele einzelne Gruppen mit widersprüchlichen Wünschen. Das wiederum stimmt nur teilweise. Tatsächlich lassen sich eine ganze Reihe wichtiger Themen nennen, bei denen in Umfragen regelmäßig klare Mehrheiten eine ganz bestimmte Politik befürworten, wie etwa Steuererhöhungen für Reiche, höhere Renten, ein Verbot von Atomwaffen oder die Einführung bundesweiter Volksentscheide.[12] Es gibt in einigen zentralen Fragen also durchaus einen messbaren »Volkswillen«, der von etablierten Parteien aber regelmäßig ignoriert wird – wie in Kapitel 1 geschildert.

Ein dritter Vorwurf lautet, dass Populisten immer wieder dem Nationalismus und Rassismus Vorschub leisten würden. Das ist oft zutreffend – rassistische Vorurteile sind tief in vielen Völkern verwurzelt und lassen sich leicht wecken und politisch nutzen. Außenseiterkandidaten nutzen das immer wieder für ihre Zwecke – was nicht erst seit dem von den Nazis angeheizten Hass auf Juden und vermeintlich »minderwertige Rassen« bekannt ist. Dennoch: Nicht jeder, der für eine Stärkung souveräner Staatlichkeit gegenüber der grenzüberschreitenden Macht der Konzerne mit ihren privaten Schiedsgerichten und internationalen Lobbynetzwerken eintritt, ist auch ein Rassist. Die Vermengung dieser Begriffe ist manipulativ.

Ein vierter Vorwurf gegen Populisten lautet schließlich, sie hätten auf komplizierte Fragen meist zu einfache Antworten und unredlich schlichte Lösungen. Die Wähler würden getäuscht, denn Politik sei nun mal komplex und vielschichtig. Das stimmt zum Teil. Einfache Antworten können in die Irre führen – und oft tun sie es. Sie können aber auch schlicht die Wahrheit ausdrücken. Die jeweilige Einschätzung hat viel mit den eigenen Interessen zu tun, wem also eine bestimmte »einfache Lösung« nützt oder schadet. Sie grundsätzlich als abwegig oder dumm anzusehen, ist selbst unsinnig. Demokratie an sich ist eine einfache Antwort auf komplizierte Probleme: gemeinsam abstimmen.

Wer sagt, dass Populisten »zu einfache Antworten« geben, der meint eigentlich »betrügerisch einfache Antworten«. Daran aber ist nichts spezifisch Populistisches. Betrügen kann jeder, und irreführend einfache Antworten sind vertrauter Alltag in der Politik, egal welche Partei man betrachtet. Was man hier einigen Wenigen vorwirft, betrifft im Grunde alle.

Angela Merkels wohl berühmtester Satz »Wir schaffen das« ist zweifellos eine (zu) einfache Antwort auf die komplizierte Frage der Zuwanderung. Auch Merkels in krassem Widerspruch zum Geist dieses Satzes stehende Politik der »Sicherung der EU-Außengrenzen« ist eine (unmenschlich) einfache Antwort auf die nicht abreißenden Flüchtlingstrecks aus den Armuts- und Krisengebieten der Welt. Auch diese Antwort löst langfristig keine Probleme. In der *Zeit* hieß es dazu:

»Die Perversion in der deutschen Flüchtlingspolitik besteht darin, mit dem mahnenden Zeigefinger einer Willkommenskultur auf alle anderen Länder zu weisen und zugleich lebensgefährliche Hindernisse aufzurichten, damit es eine Auslese derjenigen gibt, die es bis zur offenen deutschen Grenze schaffen: Wir machen es euch so schwer wie möglich, Deutschland zu erreichen, aber wenn ihr das geschafft habt, dann könnt ihr einen Asylantrag stellen. (...) Die Kosten der Moral werden an die Ränder verteilt, wo es den Gewinnern nicht wehtut und sie weiterhin im Wohlgefühl ihres eigenen Gutseins leben können. Den notwendigen Kampf an den Grenzen der EU oder den Rändern der Gesellschaft kann man ignorieren oder, was noch mehr Genuss der eigenen Moral verschafft, als Beweis für die Unwürdigkeit der dort lebenden schlechten Menschen nehmen.«[13]

Auch die Aussage »Deutschlands Sicherheit wird am Hindukusch verteidigt« des damaligen Verteidigungsministers Peter Struck ist fraglos eine unseriös und irreführend simple Antwort auf die komplexe Frage, weshalb die Bundeswehr in Afghanistan stationiert ist. Unredlich vereinfachend erscheinen auch manche Forderungen von etablierten Politikern, wie etwa das von Innenminister Thomas de Maizière 2017 lancierte Gesetz zum Burkaverbot für Angestellte im öffentlichen Dienst, das auf eine Forderung der AfD zurückgeht.[14] Wie sich herausstellte, ist von diesem Gesetz in Deutschland praktisch niemand betroffen. Auf Nachfrage der Presse, wie viele Beamtinnen ihren Beruf eigentlich vollverschleiert ausüben und ob eine Verschleierung am Arbeitsplatz in der Vergangenheit zu Problemen geführt habe, konnte das Innenministerium keinen einzigen Fall nennen.[15] Dem Minister war dieses Vorhaben, das erkennbar kein reales Problem löst, aber sehr wohl populäre Stimmungen aufgreift, ein überaus wichtiges Anliegen. Immer wieder sprach er davon, bekannte sogar in der *Bild*-Zeitung: »Wir sind nicht Burka.«

Äußerungen wie die von Merkel, Struck oder de Maizière sind ebenso irreführend wie volkstümlich und eingängig. Solche Art von Täuschung könnte man als »gespielte Volksnähe« oder »Fake-Populismus« bezeichnen, da damit keine echten Lösungen im Interesse einer Mehrheit verbunden sind, sondern das Publikum bloß beschwichtigt wird. Wer also in seinen Formulierungen den Populismus insgesamt mit Betrügerei gleichsetzt – und viele Politiker und Journalisten tun das –, der rückt eine Volksnähe von Politikern generell in schlechtes Licht.

Die gesellschaftliche Auseinandersetzung ist immer zuallererst ein Kampf um Worte. Wem es gelingt, einen Begriff mit verzerrter Bedeutung in die Debatte einzuschleusen, der hat den Streit schon zur Hälfte gewonnen. Menschen benutzen gängige Schlagworte wie »Verschwörungstheorie«, »Fake News« oder eben »Populismus« meist, ohne ihren Sinngehalt zu prüfen. Aus manipulierter Sprache erwachsen dann, ganz wie von allein, Gedanken, die in die Irre führen.

Populismus, verstanden als historisch gewachsene Bewegung für soziale Verbesserungen und eine Stärkung der Demokratie, als Vertretung von Interessen der breiten Bevölkerung und Gegenpart zu einer abgehobenen, sich bereichernden Oberschicht, lässt sich kaum pauschal kritisieren. Lädt man den Begriff hingegen mit anderen Inhalten wie Betrug oder Rassismus auf, lässt sich leichter dagegen vorgehen.

Der Populismus-Vorwurf dient, so scheint es, vor allem dem Schutz der etablierten Eliten. Der Theaterdramaturg Bernd Stegemann, Autor des Buches *Das Gespenst des Populismus*, meint dazu sarkastisch: »Eine einfache Antwort ist dann falsch, wenn sie der eigenen Meinung widerspricht, und sie ist populistisch, wenn mit ihr Stimmen gewonnen werden sollen.«[16] Wer »Populismus« sagt, der möchte im Grunde eine rote Linie ziehen zwischen akzeptierter und unerwünschter Opposition – was zur Frage führt: von wem unerwünscht? Der Populismus-Warner tritt stets als ehrlicher Anwalt der Anständigen auf, wodurch die gewünschte Abwertung und Ausgrenzung der anderen vernünftig erscheint. Auf der großen Bühne der Politik geht es einmal mehr um die Deutungshoheit und eine überzeugende Inszenierung. Großer Theaterdonner und Nebelschwaden – das Publikum staunt und soll sich fürchten vor der beschworenen Gefahr. Die als Populismus bezeichneten Ansichten sollen nicht öffentlich gelten dürfen, nicht diskutiert werden, außerhalb der Debatte bleiben. Doch wer maßt sich an, solche Grenzen zu ziehen?

3 »Hate Speech« und die Meinungsfreiheit

Der nächste Schritt nach dem Abwerten und Ausgrenzen ist das Verbieten. Unter dem Stichwort »Kampf gegen Hate Speech«, also Hassbotschaften im Internet, läuft schon seit einiger Zeit eine breite Kampagne gegen »böse Worte«. Vielen erscheint das vernünftig, um Minderheiten vor Beleidigung und Diffamierung zu schützen, andere warnen hingegen vor einer Grauzone zur politischen Zensur. Die Sorge lautet, dass politische Abweichler mehr und mehr pauschal zu »Hassrednern« erklärt würden, die man dann ganz offen bekämpfen könne. Misstrauisch macht viele, dass der Kampf gegen Hate Speech von der Bundesregierung und dem Europarat, also »von ganz oben«, tatkräftig vorangetrieben wird.

So veröffentlichte die vom Bundesfamilienministerium unterstützte Amadeu Antonio Stiftung, eine Organisation, die sich vor allem dem Kampf gegen Rechtsextremismus verschrieben hat, 2015 eine Broschüre zum Thema Hate Speech. In einem Vorwort erklärte Bundesjustizminister Heiko Maas, es gehe darum, »Hassredner und ihre Codes zu identifizieren«.[1] Diese Hassredner würden die Menschenwürde angreifen und damit, so der Minister, »auch den Grundkonsens unserer Gesellschaft«. Die Leiterin der Stiftung, Anetta Kahane, ergänzte: »Menschen (…), in denen ein tiefer Hass brennt, dessen eigentliche Ursache sie aber nicht verstehen wollen, sind (…) eher animalisch als human. Das ist auch so, wenn sich dieser Hass politisch ausdrückt.«[2]

Handelt es sich bei diesen Hassrednern also am Ende gar nicht um richtige Menschen? Auch eine andere Formulierung der Leiterin ließ aufmerken. Der Hass, so Kahane, richte sich »gegen unser kosmopolitisches Leben«[3]. Wer, so könnte man da fragen, gehört eigentlich zu diesem »wir«, wer genau führt das »kosmopolitische Leben«? Der arbeitslose AfD-Anhänger in Sachsen-Anhalt sicher ebenso wenig wie die schlecht bezahlte Altenpflegerin in Baden-Württemberg oder der Hartz-IV-Aufstocker an der Supermarktkasse in Berlin. Anzunehmen ist, dass alle drei unzufrieden mit den Verhältnissen sind und ihren Frust vielleicht auch hin und wieder »animalisch« auf Facebook äußern. Dass damit noch keine Diffamierung anderer Menschen gerechtfertigt ist, sollte klar sein.

Was aber ist eigentlich »Hassrede«? Mit Abstand betrachtet erscheint der Begriff wenig treffend. Gemeint ist eine vorurteilsgeladene und aggressive Sprache. Man muss aber nicht hassen, um Vorurteile zu äußern oder aggressiv zu sein. Das Wort ist lediglich eine Zuspitzung, die politisch genutzt wird, da »Hass« noch klarer negativ besetzt ist als etwa »Engstirnigkeit« oder auch »Zorn«. Hass ist ein individuelles Gefühl, ein rasendes, tobsüchtiges Sichgehen-Lassen, oft irrational und verblendet. Ein einzelner Mensch verliert die Kontrolle, verhält sich charakterschwach und unmoralisch. Zorn hingegen ist eine viel nüchternere Sache. Man kann ihn auch gut überlegt, voller Vernunft und gemeinschaftlich empfinden, etwa über soziale Ungerechtigkeit oder aus einer gesellschaftlichen Ohnmacht (siehe Kapitel 8) heraus. Zorn kann, wie Hass, in seiner Sprache aggressiv und verletzend wahrgenommen werden. Niemand käme aber auf den Gedanken, es sei deshalb in Ordnung oder gar notwendig, zornige Äußerungen zu verbieten. Deklariert man den politischen Zorn oder auch die kollektive Engstirnigkeit allerdings zum privaten Hass um, also zu einem peinlichen individuellen Fehlverhalten, dann erscheint das Zensieren und Löschen vielen plötzlich richtig.

Da es aber tatsächlich weniger um Hass als um Vorurteile geht, sollte eigentlich auch klar sein, dass Verbote wenig helfen. Derjenige, der sein Vorurteil nicht mehr äußern darf, wird es deshalb kaum aufgeben. Wenn es wirklich um den Kampf gegen gesellschaftliche Vorurteile gegenüber Zuwanderern, fremden Religionen und Völkern geht und nicht um eine politische Begradigung der Sprache und eine Bestrafung von Gesinnungen, dann wären andere Ansätze gefragt.

Viele Anti-Hate-Speech-Aktivisten argumentieren jedoch juristisch. Auch in der erwähnten Broschüre wird zunächst der rechtliche Rahmen der Initiative beleuchtet und darauf hingewiesen, dass Hate Speech kein sprachwissenschaftlicher, sondern ein politischer Begriff sei »mit mehr oder weniger starken Bezügen zu juristischen Tatbeständen«[4]. In Deutschland maßgeblich sei der Paragraph 130 des Strafgesetzbuches, die sogenannte Volksverhetzung, die dann erfüllt ist, wenn jemand »in einer Weise, die geeignet ist, den öffentlichen Frieden zu stören, gegen eine nationale, rassische, religiöse oder durch ihre ethnische Herkunft bestimmte Gruppe (...) zum Hass aufstachelt«, sie »beschimpft, böswillig verächtlich macht oder verleumdet« – so der Gesetzestext. Die Argumentation zeigt: Man will nicht bloß zu freundlicher und respektvoller Sprache ermuntern, sondern durchaus juristisch gegen Störer vorgehen.

Wenig bekannt ist dabei die politisch brisante Vorgeschichte des Volksverhetzungsparagraphen. Vor 1960 hatte das Gesetz noch »dem Kampf gegen sozialistische Bestrebungen gedient«, wie der Wissenschaftliche Dienst des Bundestages in einer Einschätzung schrieb.[5] Seinerzeit hatte man das Anreizen »verschiedener Klassen der Bevölkerung zu Gewalttätigkeiten gegeneinander« unter Strafe gestellt. Der Paragraph »Volksverhetzung« hieß zunächst »Klassenverhetzung« und geht zurück auf eine Regelung aus dem Jahr 1849, verfasst unmittelbar nach den revolutionären Unruhen von 1848.[6] Im Reichsstrafgesetzbuch des Kaiserreiches von 1871 lautete das Gesetz im Wortlaut: »Wer in einer den öffentlichen Frieden gefährdenden Weise verschiedene Klassen der Bevölkerung zu Gewalttätigkeiten gegeneinander öffentlich anreizt, wird mit Geldstrafe bis zu zweihundert Talern oder mit Gefängnis bis zu zwei Jahren bestraft.«[7]

Angesichts der »gegenwärtig unter der Decke schlummernden sozialen Kämpfe« wäre diese Regelung »gerechtfertigt und zeitgemäß«, so seinerzeit Albert Friedrich Berner, einer der angesehensten deutschen Strafrechtsprofessoren des 19. Jahrhunderts.[8] In Bismarcks berüchtigten Sozialistengesetzen von 1878 wurde der Straftatbestand schließlich noch ausgeweitet. Nun ließen sich politisch kritische Texte ganz direkt wegen »sozialistischer Bestrebungen« verbieten, wenn sie auf einen »Umsturz der bestehenden Staats- oder Gesellschaftsordnung« abzielten und die »Eintracht der Bevölkerungsklassen« gefährdeten.[9]

Die Geschichte des Paragraphen zur Volksverhetzung ist also höchst ambivalent. Einerseits ließen sich mit ihm religiöse Minderheiten vor Feindseligkeiten schützen, andererseits war er aufgeladen mit parteipolitischen Zielen. Immer ging es auch um eine Absicherung etablierter Herrschaft. Die »Eintracht der Bevölkerungsklassen« war (und ist) dabei, angesichts der sozialen Ungleichheit, mehr ein frommer Wunsch als Realität.

Vor diesem Hintergrund wird klarer: Solch politischer Sprengstoff lässt sich kaum mit Paragraphen regeln, es sei denn, man strebt ein autoritäres System an. In der aktuellen Hate-Speech-Debatte weist auch die Amadeu Antonio Stiftung in der schon erwähnten von der Bundesregierung unterstützten Broschüre darauf hin, dass es trotz des Volksverhetzungsparagraphen »keine klare rechtliche Handhabe« gäbe, da sich Hate Speech »nicht selten in vermeintlich rationalen Aussagen« zeige, »die ganz klar außerhalb des justiziablen Bereichs liegen und dennoch problematisch sind, weil sie etwa mit falschen Fakten rechter Propaganda in die Hände spielen«.[10]

Hier wird deutlich, dass offenbar auch die Gesinnung eine Rolle spielt. Problematisch bleibt deshalb die Definition des Hate-Speech-Begriffs. In der Broschüre wird eingeräumt, dass eine genaue Bestimmung »kaum möglich« und »immer vom Kontext abhängig« sei.[11] Die Stiftung benutzt den nebulösen Begriff »indirekte Hate Speech«, nennt als Beispiel dafür den Satz »Das Asylrecht gehört abgeschafft« und kommentiert: »Auf den ersten Blick handelt es sich hierbei nicht um gefährliche Agitation. Denken wir die Aussage jedoch konsequent zu Ende, unterstützt und legitimiert sie bestehende Gewalt.«[12]

Soll der Satz deshalb verboten werden? An dieser Stelle wird es offenkundig willkürlich. Was genau ist »gefährliche Agitation«, und was heißt »konsequent zu Ende denken«? Hier geht es weniger um Beleidigung und Diffamierung als um die »richtige« Gesinnung.

Noch fragwürdiger werden solche Aussagen, wenn man sich die dafür verantwortlichen Personen näher anschaut. So steht im Impressum der Broschüre unter »Redaktion« die damalige Fachreferentin der Amadeu Antonio Stiftung für Hate Speech, Julia Schramm, die selbst mehrfach durch durchaus aggressive Pöbeleien gegen Andersdenkende im Internet auffiel.[13] Schramm hat eine bewegte Parteienvergangenheit, von der FDP über die Piratenpartei bis aktuell zur Linkspartei, und startete ihre politisch-publizistische Karriere 2011 mit einem Beitrag für eine transatlantische Lobbygruppe, in dem sie betonte, die NATO garantiere »weiterhin die Stabilität in Eurasien« und dass es von großer Bedeutung sei, ihre »militärische Infrastruktur zu nutzen, um in Bürgerkriegen zu intervenieren«.[14] Ein Jahr später, Schramm kandidierte für den Vorsitz der Piratenpartei, zahlte ihr der Bertelsmann-Konzern einen sechsstelligen Vorschuss für ein autobiografisches Buchprojekt.[15]

Vorsitzende der Amadeu Antonio Stiftung ist die schon erwähnte Anetta Kahane, Tochter des antifaschistischen Widerstandskämpfers Max Kahane, der in den 1960er Jahren Chefkommentator für die SED-Parteizeitung *Neues Deutschland* war. Anetta Kahane arbeitete in ihrer Studentenzeit mehrere Jahre lang als Inoffizielle Mitarbeiterin für die Staatssicherheit der DDR, was aber erst 2002 bekannt wurde. Laut einer von ihr selbst in Auftrag gegebenen Studie hätte sie zwar niemandem geschadet,[16] in der Presse wurde dies allerdings kritisch aufgenommen.[17] Laut ihrer 800 Seiten umfassenden Stasi-Akte habe sie Dutzende Menschen aus ihrem Umfeld belastet, darunter viele Künstler. 1976 schrieb sie demnach in einem Bericht über eine Gruppe von Schriftstellern und Schauspielern: »Zu den Feinden der DDR gehören in erster Linie Klaus Brasch und Thomas Brasch.«[18] Dass gerade Personen wie Anetta Kahane oder Julia Schramm nun als Vorkämpfer für Demokratie und gegen Diffamierung auftreten und ihre Arbeit dazu von der Bundesregierung umfangreich unterstützt wird, gibt zu denken. Unberührt von solchen personellen Fragwürdigkeiten und den geschilderten inhaltlichen Definitionsproblemen beschloss die Bundesregierung auf Betreiben von Justizminister Heiko Maas im Sommer 2017 das sogenannte Netzwerkdurchsetzungsgesetz. Diese Regelung zwingt Anbieter wie Facebook, YouTube oder Twitter nun dazu, einen »offensichtlich rechtswidrigen Inhalt innerhalb von 24 Stunden zu löschen«, wenn ein Nutzer sich etwa über eine bei Facebook veröffentlichte Äußerung eines anderen Nutzers beschwert.[19] In der Begründung des Gesetzesentwurfes heißt es:

»Gegenwärtig ist eine massive Veränderung des gesellschaftlichen Diskurses im Netz und insbesondere in den sozialen Netzwerken festzustellen. Die Debattenkultur im Netz ist oft aggressiv, verletzend und nicht selten hasserfüllt. Durch Hasskriminalität und andere strafbare Inhalte kann jede und jeder aufgrund der Meinung, Hautfarbe oder Herkunft, der Religion, des Geschlechts oder der Sexualität diffamiert werden. Hasskriminalität und andere strafbare Inhalte, die nicht effektiv bekämpft und verfolgt werden können, bergen eine große Gefahr für das friedliche Zusammenleben einer freien, offenen und demokratischen Gesellschaft.«[20]

Auffällig ist hier zunächst die sprachliche Vermengung von »Hass« und »Hasskriminalität«, einem Begriff, der vom englischen »hate crime« abgeleitet ist, im deutschen Recht aber gar nicht existiert. Gefühle kann man schlecht verbieten, dennoch suggeriert die Gesetzesbegründung, dass aggressive und verletzende Äußerungen ganz allgemein kriminell seien oder zumindest gefährlich für die Gesellschaft. Im Bundestag meinte Justizminister Heiko Maas dazu:

»Der Gesetzentwurf, den wir hier beraten, ist kein Gesetz von der Stange. Es geht hier um die Streitkultur in unserem Land und damit um eine Grundlage unserer freiheitlichen Demokratie. Fast

90 Prozent aller Jugendlichen haben heute ein Smartphone. Die digitale Kommunikation prägt Politik und Gesellschaft. Die Verrohung der Sprache, die wir im Netz tagtäglich erleben, darf uns deshalb nicht gleichgültig sein! (...) Dieser Gesetzentwurf schützt die Rahmenbedingungen, die für die freie Meinungsäußerung im Netz unerlässlich sind, nämlich ein Mindestmaß an Respekt und Anstand im Umgang mit Andersdenkenden. (...) Sorgen wir dafür, dass Mordaufrufe, Volksverhetzung und Bedrohungen so schnell wie möglich aus dem Internet verschwinden. Nur dann bleibt die Meinungsfreiheit wirklich für alle gesichert.«[21]

So einleuchtend und verständlich der Ansatz erscheint, Mordaufrufe und persönliche Drohungen aus dem Internet zu entfernen, so fragwürdig ist die Formulierung der »offensichtlich rechtswidrigen Inhalte« im Gesetz. Zwar löscht zum Beispiel Facebook schon seit Jahren täglich tausende Einträge, welche die Firma – nach geheimen Regeln – als illegal oder auch nur unpassend bewertet.[22] Doch das neue Gesetz erzeugt nun zusätzlichen Druck (»innerhalb von 24 Stunden löschen«) und droht millionenschwere Bußgelder an, was dem Ganzen eine neue und brisante Dynamik verleiht.

Es liegt nahe, dass eine solche Regelung in erster Linie dazu führt, alles, was irgendwie fragwürdig erscheint, sofort zu löschen, um ebendiese Bußgelder zu vermeiden, zumal die andere Option – fragliche und unklare Fälle erst einmal stehen zu lassen und nicht zu löschen – für Facebook und Co. mit keinerlei Anreiz verbunden ist. Damit steht die Frage der politischen Zensur im Raum.

Ein Urteil über die Rechtswidrigkeit einer öffentlichen Äußerung trifft in einer aufgeklärten Gesellschaft eigentlich eine separate Gewalt, die Justiz. Sie muss eine solche Entscheidung dann auch öffentlich begründen. Nichts davon ist im jetzigen Verfahren der Fall. Mitarbeiter privater Internetkonzerne urteilen im Verborgenen nicht nur über Recht und Unrecht, sondern sind zudem unter Strafandrohung gedrängt, sofort zu löschen, was sie für Unrecht oder auch nur fragwürdig halten. Rechtsprechende und ausführende Gewalt fallen in eine Hand, eine Privathand, die somit, unter gesetzlichem Druck, die Grenzen des Sagbaren in den größten und populärsten Netzwerken festlegt. Die genauen Regeln dafür, was zu löschen ist und was nicht, verschweigt die Regierung den Konzernen gleichwohl. Die Zensurregeln sollen die Firmen selbst entwickeln und anwenden. Die Regierung will nur noch überprüfen, ob eine gewisse »Löschquote« eingehalten wird – rechtlich wie geistig ein Armutszeugnis.

Der vielleicht entscheidende logische Kurzschluss des Gesetzes liegt in der Vermischung von aggressiven Äußerungen und Kriminalität, also in der Unterstellung, dass vieles, was von Nutzern als anstößig oder Hate Speech gemeldet wird, auch rechtswidrig sei, noch dazu »offenkundig« rechtswidrig, so dass selbst juristische Laien entsprechend handeln, sprich löschen könnten, ohne dass erst noch Gerichte befasst werden müssten. In der Gesetzesbegründung ist ganz offen formuliert: Die Firmen sollen mehr von dem löschen, was ihnen gemeldet wird. »Noch immer werden zu wenige strafbare Inhalte gelöscht«, heißt es dort.[23] Doch »gemeldet« ist eben nicht gleich »strafbar«.

Das Gesetz ist zudem außergewöhnlich komplex. In einem erläuternden Absatz der Verordnung werden die mehr als 20 (!) Paragraphen des Strafgesetzbuches genannt, auf die sich die neue Löschpflicht beziehen soll.[24] Dazu gehören neben »Beleidigung«, »Verleumdung«, »Bedrohung« und »Volksverhetzung« auch so obskure Paragraphen wie »Verunglimpfung des Bundespräsidenten«, »landesverräterische Fälschung« oder »Verunglimpfung des Staates und seiner Symbole« (§ 90a StGB: »Wer öffentlich, in einer Versammlung oder durch Verbreiten von Schriften die Bundesrepublik Deutschland oder eines ihrer Länder oder ihre verfassungsmäßige Ordnung beschimpft oder böswillig verächtlich macht oder die Farben, die Flagge, das Wappen oder die Hymne der Bundesrepublik Deutschland oder eines ihrer Länder verunglimpft, wird mit Freiheitsstrafe bis zu drei Jahren oder mit Geldstrafe bestraft.«).

Solche Paragraphen wirken grotesk und wie aus der Zeit gefallen. Der Geist, in dem sie verfasst wurden, erinnert an die autoritäre Phase Deutschlands, als es noch einen Kaiser, ein Reich, Untertanen und einen Erbfeind gab. Wenn ähnliche Regelungen heute in Ländern wie der Türkei oder Russland existieren, dann ist das meist Anlass für laute öffentliche Kritik. Die Einbindung dieser Paragraphen in das aktuelle Anti-Hate-Speech-Gesetz wird hingegen kaum erwähnt. Konkret bedeutet das aber, dass Facebook eine »Verunglimpfung« der Amtsführung von Frank-Walter Steinmeier oder eine »Beschimpfung Deutschlands« und seiner »Ordnung« sofort löschen muss, wenn die Firma nicht hohe Strafen riskieren will. Willkommen im 19. Jahrhundert, möchte man da sagen.

Doch es geht noch weiter. So heißt es in der Begründung des Gesetzes: »Hasskriminalität erfüllt in der Regel strafrechtliche Tatbestände wie üble Nachrede, Verleumdung oder Volksverhetzung. Erfasst werden auch falsche Nachrichten (›Fake News‹), soweit sie objektiv den Tatbestand einer (...) der (...) genannten Strafrechtsnormen erfüllen (...).«[25]

Zu den Strafrechtsnormen, mit denen »Fake News« beschrieben werden sollen, gehört die sogenannte »landesverräterische Fälschung« (§ 100a StGB), auf die im neuen Gesetz ausdrücklich verwiesen wird. Laut diesem Paragraphen macht sich strafbar, wer falsche Nachrichten über Staatsgeheimnisse verbreitet und damit »die äußere Sicherheit« des Staates gefährdet. Die antiquierte und kaum bekannte Regelung war im Deutschen Reichstag schon in den 1920er Jahren diskutiert worden und erlangte 1951 in der Bundesrepublik Gesetzeskraft, damals im Rahmen des 1. Strafrechtsänderungsgesetzes, als vor dem Hintergrund des Kalten Krieges eine Gesinnungsjustiz etabliert wurde, die vor allem der Verfolgung politischer Gegner – seinerzeit Kommunisten – diente.[26] Der berühmte Jurist Fritz Bauer, Chefankläger bei den Auschwitz-Prozessen in den sechziger Jahren, schrieb dazu:

»Das Delikt ›Landesverrat‹ bezieht sich auf den Verrat von ›Staatsgeheimnissen‹. Was aber als ›Staatsgeheimnis‹ zu gelten hat, steht nicht fest, sondern wird von Fall zu Fall durch den Staat, der sich geschädigt fühlt, dekretiert. (...) Die Konsequenzen liegen auf der

Hand: Spätestens seit den innerdeutschen Kämpfen der zwanziger Jahre wurden die Strafbestimmungen über Landesverrat mitunter als Waffe gegen politische Feinde missbraucht. (...) Der Paragraph 100 a, der die ›landesverräterische Fälschung‹ – gemeint ist das Verbreiten unwahrer ›Staatsgeheimnisse‹ – unter Strafe stellt, ist eine anlässlich des Reichstagsbrandes zusammen mit der berüchtigten ›Verordnung des Reichspräsidenten zum Schutz von Volk und Staat‹ geschaffene, erst später in das Strafgesetzbuch übernommene Bestimmung. Auch sie wurde 1951 von der Bundesregierung brav adoptiert. (...) Tatsächlich ist Landesverrat heute wie ehedem der einzige Straftatbestand unserer Rechtsordnung, bei dem der aus ideellen Gründen handelnde Täter ein vorher kaum kalkulierbares Risiko trägt. (...) Auch heute in der Demokratie wird von maßgeblicher Seite der Standpunkt eingenommen, dass Außen- und Militärpolitik allein von der jeweiligen Bundesregierung gemacht werden, dass ihre Politik schlechthin als dem Staatswohl dienlich fingiert werden muss, der Staatsbürger nur einen beschränkten Untertanenverstand besitzt und es einer Opposition deswegen nur gestattet sein könne, auf die nächste Bundestagswahl und eine eventuelle neue Regierung zu warten. Kann es aber eine demokratische Opposition geben, kann sie an die Macht kommen, wenn sie zuvor in entscheidenden Punkten (...) mundtot gemacht ist?«[27]

Fritz Bauer wies auch auf den brisanten Ursprung des Gesetzes zur »landesverräterischen Fälschung« hin, der heute nun als Krücke für den Kampf gegen »Fake News« herhalten soll:

»Einer der Gründe (...) ist die Öffnung eines bequemen Weges, um zutreffende Behauptungen für falsch erklären zu können. Der Weimarer Republik war es beispielsweise oft unangenehm, Informationen über paramilitärische Organisationen für wahr erklären zu müssen, um zu einer Bestrafung der Journalisten zu kommen. Es wäre viel verlockender gewesen, erst festzustellen, die Nachrichten seien falsch, und sodann wegen einer Verbreitung falscher Nachrichten zu strafen – natürlich ebenso hoch.«[28]

Deutlich wird: Der Kampf um »wahr«, »falsch«, »Hass« und »Verunglimpfung der Regierung« ist ein politischer und nicht durch Verordnungen und Zensur zu regeln, sondern allein in offener Debatte. In diesem Sinne stellte auch das Bundesverfassungsgericht 2009 fest:

»Die Absicht, Äußerungen mit schädlichem oder in ihrer gedanklichen Konsequenz gefährlichem Inhalt zu behindern, hebt das Prinzip der Meinungsfreiheit selbst auf und ist illegitim. (…) Nicht tragfähig für die Rechtfertigung von Eingriffen in die Meinungsfreiheit ist ein Verständnis des öffentlichen Friedens, das auf den Schutz vor subjektiver Beunruhigung der Bürger durch die Konfrontation mit provokanten Meinungen (…) zielt.«[29]

Eine zentrale Instanz, die über Wahrheit befinden soll, ist ebenso ein Merkmal autoritärer Systeme, wie Zensur und der dehnbare Vorwurf des »Landesverrats«. Und so erscheint es als besondere Pointe, dass Russland die neue deutsche Regelung umgehend in sein eigenes Recht übernommen hat, wie »Reporter ohne Grenzen« im Juli 2017 berichteten:

»Das russische Parlament diskutiert ein neues Gesetz, um Inhalte in sozialen Netzwerken stärker zu kontrollieren, und orientiert sich dabei ausdrücklich an dem Ende Juni in Deutschland verabschiedeten Gesetz gegen Hassbotschaften im Internet. Reporter ohne Grenzen hat das so genannte Netzwerkdurchsetzungsgesetz in der vorliegenden Form heftig kritisiert und davor gewarnt, dass es repressiven Staaten als Vorbild dienen könnte. (…) Welche Inhalte von den Netzbetreibern zu löschen sind, ist im Gesetzentwurf nur sehr allgemein formuliert. Es geht um Informationen, die zu Krieg oder ethnischem oder religiösem Hass aufrufen, um ehrverletzende Äußerungen und ›sonstige Informationen, für deren Weiterverbreitung man straf- oder zivilrechtlich zur Verantwortung gezogen werden kann‹ – wobei gerade letztere Formulierung so schwammig und weit auslegbar ist, dass sie leicht missbraucht und willkürlich gegen Kritiker ausgelegt werden kann.«[30]

Die deutsche Regierung liefert der russischen also die rechtliche Vorlage, um Kritiker besser in Schach halten zu können. Bei einer Anhörung im Rechtsausschuss des Deutschen Bundestages im Juni 2017 war auf diese Gefahr, auch international ein negatives Beispiel zu geben, bereits hingewiesen worden. Fast alle von der Regierung geladenen Experten, insgesamt zehn Fachleute aus Justiz, Medien und Wissenschaft, hatten das Gesetz kritisiert, die Mehrheit bewertete es sogar als verfassungswidrig.[31] Zuvor hatte schon der UN-Sonderberichterstatter für Meinungsfreiheit, Prof. David Kaye, der deutschen Regierung in einer schriftlichen Stellungnahme mitgeteilt, dass das Gesetz gegen die Menschenrechte verstoße und zu »vorauseilender Zensur« führe.[32] Selbst ein Gutachten des Wissenschaftlichen Dienstes des Bundestages hatte einen Verstoß der Regelung gegen das Grundgesetz festgestellt und darauf hingewiesen, dass es beim verfassungsmäßigen Schutz der freien Meinungsäußerung eben nicht darauf ankomme, »ob die Meinung wertvoll oder wertlos, richtig oder falsch, gefährlich oder harmlos, emotional oder rational ist«.[33]

Doch all diese fachkundigen Einwände schienen für Regierung und Parlament überhaupt nicht zu existieren, waren keiner Erwägung wert und wurden nicht beachtet. Mit den Stimmen der Regierungsparteien CDU/CSU und SPD beschloss der Bundestag das Gesetz eilig noch am 30. Juni 2017, dem letzten Sitzungstag der Legislaturperiode. Offenbar reichte den Abgeordneten für ihre Entscheidung die Empfehlung der Regierung und der Fraktionsspitzen aus. Beschlossen wird, so der Eindruck, was die Vorsitzenden für richtig befunden haben. Was nützen aber all die Anhörungen, Gutachten und Fragestunden, wenn man sie bei unpassendem Ergebnis einfach ignoriert?

Dass es auch anders geht, war am gleichen Tag bewiesen worden. Unmittelbar vor der Bewilligung des Gesetzes hatten die Abgeordneten die »Ehe für alle« beschlossen. Feierstimmung herrschte im Plenarsaal, die Grünen zündeten Konfettiraketen. Die Kanzlerin hatte diese Abstimmung zuvor »freigegeben«, also den gängigen, gleichwohl ungesetzlichen Fraktionszwang aufgehoben.[34] Als eine

Rednerin im Bundestag auf diese Aufhebung des Fraktionszwangs hinwies, ermahnte sie Bundestagspräsident Norbert Lammert: »Nach unserer Verfassung entscheidet jeder einzelne Abgeordnete, wie er sich zu welchem beliebigen Tagesordnungspunkt auf der Tagesordnung des Deutschen Bundestages verhält. Dazu bedarf es keiner Freigabe, weder durch Fraktionen noch durch Parteien. (...) Es wäre schön, wenn das für die Zukunft unmissverständlich deutlich bliebe.«[35]

Doch die lehrerhafte Zurechtweisung – die vom ausnahmsweise bis auf den letzten Platz besetzten Plenarsaal laut beklatscht wurde – gilt nur theoretisch, als schöner Schein. Lammerts Aussage ist ebenso wohlfeil wie der einhellige und selbstgefällige Applaus vieler Parlamentarier dazu. Jeder weiß: Wenn ein Abgeordneter wiederholt anders abstimmt, als die Fraktionsführung es wünscht, dann bleibt das nicht ohne Konsequenzen. Als letztes Mittel wird er von seiner Partei nicht wieder zur Wahl aufgestellt. Das mag zwar hinnehmen, wer selbst so populär ist und so viel Rückhalt in seiner Heimat genießt, dass er sich auch aus eigener Kraft und ohne Hilfe seiner Partei direkt wählen lassen kann – doch auch dann noch kann die Partei seine Arbeit im Parlament in vielerlei Hinsicht behindern und erschweren. Der informelle, aber sehr reale Fraktionszwang ist ein Überbleibsel aus autoritären Zeiten und hat mit Demokratie wenig zu tun. Wer ihn im Einzelfall »aufhebt«, beweist schon damit eine verfassungswidrig angemaßte Macht.

Bei der Abstimmung über das Netzwerkdurchsetzungsgesetz, nur eine Stunde nach der »demokratischen Sternstunde« des »freien« Beschlusses zur Ehe für alle, für den der Bundestag gefeiert wurde, galt der Fraktionszwang dann wieder – und alle hielten sich daran. Wie es scheint, verzichtet die Regierung auf ihr Kontrollinstrument nur bei gesellschaftlich zwar wichtigen, aber machtpolitisch eher unbedeutenden Themen aus dem privaten Lebensbereich, wie Schwangerschaftsabbruch, Sterbehilfe oder eben Homosexuellenrechten. So gut wie nie wird der Fraktionszwang aber aufgehoben, wenn es um die Entsendung von Soldaten, die Rettung von Banken oder überhaupt brisante Außen- und Finanzpolitik geht. Das »Risiko« wirklich demokratischer Abstimmungen ist der Regierung dann offenbar zu hoch.

In der Debatte um Hate Speech wird ein Konflikt mit der Demokratie und der Meinungsfreiheit sichtbar. Es ist das eine, Bedrohungen und Beleidigungen zu verbieten, aber etwas anderes, die Definition des Unerwünschten immer mehr in Richtung strittiger Themen und Ansichten auszuweiten und damit den Streit selbst einzuschränken oder in letzter Konsequenz sogar unführbar zu machen. Laut einem Erklärvideo der ARD ist schon der Satz »Migranten willkommen, wenn sie sich an das Gesetz halten« ein Beispiel für Hate Speech, da damit eine grundsätzliche Kriminalität von Zuwanderern unterstellt werde.[36] Der berechtigte und wichtige Einsatz für den Schutz von Minderheiten lässt sich auch missbrauchen, um gegnerische Ansichten pauschal auszugrenzen.

Und noch ein weiterer Punkt ist auffällig. Hate Speech wird in der Regel definiert als Diskriminierung »aufgrund von Hautfarbe, Gender, Sexualität, ethnischem Hintergrund oder Religion«[37]. Was in dieser Aufzählung fehlt, ist ein Bezug zum Sozialen, zum Einkommen und der Gesellschaftsschicht. Zu den geschützten Gruppen zählen Zuwanderer, Religionen und sexuelle Identitäten, aber weder Arme noch die Unterschicht. Die soziale Frage, die gärende politische Unruhe, die historisch gesehen überhaupt erst den Anlass gab zu Gesetzen zur »Klassenverhetzung« und »Volksverhetzung«, bleibt in all der aktuellen Aufregung seltsam ausgeblendet.

4 Der Traum von der Gemeinschaft

Wenn Außenseiterkandidaten vom Volk und dessen Interessen sprechen, dann wird das oft kritisiert. Ein Volk als einheitliche Gruppe gäbe es gar nicht, heißt es.[1] Dass die allermeisten Bürger bestimmte politische Vorstellungen und Wünsche teilen, die von der Regierung ignoriert werden, sei eine unbelegte Spekulation. Ein Bezug auf »das Volk« gilt als anmaßend.[2]

Zugleich berufen sich die Etablierten selbst immer wieder auf eine große Volksgemeinschaft. Wenn die Bundeskanzlerin im Hinblick auf die Flüchtlingskrise sagt: »Wir schaffen das«, dann unterstellt sie, es gäbe ein Volk mit einem gemeinsamen Ziel. Diejenigen, die ihr widersprechen, finden sich in diesem »wir« nicht wieder. Sie sind ausgeschlossen aus dieser Gemeinschaft und begreifen das »wir« daher als Lüge, als betrügerische Anmaßung.

Im Grunde geht es also gar nicht darum, ob es ein Volk gibt, sondern wer in seinem Namen sprechen darf. Beansprucht jemand anderes als etablierte Politiker, Manager, Wissenschaftler und Journalisten dieses Recht, dann wird Alarm geschlagen. Führung beginnt mit Meinungsführung – wer die eine verliert, der kann die andere nicht bewahren.

Schaut man sich als Musterbeispiel politischer Rede eine typische Neujahrsansprache Angela Merkels an, dann wimmelt es darin von Berufungen auf das Volk. In Formulierungen wie »wir sind frei, mitmenschlich, offen« oder »wir gemeinsam, unser Staat«, »wir Deutschen« und »unser wirtschaftlicher Erfolg« wird unterstellt, es gäbe ein geeintes Volk, das gemeinsam fühlt und handelt.[3]

Dieses »Wir« und »Unser« konstruiert eine Gemeinschaft, die Hoffnung und Identität stiften soll, die aber in der realen Politik nicht gelebt wird und darum wie Heuchelei erscheint. »Unseren wirtschaftlichen Erfolg« gibt es nicht, allenfalls die Gewinne der Wohlhabenden, während der große Rest stagniert oder abrutscht.[4] »Deutschland ist so ungleich wie vor 100 Jahren«, titelte die *Süddeutsche Zeitung* Ende 2017 unter Berufung auf eine Studie. Demnach liegt der Anteil der Reichsten am Einkommen heute wieder so hoch wie zuletzt 1913.[5] Das »Wir« verbirgt die sozialen Spannungen, den Zerfall der Gesellschaft in Arm und Reich. Akzeptiert man diese Beschönigung, glaubt man an das »Wir«, so wie Merkel und viele andere es äußern, dann erscheint die Wut der Ausgegrenzten, die Sprache der Populisten als Regelbruch, als bösartig und verleumderisch. Die Populisten stören die behauptete Harmonie.

Deutlich wurde das bei einer für großes Aufsehen sorgenden politischen Aktion. Ende 2016, nach Brexit-Abstimmung, Trump-Wahl und mitten im heraufziehenden, von AfD-Angst geprägten Bundestagswahlkampf hatten Frankfurter Anwälte eine Bürgerinitiative namens »Pulse of Europe« gestartet. Sie beschwor den Traum von der harmonischen, offenen, friedlichen europäischen Gemeinschaft und rief immer sonntags zu Demonstrationen in vielen Städten auf. In der Hochphase im Frühjahr 2017 versammelten sich wöchentlich jeweils mehrere tausend Menschen in Städten wie Frankfurt, Köln, München und Berlin. Danach ebbte das Interesse wieder ab, vielleicht auch, weil die Thesen und Ziele der Initiative vage blieben: »Europa darf nicht scheitern«, »Der Friede steht auf dem Spiel«, »Aufstehen und wählen gehen«, »Grundrechte und Rechtsstaatlichkeit sind unantastbar«, »Reformen sind notwendig«.[6] Das klang staatstragend und hätte so auch vom Kanzleramt oder einem Industrieverband formuliert sein können.

Auffallend viele Medien liebten die Aktion. »Endlich mal«, so die *Süddeutsche Zeitung*, gingen Menschen »für Europa« auf die Straße.[7] *Der Tagesspiegel* meinte, dass nun »die stille Mehrheit endlich sichtbar werden« solle.[8] Es war, als hätten viele Journalisten nun erleichtert »ihr Volk« entdeckt. Auch etablierte Politiker waren voll des Lobes. SPD-Fraktionschef Thomas Oppermann erwähnte die Aktion als leuchtendes Beispiel in einer Rede im Bundestag:

»Ich finde, wir müssen jetzt mit mehr Mut für Europa kämpfen – so wie es zum Beispiel eine Bewegung macht, die sich ›Pulse of Europe‹ nennt. In über 35 Städten in Deutschland demonstrieren jetzt jeden Sonntag Menschen für Europa: Familien, Jüngere ebenso wie Ältere. (...) Und das Bemerkenswerte daran ist: Sie demonstrieren nicht gegen etwas, sondern sie demonstrieren für etwas, für die Europäische Union, für die Vorzüge eines offenen Europas, für Reisefreiheit, für eine Sicherheit gebende Gemeinschaft im Weltgefüge.«[9]

Der Gründer der Initiative, Daniel Röder, Jurist bei einer Wirtschaftskanzlei, formulierte es so: »Uns geht es wirklich darum, die Botschaft auszusenden: Es gibt ganz viele, und wir sind wahrscheinlich die Mehrheit, die für ein vereintes Europa sind.«[10]

Die Zusammenkünfte waren bevölkert von gutwilligen Menschen, vielfach aus dem Bildungsbürgertum, die sich selbst als eine Art »Anti-Pegida« begriffen, als Bewahrer einer europäischen Gemeinschaft. Im Populismus sahen sie einen Angriff auf die Demokratie und überhaupt das friedliche Zusammenleben. Bei ihren Demonstrationen stiegen Luftballons in den Himmel, wurden Herzen auf den Asphalt der Fußgängerzonen gemalt, Europa-Fahnen geschwenkt und die europäische Hymne gesungen. Man beschwor einen ähnlichen Geist wie die Kanzlerin in ihren Neujahrsansprachen: ein großes helles »Wir«, das sich vor allem durch seinen beunruhigenden Gegenpol definierte – die Anderen, die Zornigen, Unkultivierten, oder mit dem berühmten Wort Joachim Gaucks: »Dunkeldeutschland«[11].

Im Zentrum der Aktion stand das Engagement »für Europa«, womit aber eigentlich die EU gemeint war. Auch in den Medien wurde – und wird – Europa immer wieder mit der Europäischen Union gleichgesetzt. Dabei ist die EU lediglich eine Freihandelszone mit gemeinsamen Institutionen und zum Teil einer gemeinsamen Währung – also ein konkret definierbares politisches Projekt, das auf Verträgen gründet, die man auch ändern kann. Europa hingegen ist mit seinen etwa 750 Millionen Menschen fern jedes politischen Disputs einfach ein Kontinent, zu dem, anders als zur EU, auch große Teile Russlands, die Ukraine, die Türkei, die Schweiz, Norwegen und weitere Länder gehören. »Für Europa« zu kämpfen ist daher ähnlich beliebig, wie sich »für Asien« einzusetzen. Gemeint ist immer die Europäische Union, ein politisches Konstrukt, das man selbstverständlich kritisieren und im Zweifel auch bekämpfen kann, ohne dadurch »antieuropäisch« zu sein. Auch die Kritiker der nordamerikanischen Freihandelszone NAFTA sind schließlich nicht »antinordamerikanisch«.

Durch die Sprachverwirrung wird nahegelegt, EU-Gegner seien gegen ein friedliches Zusammenleben der europäischen Völker. Doch wie schon erwähnt: Norwegen oder die Schweiz sind nicht in der EU, ohne dass es deshalb bislang zu kriegerischen Auseinandersetzungen mit diesen Ländern gekommen wäre. Warum auch? Für ein friedliches Miteinander braucht es nicht zwingend eine Freihandelszone, geschweige denn eine politische Union. Man kann mit Norwegen Handel treiben, Verträge schließen, das Land bereisen und dort Freunde finden, ohne dass die Norweger dazu der EU beitreten müssten.

Dennoch gilt die Europäische Union, gerade vor dem Hintergrund des Zweiten Weltkrieges, vor allem als ein Projekt für das friedliche Zusammenleben der europäischen Völker. Eine enge wirtschaftliche und politische Verflechtung sollte weitere gegenseitige Feindseligkeiten verhindern, heißt es.[12] Doch das ist allenfalls die Hälfte der Wahrheit. Unmittelbar nach dem Sieg der Alliierten über Nazi-Deutschland begann mit dem Kalten Krieg schon die nächste Auseinandersetzung – diesmal zwischen den westlichen Siegermächten und der Sowjetunion. Anders als Deutschland war die Sowjetunion nicht nur eine konkurrierende Großmacht, sondern stellte auch noch das Grundprinzip aller übrigen Mächte infrage: das Privateigentum an Unternehmen und großen Vermögen.

Ende der 1940er Jahre tobte der Kampf um den Einfluss der Kommunisten überall in Europa. 1948 setzten sie sich in der Tschechoslowakei durch, eine kommunistische Rebellion in Griechenland im gleichen Jahr ließ sich nur mit britischer und amerikanischer Unterstützung niederschlagen und bei den ersten Parlamentswahlen in Italien nach der faschistischen Herrschaft konnte ein Sieg der Kommunistischen Partei ebenfalls bloß mit massiven verdeckten Hilfszahlungen aus den USA an die nichtkommunistischen Kräfte in Rom verhindert werden – eine der ersten erfolgreichen Aktionen der gerade gegründeten CIA.[13]

Der Kalte Krieg begann, es ging um alles, und die Frontlinie verlief quer durch Europa. Eine Vereinigung der westlichen Hälfte des Kontinents wurde daher von Anfang an maßgeblich durch die USA vorangetrieben. Schon 1948 gründete man dazu in New York das American Committee on United Europe. Geleitet wurde diese Organisation von CIA-Führungskräften wie William J. Donovan, Allen Dulles und Walter Bedell Smith, die zu den führenden Strategen und Politplanern der USA gehörten.[14] Die Gruppe finanzierte über Jahre hinweg die »Europäische Bewegung«, einen 1948 in Brüssel gegründeten Verein, der die europäische Vereinigung auf höchster politischer Ebene vorantrieb.[15] Zu den Ehrenpräsidenten gehörten Churchill und Adenauer. Viele Politiker, die heute als Gründerväter der EU gelten, waren involviert. Das Geld kam zu großen Teilen von der Ford Foundation, der Rockefeller Foundation, amerikanischen Wirtschaftsverbänden sowie dem US-Außenministerium.[16] Ab 1949 flossen von dort verdeckt mehrere Millionen Dollar in die »Europäische Bewegung«, was entscheidend dafür war, den sogenannten Schuman-Plan auf die politische Agenda zu bringen und breite Unterstützung dafür zu mobilisieren.[17] Dieser Plan, benannt nach dem französischen Außenminister, sah vor, die deutsche und die französische Kohle-

und Stahlindustrie aus nationalem Einfluss zu lösen und einer gemeinsamen europäischen Behörde zu unterstellen. Mit der Gründung der »Europäischen Gemeinschaft für Kohle und Stahl«, der sogenannten Montanunion, wurde der Plan 1951 umgesetzt – und zur Keimzelle der heutigen EU.

Die Idee bestand darin, das Herzstück der bedrohlichen deutschen Macht, seine Stahl- und Rüstungsindustrie, die insbesondere im Ruhrgebiet konzentriert war, mit den Waffenschmieden Krupp in Essen und Rheinmetall in Düsseldorf, unter internationale Hoheit zu stellen, um Deutschland zu bändigen. Dazu gab es jedoch verschiedene Ansichten unter den Siegermächten. Frankreich wünschte sich eine radikale Schwächung seines kriegerischen Nachbarn, die USA hingegen ein weiterhin starkes Westdeutschland, wenn auch fest eingebunden in internationale Netzwerke, als Bollwerk gegen die Sowjetunion. Der Kompromiss der unterschiedlichen Positionen bestand im Schuman-Plan, der vom Franzosen Jean Monnet entwickelt worden war, der gemeinhin als »Vater der europäischen Einigung« gilt. Monnet verfügte über exzellente Kontakte in die amerikanische Elite, hatte im Zweiten Weltkrieg in den USA gelebt und Präsident Roosevelt beraten. Das Geld für Monnets Sekretariat kam in den fünfziger Jahren von der Ford Foundation.[18] Monnets Privatsekretär erinnerte sich Jahrzehnte später: »Er (Monnet) machte bei vielen Gelegenheiten deutlich, dass eine Unterstützung durch CIA-Gelder vermieden werden müsse, wegen des politischen Risikos für sein Prestige.«[19]

Die Ford Foundation arbeitete bei einer Vielzahl europäischer Projekte eng mit der CIA zusammen. Der Kampf der Ideen wurde dabei besonders um die Köpfe der jungen Generation ausgefochten. So floss 1951 der größte Teil der US-Gelder in eine massive Jugendkampagne für die europäische Einigung. Bis Mitte der fünfziger Jahre organisierte die »Europäische Bewegung« dazu über 2 000 Versammlungen und Festivals, vor allem in Deutschland.[20] Die Herkunft der Gelder wurde verschleiert. Der Schatzmeister der »Europäischen Bewegung«, der belgische Baron Boel, ein Duzfreund von CIA-Chef Allen Dulles, erklärte 1953, es sei von größter Bedeutung, eine Situation zu vermeiden, wo Gegner einer europäischen Einigung die Bewegung als amerikanisches Werkzeug denunzieren könnten. Das US-Geld für die Jugendkampagne steckte daher in einem »Sonderbudget« und tauchte im regulären Haushaltsplan der »Europäischen Bewegung« nicht auf.[21] Der britische Politikwissenschaftler und Historiker Prof. Richard Aldrich beschrieb das enge Netz der Beteiligten:

»Sowohl die offene, wie die verdeckte amerikanische Unterstützung (für eine europäische Einigung; Anmerkung P.S.) wurde Mitte der 1950er Jahre zunehmend von den gleichen Personen gelenkt. John J. McCloy und Shepard Stone hatten die verdeckte Finanzierung der ›Europäischen Jugendkampagne‹ durch US-Regierungsgelder arrangiert und saßen 1953 dann beide im Kuratorium der Ford Foundation. McCloy war außerdem Direktor der Rockefeller Foundation und 1955 Vorsitzender der Ford Foundation, sowie zugleich Vorsitzender des Council on Foreign Relations. Parallel plante der gleiche Kreis mit Retinger, McCloy, Allen Dulles, Harriman, David Rockefeller, Jackson und Bedell Smith die Bilderberg-Gruppe, eine weitere Organisation zum Brückenschlag zwischen Regierung, privaten und öffentlichen Institutionen sowie zwischen offenen und verdeckten Aktionen auf beiden Seiten des Atlantiks.«[22]

Europäische Einigung, Bilderberg und NATO – all diese bis heute aktuellen und wirksamen Projekte und Strukturen lassen sich ideell und finanziell auf die gleiche Quelle zurückführen – eine amerikanische Elite, die alles dafür tat, Westeuropa an sich zu binden und vom Kommunismus fernzuhalten, und die zugleich ihre eigene Planung und Finanzierung geheim hielt, um der Sowjetunion nicht das Propagandaargument zu liefern, die Westeuropäer seien nur Marionetten Amerikas.

Wahr ist aber auch, dass die Gründung der EU nicht bloß von den USA befördert wurde, sondern ebenso im Interesse der führenden Industriellen Europas lag. Der Zerfall der Kolonialreiche europäischer Mächte nach 1945, wie etwa die Niederlande, die Indonesien verloren, oder Belgien, das den Kongo einbüßte, führte zu einem Wegbrechen von Absatzmärkten im großen Stil. In dieser Situation bot der europäische Binnenmarkt einen dringend gesuchten Ersatz für die Konzerne.[23] Die Eliten auf beiden Seiten des Atlantiks verfolgten hier also ein gemeinsames Interesse.

An der 1951 gegründeten »Europäischen Gemeinschaft für Kohle und Stahl« waren neben Deutschland und Frankreich auch Italien, Holland, Belgien und Luxemburg beteiligt. Im Rahmen dieser Montanunion, die den zollfreien Handel von Kohle und Stahl untereinander ermöglichte, wurde erstmals in Europa eine überstaatliche Institution mit eigenen Regierungskompetenzen geschaffen. Aus dieser sogenannten »Hohen Behörde« ging später die Europäische Kommission hervor. An ihrer Spitze stand, ganz wie heute, ein nicht vom Volk gewähltes Kabinett aus Technokraten. Die Hohe Behörde lenkte das neu geschaffene europäische Kohle- und Stahlkartell, eine seltsame Mischung aus Konzern- und Staatenunion, mit dem die wesentliche Schlüsselindustrie der damaligen Zeit beherrscht wurde. Ein europäisches Stahlkartell hatte es auch schon in den 1920er Jahren gegeben, allerdings noch ohne eine Verschmelzung der betreffenden Regierungskompetenzen.

Nun ist die Schaffung eines internationalen privaten Industriekartells mit staatlichem Segen alles andere als eine demokratische Entwicklung. Ein solches Kartell zur Keimzelle eines demokratischen Gemeinwesens machen zu wollen ist jedenfalls ein seltsam verdrehter Gedanke. Zudem hatte es auch ganz andere Pläne gegeben. So beantragte die SPD 1947 im nordrhein-westfälischen Landtag eine Volksbefragung zur Überführung der Kohle- und Stahlindustrie in Gemeineigentum. Die bürgerliche Mehrheit im Parlament lehnte das zwar ab, doch nach den ersten Landtagswahlen fand die SPD 1948 dann doch noch eine parlamentarische Mehrheit für eine sogenannte Sozialisierung: Der Landtag beschloss eine »Ermächtigung des Landes Nordrhein-Westfalen zur Überführung der Kohlewirtschaft in Gemeinwirtschaft«. Doch Deutschland war nicht souverän, am Ende entschieden die Besatzer, Demokratie hin oder her. Und der in Nordrhein-Westfalen regierende britische Militärgouverneur, General Bishop, lehnte das Gesetz ab, vor allem auf Druck der Amerikaner.[24]

Stattdessen entstand drei Jahre später das private Kartell der Montanunion. Die SPD wandte sich im Bundestag vehement dagegen. Es fehle die demokratische Legitimation für einen solchen Verzicht auf souveräne nationale Hoheitsrechte, so führende Vertreter der Partei 1951.[25] Zudem werde die deutsche Teilung damit zementiert. Bundestagsvizepräsident Carlo Schmid, einer der Väter des Grundgesetzes, meinte in der Debatte, dass die neben der Hohen Behörde geplante europäische parlamentarische Versammlung mit ihren eingeschränkten Befugnissen bloß den Anschein eines Parlaments erwecke. Der Schuman-Plan sei nicht Europa. Eine Ablehnung der Montanunion schließe ein Bekenntnis zu Europa daher nicht aus. Der spätere SPD-Vorsitzende Erich Ollenhauer verdeutlichte: »Mit dem Schuman-Plan lehnen wir nichts anderes ab als diese spezifische Form einer Zusammenarbeit.«[26] Und Parteichef Kurt Schumacher, der als Widerstandskämpfer gegen die Nazis höchste Anerkennung bei vielen genoss, fasste die Überzeugung seiner Partei so zusammen:

»Die Diskussion über den Schuman-Plan bewegt sich heute weitgehend auf einer falschen Ebene und wird mit falschen Methoden geführt, mit den Waffen des Totalitarismus oder einer unduldsamen Autokratie. (...) Unsere Pflicht ist es, auch wenn gewisse Töne tiefe und echte Gefühle in uns auslösen, uns nicht einzulassen auf die Falschmünzerei der Begriffe und Worte, die heute üblich ist. (...) Der Schuman-Plan ist, da er nur sechs Länder umfasst, nicht ein europäischer Plan, sondern ein regionaler Spezialpakt innerhalb Europas. Er umfasst die Länder eines gewissen kulturellen, politischen und wirtschaftlichen Typs. Dieser Typ ist konservativ und klerikal, er ist kapitalistisch und kartellistisch. Er ist bei der großen Auseinandersetzung der Prinzipien restaurativ und liegt nicht im Sinne der modernen Arbeiterbewegung.«[27]

Diese Kritik von 1951 hat wenig an Aktualität verloren, auch wenn sich inzwischen vieles verändert und die Konstruktion der Europäischen Union erweitert hat. Der Begriff »antieuropäisch« ist in jedem Fall ein ähnlich manipulatives Schlagwort wie »populistisch«. Es soll Angst geschürt werden vor Menschen, die bestimmte politische Verabredungen infrage stellen. Wenn aber Politik kein offener Prozess mehr ist und die EU-Verträge alternativlos, was schützen dann all die arglosen »Pulse of Europe«-Demonstranten mit ihren Luftballons, Flaggen und gutgemeinten Gesängen?

Dazu kommt ein weiteres Problem: Eine große und vielfältige Staatengemeinschaft wie die Europäische Union ist schon strukturell, also ganz ohne böse Absicht, kaum demokratisch zu organisieren. Die Schwierigkeiten beginnen mit der Sprachbarriere. Die Verständigung unter den gewählten Abgeordneten im Europäischen Parlament ist durch die Sprachenvielfalt und die Normierung auf Englisch als Arbeitssprache enorm reduziert und nicht zu vergleichen mit der Lebendigkeit und Vielschichtigkeit des Austauschs in einem gemeinsamen Sprachraum. Darauf weist unter anderem der Autor und Wissenschaftler Andreas Wehr hin, der selbst fünfzehn Jahre lang im Europäischen Parlament gearbeitet hat:

»Der Mythos Europa, der hing auch damit zusammen, dass man glaubte, die Leute würden alle möglichen Fremdsprachen sprechen und könnten sich verständigen, aber tatsächlich ist die Verständigung, das habe ich wirklich erlebt, auch zwischen Europa-Abgeordneten, und natürlich auch vielen Mitarbeitern, und natürlich erst recht den Bürgern, den Gewerkschaftern und so weiter, die dann mal in Brüssel zusammenkamen, um zu protestieren, doch sehr reduziert. (...) Insofern ist das wirklich ein Stück Mythos Europa, was entstanden ist.«[28]

Wehr betont noch ein weiteres grundlegendes Problem: Die fehlende gemeinsame europäische Öffentlichkeit. Es gibt schlicht keine in Deutschland, Frankreich, Italien, Spanien, Polen und Ungarn gemeinsam gelesenen populären Journale und Nachrichtenportale. Der Sender Arte versucht seit über zwanzig Jahren mühsam, eine gemeinsame deutsch-französische Öffentlichkeit zu schaffen – und bleibt trotz Millioneninvestitionen ein Nischenprogramm. Von größeren Projekten, die mehr als zwei EU-Staaten medial zusammenführen, ganz zu schweigen.[29] Ohne eine täglich neu hergestellte gemeinsame Öffentlichkeit kann aber keine authentische demokratische Politik entstehen. Anders als die Bürger verfügen die Eliten selbstverständlich über gemeinsame Foren des Austauschs und der Meinungsbildung – abgeschlossen und hinter den Kulissen. Auch aus diesem Grund bleibt die EU ein Elitenprojekt.

Tatsächlich sind für die normalen Bürger die heimatsprachlichen Kulturräume überall in Europa prägend für das Denken. Wollte man daran etwas ändern, dann müssten die erheblichen kulturellen Unterschiede zwischen Schweden, Italienern, Polen, Spaniern, Bulgaren und Belgiern erst in einer neukonstruierten gemeinsamen europäischen Identität aufgelöst werden. In Deutschland sind viele Menschen dazu bereit, gerade in der Polit-, Wirtschafts- und Medienelite. Sie begreifen sich eher als Europäer denn als Deutsche – auch weil eine eigene deutsche Identität durch die Nazivergangenheit vielen als wenig erstrebenswert erscheint. In anderen Ländern sieht das aber nicht so aus. In Frankreich begreift man sich zunächst als Franzose, in Polen als Pole und so weiter. Insbesondere das deutsche Schwärmen von der EU hat viel damit zu tun, dass man die eigene beschädigte Identität durch eine neue ersetzen möchte – ein Wunsch, der anderen Nationen fremd bleibt.

Die Europäische Union hat jedoch nicht »nur« ein Identitäts- und Sprachenproblem. In ihrer derzeitigen Vertragsform ist sie vor allem eine verhängnisvolle Verkettung sehr ungleicher Länder und Wirtschaftsräume, bei der die ökonomisch Stärkeren die Schwächeren in einer erzwungenen Abhängigkeit halten. Läuft es wirtschaftlich schlecht, werden die Schwachen von den Starken ausgepresst und filetiert, wie die Zwangsprivatisierungen und rabiaten Sozialkürzungen in Griechenland in aller Offenheit zeigen.[30] Diskutieren die Schwächeren eigene Währungskonzepte oder rebellieren sonst wie, dann erhalten Präsidenten solcher Länder auch schon mal Putschdrohungen, wie Yanis Varoufakis 2017 enthüllte.[31] So viel zum »europäischen Geist« und der laut Thomas Oppermann »Sicherheit gebenden Gemeinschaft im Weltgefüge«.

Die EU ist geschichtlich und organisatorisch ein Projekt der Oberschicht und der großen Unternehmen. Allerdings ist auch der deutsche Nationalstaat historisch gesehen ein Elitenprojekt, das der Schaffung eines gemeinsamen Marktes und den Interessen der Mächtigen diente. Das Deutsche Reich, gegründet 1871, ging hervor aus dem Deutschen Zollverein von 1834, ebenfalls einer Freihandelszone. Bismarcks Kampf für ein einheitliches und straff regiertes Deutsches Reich ohne Zollgrenzen hatte wenig mit einem Wunsch nach Demokratie zu tun, aber sehr viel mit den Interessen von deutschen Bankiers und Industriellen. Die agierten in der zweiten Hälfte des 19. Jahrhunderts zunehmend international und wollten einen starken Nationalstaat als Plattform für ihre Geschäfte in aller Welt nutzen. Es ging um Marktanteile und Profite, gerade auch in der Konkurrenz zu anderen Mächten wie Großbritannien. Viele Kriege erwuchsen aus diesen Konkurrenzsituationen.

Deshalb argumentieren EU-Anhänger einerseits verständlich, wenn sie fordern, die Nationalstaaten als kriegerische Machtblöcke zu überwinden. Sie übersehen dabei aber, dass die EU in ihrer heutigen Konstruktion nur ein noch größerer, noch undemokratischerer und kaum weniger kriegerischer Machtblock ist.[32] Wenn Eliten hinter den Kulissen staatenübergreifende Verträge auskungeln und der Bevölkerung das Ergebnis als demokratisches Überwinden rückschrittlicher Nationalstaaten verkaufen wollen, dann ist das jedenfalls eine sehr beschränkte und irreführende Sichtweise.

Man kann es auch einfacher ausdrücken. So hatte der Sänger Xavier Naidoo 2009, noch bevor er von vielen Medien als rechtspopulistisch geschmäht wurde, in einer Ballade nachdenklich getextet:

Mein Herz schlägt für dich, Europa
Du trägst die Hoffnung für mich
Du hast mich vor langem erobert
Nur deine Fürsten verstehe ich nicht
(…) Du trägst die Vision, die so groß war
(…) Wir können nur verlieren
Wenn wir sie nicht für uns gewinnen[33]

Das trifft den Punkt: Die europäische Idee, gedacht als friedliche Zusammenarbeit europäischer Regionen, verdient Unterstützung, wurde aber von »Fürsten« gekapert und führt in deren Händen zum Niedergang. Die Politik der EU erzeugt den Widerstand gegen sie längst selbst, dazu bedarf es keiner radikalen Volksverführer. Diese füllen nur die Leerstellen und Tabus in der Debatte, die andere ängstlich oder ahnungslos respektieren.

Populisten haben Konjunktur, wenn die Regierung keine Politik im Sinne der Mehrheit betreibt und reale Probleme durch Beschönigung und politische Korrektheit verdeckt werden. Der öffentliche Kampf wird dann über die Frage geführt, wer denn nun die »schweigende Mehrheit« ist – und wer sie vertritt. Wer spricht für das Volk?

Dabei gerät allerdings eine andere, entscheidendere Frage in den Hintergrund: Warum kann das Volk eigentlich nicht für sich selbst sprechen?

5 Sind Volksabstimmungen gefährlich?

Direkte Demokratie steht bei vielen in schlechtem Ruf. Das Volk sei in seiner großen Masse nicht reif genug, komplizierte Entscheidungen zu treffen, und würde sich von Emotionen und Vorurteilen lenken lassen. Nach der britischen Volksabstimmung zum Austritt aus der EU titelte der *Spiegel*: »Man kann dem Volk nicht trauen«[1]. Kritiker verweisen auf die Schweiz, wo 2009 per Volksabstimmung der Bau von Minaretten gesetzlich verboten wurde, eine Entscheidung die kaum rational erscheint, sondern als Ausdruck von Ressentiments gegenüber Muslimen. Führt direkte Demokratie also im Zweifel zu mehr Engstirnigkeit und Ausgrenzung? Ist das Volk rückschrittlicher als seine Abgeordneten?

Auch andere Argumente stimmen zumindest nachdenklich. Sind viele Entscheidungen nicht zu komplex für ein simples »Ja« oder »Nein«? Die Realität ist vielschichtig und eine tragfähige Lösung braucht aufwendige Verhandlungen und Kompromisse. Die Befürworter von Volksabstimmungen weisen zwar darauf hin, dass dieses Argument so auch für Parlamente gelte, wo am Ende ebenso bloß mit »Ja« oder »Nein« abgestimmt wird. Doch lässt sich kontern, dass einer Bundestagsentscheidung ein langwieriger Prozess vorausgeht, mit Ausschusssitzungen, Debatten und Expertenanhörungen. Zumindest – und da kippt die Einschätzung dann wieder – theoretisch: Denn wie in diesem Buch schon beschrieben, sieht es in der Realität leider oft anders aus. Da gibt der – verfassungswidrige – Fraktionszwang in vielen Fällen die Richtung vor und die Abgeordneten beschließen, was die Regierung wünscht, Debatte und Experten hin oder her. Bei besonders wichtigen Abstimmungen, wie zur Bankenrettung 2008 oder zur Eurokrise 2010, werden die Parlamentarier regelrecht überrumpelt, und die Gesetzgebung vollzieht sich innerhalb weniger Tage unter dem Druck einer vermeintlichen Alternativlosigkeit. Abgeordnete stimmen dann auf Weisung »von oben« über Gesetze ab, die sie selbst nicht gelesen, geschweige denn in Ruhe überprüft haben. So gesehen ließe sich auch polemisch urteilen: »Man kann dem Parlament nicht trauen.«

Dennoch kommt die direkte Demokratie im Grundgesetz nur am Rande vor. So heißt es in Artikel 20: »Alle Staatsgewalt geht vom Volke aus. Sie wird vom Volke in Wahlen und Abstimmungen (...) ausgeübt.«

Dabei ist es jahrzehntelanger Konsens unter deutschen Politikern und Staatsrechtlern, das Wort »Abstimmungen« in diesem Satz nicht als »bundesweite Volksentscheide« zu verstehen – obwohl eigentlich genau das gemeint ist. Es existiert zur Durchführung solcher Abstimmungen jedoch bis heute kein eigenes Bundesgesetz.[2]

Zuletzt gab es landesweite Volkentscheide in den 1920er Jahren, und eben mit jenen Erfahrungen aus der Weimarer Republik wird die Skepsis gegenüber direkter Demokratie häufig begründet. Hat das damalige instabile politische System mit seiner hitzigen und schrillen Agitation der verfeindeten Lager, wo mehrmals direkt das Volk entscheiden durfte, nicht geradewegs in die Naziherrschaft geführt? Diese Argumentation findet man heute an den verschiedensten Stellen, vom langjährigen Bundesverfassungsrichter Udo Di Fabio bis zum jungen YouTube-Star LeFloid, der in seinem aktuellen Buch, einem *Spiegel*-Bestseller mit dem Titel *Wie geht eigentlich Demokratie?* gleichfalls meint, dass die direkte Demokratie direkt zu Hitler geführt habe.[3]

Bei dieser Frage spielt auch das Menschenbild eine Rolle, der eigene optimistische oder pessimistische Blick auf die Fähigkeiten und Grenzen der Bürger. Der SPD-Politiker Carlo Schmid erinnerte sich in seinen Memoiren an ein langes Gespräch, das er 1948, anlässlich der Gründung des Parlamentarischen Rates, wo das Grundgesetz debattiert wurde, mit Konrad Adenauer geführt hatte. Der spätere Bundeskanzler meinte damals zum zwanzig Jahre jüngeren Schmid:

»›Was uns beide unterscheidet, ist nicht nur das Alter, es ist noch etwas anderes: Sie glauben an den Menschen, ich glaube nicht an den Menschen und habe nie an den Menschen geglaubt.‹ Ich habe dieses Gespräch nie vergessen; Konrad Adenauer offenbar auch nicht. Noch nach Jahren zog er mich bei Empfängen gelegentlich in eine Ecke, zeigte in die Runde und sprach lächelnd: ›Glauben Sie immer noch an den Menschen?‹«[4]

Adenauer, Sohn eines Armeeoffiziers und Justizbeamten, gründete sein Bekenntnis, »nie an den Menschen geglaubt« zu haben, auf ein politisches Leben, das eng mit Hierarchien und der Oberschicht verknüpft war. In den 1920er Jahren, während seiner Zeit als Oberbürgermeister von Köln, gehörte er den Aufsichtsräten der Deutschen Bank und zahlreicher Industriekonzerne an. Anfang der dreißiger Jahre war er zudem Vizepräsident der Deutschen Kolonialgesellschaft, die sich – sehr im Sinne von Banken und Konzernen – dafür einsetzte, ein neues deutsches Kolonialreich in Übersee zu errichten. Adenauer damals wörtlich: »Das Deutsche Reich muss unbedingt den Erwerb von Kolonien anstreben. Im Reiche selbst ist zu wenig Raum für die große Bevölkerung. (…) Wir müssen für unser Volk mehr Raum haben und darum Kolonien.«[5]

Den Nazis stand er zwar ablehnend gegenüber, war aber zugleich ein Pragmatiker, dem es vor allem um Stabilität ging. 1933 schrieb er an die Frau des befreundeten Bankiers Robert Pferdmenges (der später maßgeblich die CDU finanzierte[6]): »Meines Erachtens ist unsere einzige Rettung ein Monarch, ein Hohenzoller oder meinetwegen auch Hitler, erst Reichspräsident auf Lebenszeit, dann kommt die folgende Stufe. Dadurch würde die Bewegung in ein ruhigeres Fahrwasser kommen.«[7]

Adenauer war ein ruhiger, abgeklärter Machttaktiker und seine nüchterne Überzeugung, sein Nicht-an-den-Menschen-Glauben, wird bis heute von vielen geteilt, die ebenso sachlich und emotionslos eine »Stabilität« anstreben, die oft unausgesprochen eine Stabilität für Bessergestellte ist. Volksabstimmungen sorgen da für Unruhe und erschweren das Regieren. Direkte Demokratie erscheint aus dieser Perspektive illusorisch, naiv und nicht zuletzt als Bedrohung der etablierten Ordnung.

Theodor Heuss, der spätere erste Bundespräsident der Bundesrepublik, der als Abgeordneter 1933 noch Hitlers Ermächtigungsgesetz im Reichstag zugestimmt hatte, meinte 1948 in einer Debatte des Parlamentarischen Rates zum Thema Volksbegehren:

»Ich warne davor, mit dieser Geschichte die zukünftige Demokratie zu belasten. Warum denn? In die Weimarer Verfassung ist das Volksbegehren aus einer gewissen Verliebtheit meines Freundes Conrad Haußmann in die Schweiz hineingekommen, weil Württemberg in der Nähe der Schweiz liegt und weil die Schweiz es hat. (…) Das Volksbegehren, die Volksinitiative, in den übersehbaren Dingen mit einer staatsbürgerlichen Tradition wohltätig, ist in der Zeit der Vermassung und Entwurzelung, in der großräumigen Demokratie eine Prämie für jeden Demagogen und die dauernde Erschütterung des mühsamen Ansehens, worum sich die Gesetzgebungskörper, die vom Volk gewählt sind, noch werden bemühen müssen, um es zu gewinnen.«[8]

Der von Heuss hier erwähnte persönliche Freund Conrad Haußmann, ein linksliberaler Politiker, hatte 1919 den Ausschuss zur Erarbeitung der Weimarer Reichsverfassung geleitet und dort Elemente direkter Demokratie befürwortet. Er war aber keineswegs der einzige Ideengeber und Unterstützer gewesen.[9] Zudem hatte ihn nicht bloß romantische Verklärung (»Verliebtheit in die Schweiz«) dazu bewogen, Volksabstimmungen in die Reichsverfassung mit aufzunehmen. Haußmann handelte in einer eigenen Traditionslinie, da er aus seiner Familie ganz persönlich um den Wert und die Risiken des Kampfes für mehr Demokratie wusste. Sein Vater Julius (1816–1889) war für seinen Einsatz in der

1848er Revolution noch ins Gefängnis gewandert. Vor Gericht verteidigt hatte ihn damals Adolph Schoder, der als Abgeordneter 1848 in der Frankfurter Paulskirche eine erste Sammlung von Grundrechten in die revolutionäre Reichsverfassung eingebracht hatte.[10] Diese Grundrechte – eigentlich philosophische Überlegungen der Aufklärung, die man zu Gesetzen erklärte – sind direkte Vorläufer der Artikel 1 bis 19 des heutigen Grundgesetzes (»Die Würde des Menschen ist unantastbar«, »Die Freiheit der Person ist unverletzlich«, »Alle Menschen sind vor dem Gesetz gleich«, »Eine Zensur findet nicht statt« etc.).[11] Um es noch einmal zu verdeutlichen: Die heutigen Grundrechte gehen auch auf einen Mann zurück, der 1848 einen Revolutionär verteidigte, dessen Sohn dann 1919 daran beteiligt war, Volksabstimmungen in die Reichsverfassung aufzunehmen.

Bei näherer Betrachtung wird klar: Die langen Traditionslinien für oder gegen direkte Demokratie sind eng verknüpft mit der Geschichte der deutschen Revolutionen und Freiheitskämpfe. Wo es an der Oberfläche bloß um das sachliche Abwägen von Argumenten pro oder contra Volksabstimmung, um Verfahrensregeln und Zweckmäßigkeit zu gehen scheint, wirken in der Tiefe über Jahrhunderte währende zähe Kämpfe um die immer gleichen Fragen von Herrschaft und Mitbestimmung. Anders gesagt: Es geht ums Ganze, nicht bloß um neutrale und »vernünftige« politische Techniken.

Das wird besonders deutlich, wenn man die Volksabstimmungen in der Zeit der Weimarer Republik näher betrachtet, wo es immer wieder um die großen und brennenden Machtfragen der Zeit ging. Eine umfängliche Forschung dazu fand erstaunlicherweise über Jahrzehnte hinweg kaum statt. Erst 1989 erschien Otmar Jungs Grundlagenwerk *Direkte Demokratie in der Weimarer Republik* in dessen Einleitung es heißt:

»Die ›Weimarer Erfahrungen‹ der Juristen (...) benennen nicht die Summe dessen, was historisch und politikwissenschaftlich aufgearbeitet wäre; man ist vielmehr intuitiv zu einer Meinung gelangt und verlässt sich, anstatt mit Mühe zu fundieren (...), auf die allseitige Übereinstimmung. Die ›Weimarer Erfahrungen‹, die man methodisch zu Recht berücksichtigen will, sind wissenschaftlich erst noch zu gewinnen.«[12]

Wie sich bei näherer Überprüfung zeigt, verfolgten die meisten Volksabstimmungen der Weimarer Zeit linke, zum Teil auch bürgerliche Ziele. Rechtsextreme Verhetzung war die Ausnahme. So planten die Gewerkschaften 1924 einen Volksentscheid über den Achtstundentag (der nicht zustande kam). 1931 beabsichtigten kommunistische Organisationen, den noch aus der Kaiserzeit stammenden Paragraphen 218, der Schwangerschaftsabbruch unter Strafe stellte, per Volksentscheid zu beseitigen. Und 1932 versuchte die SPD, staatlich verordnete Lohnkürzungen per Volksbegehren zu verhindern.[13]

Der wohl wichtigste und auch tatsächlich durchgeführte Volksentscheid betraf die sogenannte Fürstenenteignung. Nach der Revolution von 1918 waren die deutschen Fürsten entmachtet worden, ihr Besitz, vor allem große Ländereien, wurde beschlagnahmt. Darauf folgten verbissene juristische Kämpfe der um Entschädigung streitenden Fürsten. Die Prozesse zogen sich über Jahre hin. Der Unmut in der Öffentlichkeit über Urteile zugunsten der Fürsten, in denen die Revolution gewissermaßen juristisch wieder rückgängig gemacht wurde, wuchs schließlich so weit, dass ein von KPD und SPD gemeinsam betriebener Volksentscheid im Jahr 1926 breiten Rückhalt erfuhr. Der Gesetzentwurf, der zur Abstimmung gestellt wurde, lautete:

»Das gesamte Vermögen der Fürsten, die bis zur Staatsumwälzung im Jahre 1918 in einem der deutschen Länder regiert haben, sowie das gesamte Vermögen der Fürstenhäuser, ihrer Familien und Familienangehörigen werden zum Wohle der Allgemeinheit ohne Entschädigung enteignet. Das enteignete Vermögen wird Eigentum des Landes, in dem das betreffende Fürstenhaus bis zu seiner Absetzung oder Abdankung regiert hat. Das enteignete Vermögen wird verwendet zugunsten der Erwerbslosen, der Kriegsbeschädigten und Kriegshinterbliebenen, der Sozial- und Kleinrentner, der bedürftigen Opfer der Inflation, der Landarbeiter, Kleinpächter und Kleinbauern durch Schaffung von Siedlungsland auf dem enteigneten Landbesitz.«[14]

Die Fürsten, im Verbund mit Kirchenführern, dem Reichspräsidenten und anderen Autoritäten wehrten sich energisch mit einer großen PR-Kampagne gegen die geplante Volksabstimmung. Auch der schon erwähnte Theodor Heuss lehnte das Referendum zur Fürstenenteignung ab.[15] KPD und SPD hielten mit eigenen Aufrufen dagegen. Und so ergoss sich im Vorfeld der Abstimmung eine Flut von Plakaten, Flugblättern und Zeitungsartikeln auf die Bevölkerung. Der Politikwissenschaftler Otmar Jung konstatiert:

»Doch hier rollte nicht einfach nur eine Propagandawoge. Noch nie wohl wurden in Deutschland so viel Geschichte und Geschichten kolportiert, entlegene Episoden vergangener Fürstenherrlichkeit waren jetzt für die Tageszeitungs-Titelseite gut, über Details vor Jahrhunderten diskutierte man, als wäre es gestern gewesen. Es war eine Propaganda mit dem Prinzip Argument, geradezu ein Musterbeispiel staatsbürgerlicher Aufklärung, gemessen an dem bis heute als demokratisch hingenommenen Wahlkampf im Waschmittelstil.«[16]

Am Ende nahmen von 40 Millionen Wahlberechtigten gut 15 Millionen an der Abstimmung teil. Von diesen wiederum stimmten 96 Prozent (!) für eine entschädigungslose Enteignung der Fürsten. Klarer hätte das demokratische Votum kaum ausfallen können. Jedoch: Laut Weimarer Reichsverfassung war ein Volksentscheid nur dann gültig, wenn mindestens 50 Prozent der Bevölkerung teilnahmen. Die Abstimmung scheiterte somit trotz eindeutigem Ergebnis »mangels Beteiligung«.

Was für eine Lehre lässt sich daraus nun ziehen? Stimmt es, dass diese Volksabstimmung die Demokratie und das parlamentarische System gefährdete, dass Parteien und Abgeordnete schlecht dabei aussahen und ihr Ansehen beschädigt war? Tatsächlich war es der Politik über Jahre hinweg, von 1919 bis 1926, nicht gelungen, die in der Revolution erfolgte Entmachtung der Fürsten auch praktisch, bezogen auf deren Besitz, umzusetzen. Die Vermögensverhältnisse der gestürzten Herren blieben im Unklaren. Viele Abgeordnete und auch Richter ließen Sympathie für den gerade erst von der Macht vertriebenen Adel erkennen und blockierten die Errungenschaften der noch frischen demokratischen Revolution.

Es stimmt daher: Die Institutionen machten keine gute Figur, ihr Ansehen war beschädigt – allerdings eben bereits *vor* dem Volksentscheid. Dieser bot lediglich die Möglichkeit einer politischen Kurskorrektur, angesichts eines zur Lösung offenbar unfähigen parlamentarischen und juristischen Apparates. Die demokratische Korrektur wurde allerdings durch das 50-Prozent-Quorum vereitelt, also die beschränkende Vorgabe, dass mindestens die Hälfte der Bevölkerung an einer Abstimmung teilnehmen musste – eine Regel, die bei Parlamentswahlen so bekanntlich nicht existierte.

Eine tatsächliche »Lehre aus Weimar« könnte somit sein, dass Elemente direkter Demokratie, gedacht als Korrektiv eines gegebenenfalls schlecht funktionierenden Systems, auch so angelegt sein sollten, dass sie praktikabel sind, dass politische Entscheidungen, die nicht im Sinne der Mehrheit liegen, auch tatsächlich durch das Volk korrigiert werden können. Eben das war im autoritär geprägten Weimarer System kaum möglich.

Ähnlich klar zeigte sich das bei der Planung des nächsten großen Referendums der Weimarer Zeit, dem Volksbegehren zum sogenannten Panzerkreuzerverbot im Jahr 1928. Der verstaubt klingende Begriff täuscht: Dieses Projekt ist auch für die Gegenwart von Belang, denn vor neunzig Jahren gab es in Deutschland zum ersten und bislang auch letzten Mal den Versuch, ein staatliches Großrüstungsprojekt mit Volkes Stimme zu stoppen.

Es ging um den geplanten Bau von vier Panzerkreuzern, die Deutschlands »Rolle in der Welt« nach dem verlorenen Ersten Weltkrieg wieder neu befördern sollten. Veranschlagt wurden dafür 500 Millionen Reichsmark. Wenn man die Summe ins Verhältnis zum damaligen Staatshaushalt in Höhe von acht Milliarden Reichsmark setzt, entsprach das etwas mehr als 6 Prozent des staatlichen Budgets. Übertragen auf heutige Verhältnisse und einen Bundeshaushalt von 330 Milliarden Euro wäre das ein Rüstungsprojekt im Wert von über 20 Milliarden Euro, also der Summe, die heute jährlich vom Bund für die Hartz-IV-Unterstützung ausgegeben wird.

Auch damals enthielt ein solcher Plan sozialpolitischen Sprengstoff. Die Menschen hatten andere Sorgen und Nöte als neue Panzerkreuzer anzuschaffen, zumal gleichzeitig geplant wurde, wichtige Sozialleistungen, wie etwa die Schulspeisung (für vergleichsweise geringe fünf Millionen Reichsmark) zu kürzen. Dafür sollte kein Geld mehr da sein, für Kriegsrüstung aber schon. Im Wahlkampf 1928 war dieser Punkt ein großes Thema: »Kinderspeisung statt Panzerkreuzer« hieß die eingängige Devise, vertreten auch von der SPD. Die Partei verbuchte damit einen großen Wahlsieg, dennoch knickte ihre Führung gegenüber dem konservativen Koalitionspartner anschließend ein und stimmte dem Panzerkreuzerbau zu. Die SPD-Basis reagierte empört.

In dieser Situation trat die KPD auf den Plan und kündigte an, einen Volksentscheid herbeiführen zu wollen. Ihr Gesetzentwurf lautete kurz und radikal: »Der Bau von Panzerschiffen und Kreuzern jeder Art ist verboten.«[17] Damit machten die Kommunisten klar, dass es ihnen nicht nur ums Geld ging, sondern generell um die Vorbereitung von Krieg, den man ablehnte.

Die SPD war gespalten, ihr Vorstand teilte mit, dass man den Volksentscheid nicht unterstützen werde, da es der KPD nur darum gehe, die SPD zu verleumden. Der Vorwurf erschien fragwürdig angesichts des gerade vor aller Augen abgelaufenen Wahlbetrugs der SPD. Andererseits positionierte sich die KPD tatsächlich in einer Frontstellung gegenüber den Sozialdemokraten und unternahm kaum Anstrengungen, eine breite Koalition auf die Beine zu stellen. Sie verließ sich bei ihrer Kampagne auf die eher überschaubaren Kräfte links der SPD.

Letztlich scheiterte auch dieser Volksentscheid an zu geringer Beteiligung. Nur knapp eine Million Deutsche – 3 Prozent der Wahlberechtigten – trugen sich in die Listen ein, die zur Beantragung des Volksentscheids auslagen. Die Verfassung forderte 10 Prozent, bevor eine reichsweite Abstimmung durchgeführt werden konnte.

Ursache des Scheiterns war im Wesentlichen die Isoliertheit der KPD, die von der Presse und den Rüstungsbefürwortern noch vorangetrieben wurde. Durch das gesetzlich festgelegte Verfahren, einem Volksentscheid ein Volksbegehren vorausgehen zu lassen, für das man sich in offenen Listen eintragen musste, entstand zudem erheblicher Spielraum für sozialen Druck. Die Abstimmung selbst wäre zwar geheim gewesen, doch die Eintragung zum Volksbegehren eben nicht – einer der Konstruktionsfehler der direkten Demokratie in der Weimarer Republik. Der linke SPD-Politiker Wilhelm Dittmann schrieb damals, dass abseits der KPD niemand »außer ein paar politischen Einzelgängern, weltfremden Idealisten und einflusslosen Pazifisten« das Volksbegehren unterstützt habe, und sich daher jeder, der sich in die Listen eintrug, »öffentlich mit eigenhändigem Namenszug als Kommunist« bekannte.[18] Kommunist zu sein, war in weiten Kreisen ein schwerer Vorwurf, nah am Vaterlandsverrat. Jeder überlegte dreimal, sich freiwillig solchen Anschuldigungen auszusetzen.

Mit Abstand betrachtet scheint es das immerwährende Drama der SPD, sich im Zweifel staatstragend und »verlässlich« zu geben und zwar fähig zu sein, mit konservativen Eliten einen Kompromiss zu schließen, kaum aber mit Kräften links der Partei. Das begann schon zu Zeiten des Kaiserreichs im Ersten Weltkrieg, als sich im Streit über die Zustimmung der SPD zu den Kriegskrediten erst Karl Liebknecht (damals noch SPD-Mitglied) dem Fraktionszwang verweigerte und die Kredite ablehnte und sich schließlich 1917 in diesem Konflikt sogar eine eigene Partei, die USPD, abspaltete – von der sich wiederum während der Revolution 1918 die neugegründete KPD abtrennte. Je mehr die SPD den herrschenden Militarismus und die Interessen der Eliten mittrug, desto schwächer wurde ihre politische Bindungswirkung – damals wie heute.

Was also ist die Lehre aus dem versuchten und gescheiterten Volksentscheid gegen einen Panzerkreuzerbau? Hat er das parlamentarische System geschwächt und die Politik in ein schlechtes Licht gerückt? Wie schon beim Konflikt um die Fürstenenteignung lässt sich festhalten, dass das Ansehen der Politik bereits vorher massiv gelitten hatte. Der Wahlbetrug der SPD war schon geschehen und überhaupt erst Auslöser für das Bestreben, einen Volksentscheid durchzuführen, der ebenjenen Betrug hätte rückgängig machen sollen.

Am Ende aber wurde nicht bloß eine Sachfrage verhandelt. Die von einflussreichen Kreisen gewünschte Kriegsrüstung war patriotisch und parteipolitisch aufgeladen, nach dem Motto »für oder gegen das Vaterland«. Die Gegner des Volksentscheids erzielten mit der politischen Diffamierung der Befürworter zwar einen Erfolg, hatten zugleich aber demokratische Grundregeln der Fairness verletzt und damit das Werkzeug Volksentscheid insgesamt beschädigt.

Nachzutragen bleibt: Zwei Tage nach Ende des Volksbegehrens beschloss die Regierung unter dem sozialdemokratischen Reichskanzler Hermann Müller in einer Geheimsitzung ein Vierjahresprogramm für die Aufrüstung der Reichswehr und schuf dazu einen separaten Schattenhaushalt. Die milliardenteuren Panzerkreuzer wurden gebaut – und später im Zweiten Weltkrieg sämtlich versenkt. Der Politikwissenschaftler Otmar Jung fasst zusammen: »Hier untergrub ein militärisch-politischer Komplex mit seinen sozialdemokratischen Helfershelfern nichts weniger als Funktionsfähigkeit und Glaubwürdigkeit des demokratischen Systems.«[19]

Parallelen zur Gegenwart drängen sich auf. Ende 2017 bestellte die Bundesregierung fünf neue Korvetten »für die Erfüllung von Verpflichtungen innerhalb der NATO«, wie es aus der Bundeswehr hieß. Kostenpunkt: zwei Milliarden Euro. Zum Vergleich: Die gesamte Kinder- und Jugendpolitik inklusive der Zuschüsse zur Kinderbetreuung war dem Bund 2017 gut eine Milliarde Euro wert.[20] Zunächst wurde der Großauftrag vom Verteidigungsministerium sogar ohne Ausschreibung vergeben, erst nach der Beschwerde eines Mitbewerbers beteiligte man diesen am Projekt, um den Deal nicht zu gefährden.[21]

Mehr Geld für Rüstung liegt klar im Trend. Die NATO, angeführt von den USA, wünscht bekanntlich schon seit Längerem, dass jedes Mitgliedsland pro Jahr 2 Prozent seines Bruttoinlandsproduktes in das Militär steckt. Das führt nicht nur zu dauerhaften und stetig wachsenden Geldströmen an die Rüstungsindustrie, sondern ist auch praktische Voraussetzung der »Full Spectrum Dominance« (»Überlegenheit auf allen Ebenen« gegenüber Konkurrenten und Feinden), einer Militärdoktrin, die seit den 1990er Jahren von den USA verfolgt wird. Kommt Deutschland diesem Wunsch nach – und Kanzlerin Merkel wirbt dafür –, dann würde sich der Verteidigungshaushalt von derzeit etwa 40 Milliarden auf über 60 Milliarden Euro aufblähen.

Man stelle sich vor, es gäbe heute die rechtliche Möglichkeit bundesweiter Volksentscheide und beispielsweise die Linkspartei würde ein Referendum zu dieser Frage beantragen. Das Ergebnis wäre höchstwahrscheinlich kaum »NATO-konform«, die begleitende öffentliche Debatte aber sicher lehrreich und vor allem demokratiebelebend. So war es zumindest 1928, als die Panzerkreuzer-Debatte zu breiten öffentlichen Diskussionen in den Medien, zu Theaterstücken, Kabarettprogrammen und fantasievollen Jugenddemonstrationen führte.[22] Abstrakte Politik wurde sinnlich erfahrbar und Gegenstand der täglichen Gespräche der Bürger. Kein Wunder: Wer in die Lage versetzt wird, über eine Sachfrage abzustimmen, der interessiert sich auch und mischt sich ein.

So viel zu den vom linken Parteienspektrum betriebenen Referenden der 1920er Jahre. Bei der kritischen Betrachtung der direkten Demokratie in der Weimarer Republik wird aber meist eine andere Abstimmung genannt: der Volksentscheid über das »Freiheitsgesetz« von 1929. Hier waren rechtskonservative Kreise bis hin zur NSDAP die Organisatoren. Es ging um den Young-Plan, der die deutschen Reparationszahlungen an die Siegermächte des Ersten Weltkriegs neu regelte. Dieser Plan, benannt nach dem mächtigen amerikanischen Chefunterhändler Owen D. Young, einem Industriellen, der den Konzern General Electric führte (damals Großaktionär der deutschen AEG), zudem im Aufsichtsrat der Rockefeller Foundation saß und mehrere US-Präsidenten beriet, wurde in Deutschland von vielen als verhasste wirtschaftliche Knebelung durch die Sieger des Ersten Weltkriegs wahrgenommen. Er legte fest, dass Deutschland bis ins Jahr 1988 (!) Entschädigungen an die Alliierten zahlen sollte.

Die vorhergehende Reparationsregelung, der Dawes-Plan von 1924, hatte bereits zu einer engen Verflechtung der deutschen und der amerikanischen Großindustrie geführt.

Zur Erinnerung: Deutschland war nach dem verlorenen Krieg 1918 zwar nicht besetzt wie 1945, aber politisch ähnlich unfrei. Vergleichbar der heutigen »Troika« in Griechenland überwachte in den 1920er Jahren ein amerikanischer »Generalagent für Reparationszahlungen« die deutsche Regierung und ermahnte sie immer wieder zum Sparen und Kürzen öffentlicher Ausgaben.[23] In diesem Zusammenhang wurde damals auch die Deutsche Reichsbahn privatisiert und unter alliierte Kontrolle gestellt. 1928 betrug der zu zahlende Reparationsbetrag mehr als 10 Prozent der deutschen Staatsausgaben.[24]

Wall-Street-Banken wie J. P. Morgan investierten ab den 1920er Jahren massiv in die deutsche Industrie, insbesondere in die führenden Kartelle wie den Chemie-Riesen IG Farben (ein Bund von Agfa, BASF, Bayer u. a.) sowie die Vereinigten Stahlwerke (Thyssen u. a.). Diese später in der Nazizeit militärisch äußerst wichtigen Zusammenschlüsse wurden überhaupt erst durch den Dawes-Plan geschaffen und zum Teil von amerikanischen Finanziers geführt, die auch direkt in den Vorständen vertreten waren.[25] Faktisch verschmolzen wichtige Teile der deutschen Industrie in den 1920er Jahren mit amerikanischem Geld, während die deutsche Regierung zugleich unter der »Aufsicht« derselben ausländischen Gläubiger stand. Diese Konstellation führte der Young-Plan von

1929 im Wesentlichen fort, wenn auch unter für Deutschland erleichterten Bedingungen.

Rechte Kreise rund um die Deutschnationale Volkspartei (DNVP) des einflussreichen Pressezaren Alfred Hugenberg agitierten heftig gegen diese »Bevormundung« und überhaupt gegen die Sichtweise, dass Deutschland die alleinige Schuld am Ersten Weltkrieg trage – womit ja die politische Aufsicht durch die Alliierten moralisch gerechtfertigt wurde. Hinter dem Kampf der autoritär gesinnten deutschen Kreise gegen den Young-Plan und die Reparationszahlungen stand auch eine generelle Ablehnung der neuen Republik, die sich aus Sicht der Rechten nicht nur in schändlicher Weise mit den Kriegssiegern arrangiert hatte, sondern überhaupt ein verhasstes System darstellte. Mit Sinn für Pathos nannten die Initiatoren die Regelung, die sie zur Abstimmung stellen wollten, »Gesetz gegen die Versklavung des deutschen Volkes (Freiheitsgesetz)«. In dessen Paragraph 1 hieß es:

»Die Reichsregierung hat den auswärtigen Mächten unverzüglich in feierlicher Form Kenntnis davon zu geben, dass das erzwungene Kriegsschuldanerkenntnis des Versailler Vertrages der geschichtlichen Wahrheit widerspricht, auf falschen Voraussetzungen beruht und völkerrechtlich unverbindlich ist.«

Daraus wurde dann logisch abgeleitet, dass »auswärtigen Mächten gegenüber (…) neue Lasten und Verpflichtungen (…), die auf dem Kriegsschuldanerkenntnis beruhen«, nicht übernommen werden dürften. Politiker, die sich dem verweigerten, seien wegen Landesverrat anzuklagen, so der abschließende Paragraph 4 des Gesetzes.

Die Initiatoren taten damit im Grunde so, als gäbe es die alliierten Kriegssieger gar nicht, als läge es völlig in der Hand deutscher Politiker, die Reparationszahlungen zu verweigern, und als würden die Amerikaner – die, wie beschrieben, die deutsche Industrie wesentlich kontrollierten – sich das eben gefallen lassen müssen. Doch so irrational diese Annahme erschien, so sehr entsprach sie einer verbreiteten Stimmung in der Bevölkerung, die in großen Teilen deutschnational eingestellt war. Der Volksentscheid der Rechtskonservativen war zwar ein Stück weit politisches Theater, andererseits aber auch – ob es einem nun gefiel oder nicht – eine legitime politische Auseinandersetzung über den richtigen Umgang mit den Alliierten: Unterordnung und Anpassung oder Rebellion und Widerstand?

Zugleich handelte es sich unverkennbar um ein rechtes Projekt: Es ging eben nicht, wie etwa bei der Abstimmung zur Fürstenenteignung von 1926, um eine Emanzipation und Besserstellung der breiten Bevölkerung, sondern um die Wiederherstellung der Macht einer alten nationalen Wirtschaftselite. Der Titel »Gesetz gegen die Versklavung des deutschen Volkes« war geschickt gewählt, suggerierte er doch eine Befreiung der einfachen Leute, während in Wahrheit bloß die deutsche Oberschicht von der ausländischen Aufsicht befreit werden sollte. Menschen, die autoritär geprägt waren, sich also mit den nationalen Herrschern zum Teil identifizierten, blieb eine solche Differenzierung wenig einsichtig.

An der Abstimmung nahmen von knapp über 40 Millionen Wahlberechtigten am Ende nur gut sechs Millionen teil, womit auch dieser Volksentscheid mangels Beteiligung für ungültig erklärt wurde. Von den Teilnehmern stimmten zwar 95 Prozent dem »Freiheitsgesetz« zu, insgesamt gesehen war die Mobilisierung der Rechten aber trotz massiver Presseunterstützung (dem Mitorganisator Hugenberg, hinter dem finanziell die deutsche Schwerindustrie stand, gehörten Dutzende Zeitungen) weit weniger erfolgreich als die linke Kampagne zur Fürstenenteignung wenige Jahre zuvor. Damals hatten nicht sechs, sondern fünfzehn Millionen Deutsche abgestimmt. Auch für Hitlers NSDAP, die den Volksentscheid unterstützte, wurde das Ergebnis zu keinem Erfolg. Ihr Siegeszug begann erst später, in Folge der Weltwirtschaftskrise und einer breiten Verarmung der Bevölkerung. Bei den Wahlen im September 1930, als die Wirtschaftskrise voll durchschlug, stieg die NSDAP von einer Splitterpartei zur zweitstärksten Kraft im Parlament auf.

Ohnehin war Hitler kein Anhänger von direkter Demokratie. Zwar gab es in der Nazizeit einige Volksabstimmungen, doch war deren Ansatz ein völlig anderer: Das Volk entschied nicht aus eigener Initiative über heiß umstrittene Fragen, sondern segnete lediglich auf Beschluss und Einladung der Regierung amtliche Beschlüsse ab.[26] 1937 erklärte Hitler in einer programmatischen Rede zum »Führerstaat« vor Kreisleitern seiner Partei:

»Der Gedanke lebt nicht in der breiten Masse. Das müssen wir nun einmal erkennen, und das ist auch ganz klar. (...) Die Vernunft (...) hat das Recht, sich zu diktatorischer Gewalt zu erheben. Und die Pflicht, die anderen zu zwingen, dem zu gehorchen. Daher ist auch unser Staat keineswegs aufgebaut auf Volksabstimmungen, das möchte ich betonen, sondern es ist unser Bestreben, das Volk zu überzeugen von der Notwendigkeit dessen, was geschieht. (...) Sollte aber irgendein notwendiger Entschluss nicht begriffen werden, (...) dann tritt die Autorität der Vernunft in Erscheinung und sagt: Es wird nicht verstanden, es wird aber gemacht. Schluss.«[27]

Das klingt vertraut und könnte so auch von manchem Vertreter der aktuellen »Alternativlosigkeit« formuliert werden, wo technokratische »Weisheit« über vermeintlich uninformierten »Populismus« gestellt wird. Volksentscheide sind ein Konzept, dass autoritärem Denken, gleich welcher politischen Richtung, grundsätzlich zuwiderläuft.

Wer nun mit Blick auf die deutsche Geschichte beurteilen möchte, ob Volksabstimmungen gefährlich für den Parlamentarismus waren, der kann an den genannten Beispielen zumindest erkennen, dass Gefahr zunächst aus einer Politik erwächst, die sich von den Interessen der Bürger entfernt. Volksentscheide sind als Korrektiv gedacht, tauchen also in einer schon bestehenden Vertrauenskrise auf, wenn drängende Fragen vom Parlament nicht zufriedenstellend gelöst werden. Gefährlich und explosiv wird es, wenn auch ein solches Korrektiv nicht mehr funktioniert oder sogar sabotiert wird (oder eben, wie heute, gar nicht existiert) und sich die betroffenen Bürger in der Folge gezwungenermaßen radikalisieren. Wer nicht gehört wird, der resigniert – oder schreit umso lauter und schriller.

6 Weshalb direkte Demokratie nicht im Grundgesetz steht

Auf wenig sind deutsche Politiker so stolz wie auf das Grundgesetz. Es gilt als der Goldstandard schlechthin, als Basis deutscher Staatskunst und Bollwerk der Freiheit und des Rechtsstaats. Rund um das Grundgesetz hat sich über die Jahrzehnte eine Art Kult entwickelt, ein fester Glaube, wonach aus dieser Regelung die endgültig beste aller denkbaren Welten hervorgehe. Die sagenumwobenen »Väter des Grundgesetzes« erscheinen manchem als Heilige aus grauer Vorzeit, deren Weisheit und Unbestechlichkeit bis heute – und womöglich für alle Zeit – unerreicht bleibt.

Mit Blick auf die deutsche Geschichte ist das Grundgesetz ohne Frage ein freiheitlicher und rechtsstaatlicher Höhepunkt. Dennoch enthält es gravierende demokratische Defizite, die mit den heiklen, oft ausgeblendeten Umständen seiner Entstehung zu tun haben.[1]

Nach dem Zweiten Weltkrieg war Deutschland militärisch von fremden Mächten besetzt und in keiner Weise souverän, sondern Spielball der großen Auseinandersetzung zwischen der Sowjetunion und den USA. Die entscheidende Frage dieser Zeit war die deutsche Teilung: Hatte sie Bestand, war sie unvermeidlich, oder sollte die deutsche Politik eine vereinte Nation anstreben? Die Westmächte mit den Amerikanern an der Spitze hatten das größte und wertvollste Stück von Deutschland unter ihrer Kontrolle und daher wenig Interesse an einem neutralen Gesamtstaat, für dessen Schaffung man der Sowjetunion Zugeständnisse hätte machen müssen. 1948, als die Beratungen für das Grundgesetz begannen, standen die Zeichen klar auf Trennung. Ein eigener westdeutscher Staat würde geschaffen werden – so wollten es die westlichen Siegermächte. In Deutschland war dieses Ziel unpopulär. Das Volk wünschte eine Vereinigung. In der sowjetisch besetzten Zone wurde dafür offiziell geworben.

Vor diesem Hintergrund fiel im Westen die Entscheidung, bundesweite Volksabstimmungen generell auszuschließen. Im instabilen Gleichgewicht der Großmächte und dem Bemühen deutscher Politiker, zwischen Besatzern, alten und neuen Eliten ihren Platz zu finden, schienen Referenden ein Risiko, insbesondere wenn die Stimmung im Volk erkennbar von den Plänen an der Spitze abwich – was so direkt natürlich nicht offen zugegeben wurde. Die in späteren Jahren beliebte Erklärung, ominöse »Weimarer Erfahrungen« seien der Grund für diese Entscheidung gewesen, ist wenig schlüssig und erscheint vorgeschoben.

Deutlich wird das schon an den Verfassungen der Bundesländer in der Westzone, die 1946/47 diskutiert und verabschiedet wurden – also noch vor dem Grundgesetz – und in denen direkte Demokratie ganz natürlich vorkam. Volksabstimmungen wurden darin nicht nur beibehalten, sondern sogar weiterentwickelt, so etwa durch den Wegfall der hemmenden Regel, dass ein Volksentscheid nur gültig sei, wenn 50 Prozent der Bevölkerung teilnehmen. Dieser Paragraph hatte ja, wie im letzten Kapitel beschrieben, dazu geführt, dass selbst eindeutige Abstimmungen, wie bei der Fürstenenteignung von 1926 (96 Prozent Zustimmung) oder beim »Freiheitsgesetz« 1929 (95 Prozent Zustimmung) »mangels Teilnahme« wirkungslos geblieben waren. Nun, unmittelbar nach dem Zweiten Weltkrieg, strich man diese Regel in vielen der neuen Landesverfassungen und erleichterte damit zukünftige Volksentscheide.[2] Insgesamt wurden Elemente direkter Demokratie in den Ländern 1946/47 überwiegend positiv eingeschätzt. Bei einer Debatte über die künftige Verfassung von Nordrhein-Westfalen meinte der FDP-Landesvorsitzende und spätere NRW-Wirtschaftsminister Friedrich Middelhauve 1947:

»Wir sollten das Volk mehr in die Gesamtentscheidung einschalten. Hätten wir das vor 1933 getan, es wäre durchaus anders gekommen; es wäre nicht möglich gewesen, dass Hitler mit seinen etwas mehr als 40 Prozent die Mehrheit des Volks überrennen und sich durch ein Ermächtigungsgesetz dann nachher völlig in den Sattel setzen konnte.«[3]

Selbst ein Konservativer, wie der bayerische Journalist und Politiker Erwein von Aretin, argumentierte 1946 energisch, dass für Verfassungsänderungen ein Volksbegehren möglich sein müsse:

»Man kann doch logischerweise unmöglich dem ›Souverän‹, dem Volk, weniger Rechte einräumen als seiner Vertretung!«[4]

Und gegenüber dem Einwand der CDU, Volksabstimmungen könnten von Radikalen missbraucht werden, meinte der aus armen Verhältnissen stammende und in der Weimarer Republik bis zum Innenminister aufgestiegene SPD-Mann Carl Severing 1949:

»Die Freiheit, die nicht auch einmal missbraucht werden kann, ist eigentlich keine Freiheit. Wenn Sie dem Volk selbst nicht eine Mitwirkung bei seiner Gesetzgebung einräumen wollen und wenn Sie die Streichung des Volksbegehrens in der Vorlage mit dem Missbrauch der Freiheit begründen, der früher einmal betrieben worden ist (...), leisten Sie damit dem demokratischen Gesicht und dem Inhalt dieses Entwurfs einen schlechten Dienst.«[5]

Severing, zum Zeitpunkt dieser Rede 74 Jahre alt, war ein kenntnisreicher Zeuge der direkten Demokratie in der Weimarer Republik. In seiner Zeit als Innenminister einer großen Koalition von 1928 bis 1930 hatte er die Anträge für die Volksbegehren zum Panzerkreuzerverbot und zum »Freiheitsgesetz« persönlich genehmigt, wenngleich er mit beiden Anliegen in keiner Weise politisch übereinstimmte.

Die geschilderten Zitate von so unterschiedlichen Politikern wie dem Liberalen Middelhauve, dem bayerischen Monarchisten Aretin oder dem konservativen Sozialdemokraten Severing zeigen, wie sehr der Gedanke direkter Demokratie nach dem Zweiten Weltkrieg nicht nur bei Linken, sondern parteiübergreifend in der Politik verankert war – wenngleich es natürlich auch viele Gegner gab. Wie also genau war es geschehen, dass bei den Beratungen zum Grundgesetz 1948 solche Einschätzungen praktisch keine Rolle spielten?[6]

Die Vorgeschichte ist schnell erzählt: Nachdem die westlichen Siegermächte im Sommer 1948 den Ministerpräsidenten der westdeutschen Länder »empfohlen« hatten, einen eigenen westdeutschen Staat zu gründen und dazu noch im selben Jahr eine verfassunggebende Versammlung einzuberufen, berieten sich die Ministerpräsidenten untereinander, was nun zu tun sei. Hauptproblem: Eine deutsche Teilung war nicht im Sinne der Bevölkerung. In der sowjetischen Zone hatte die SED mit großem Aufwand eine Volksabstimmung zur deutschen Einheit initiiert und sammelte dazu auch im Westen Unterschriften. Die Stimmung war aufgeheizt. Der spätere Bundeskanzler Willy Brandt, damals Vertreter des SPD-Parteivorstandes in Berlin, formulierte die martialische Parole: »Wer das kommunistische Volksbegehren unterzeichnet, unterschreibt seinen eigenen Haftbefehl.«[7]

Im Grunde ging es darum, dass die Westmächte die deutsche Teilung schon beschlossen hatten, aber kein westdeutscher Politiker die Verantwortung für diese unpopuläre Entscheidung übernehmen wollte. Die von den Kommunisten lancierte Volksabstimmung für eine deutsche Einheit brachte die Politiker im Westen daher in eine missliche Lage. Verschärfend kam hinzu, dass die westlichen Siegermächte wünschten, die neu zu entwerfende Verfassung Westdeutschlands ihrerseits per Volksabstimmung absegnen zu lassen. Das würde, so das Kalkül der Sieger, öffentlich einen guten Eindruck machen – schließlich vertrat man ja den »freien« Westen. Die deutschen Politiker in der Westzone sahen allerdings voraus, dass damit das gesamte Projekt scheitern konnte, da sie sich kaum in der Lage fühlten, die Bevölkerung mehrheitlich von der Notwendigkeit einer deutschen Teilung zu überzeugen. Am Ende würden sie möglicherweise verlieren und noch dazu als willfährige Handlanger der Siegermächte dastehen.

Der Ministerpräsident von Nordrhein-Westfalen, Karl Arnold (CDU), sprach es bei den internen Beratungen der Länderchefs im Sommer 1948 offen aus:

»Wenn wir die Bevölkerung zu einem solchen Referendum aufrufen, dann geben wir nach meinem Gefühl den Kommunisten die seltene Chance, über uns herzufallen und uns als *die* Westpolitiker zu bezeichnen und zu sagen: diese Westpolitiker sind jetzt dabei, Deutschland endgültig in Ostdeutschland und Westdeutschland zu zerreißen. (...) Ich könnte mir vorstellen, dass bei einer solchen Auseinandersetzung die Möglichkeit entsteht, dass das Referendum nicht angenommen wird.«[8]

Den Politikern war klar, dass derart offene Worte besser vertraulich bleiben mussten. So warnte der hessische Ministerpräsident Christian Stock (SPD) bei den Beratungen:

»Wir sollten aber auf keinen Fall in der Öffentlichkeit bekannt werden lassen, dass wir in Bezug auf die Entscheidung durch das Volk irgendwelche Besorgnisse hegen. Das dürfen wir auf keinen Fall preisgeben.«[9]

Das leuchtete ein. Einen Volksentscheid abzulehnen, weil man vor dem Ergebnis Angst hatte, war wenig demokratisch. Doch so standen die Dinge im Sommer 1948. Der bayerische Ministerpräsident Hans Ehard (CSU), ein promovierter Jurist, entwarf die passende Schutzbehauptung:

»Eine Begründung für die Öffentlichkeit kann nur so lauten, dass man sagt: ein Referendum ist eine Sache, die nach außen hin etwas Endgültiges dokumentiert.«[10]

Bei dieser Linie blieb man dann. Die zu entwerfende Verfassung sei nur vorläufig, eben ein »Grund-Gesetz«, das später, nach der hoffentlich baldigen Vereinigung Deutschlands, von einer echten und dauerhaften Verfassung abgelöst werden würde. Und da es sich ja nur um ein Provisorium, um eine Übergangslösung handelte, sei eine Volksabstimmung dazu auch völlig übertrieben.

Diese beschwichtigende Erklärung ließ sich öffentlich vertreten. Und auch in Washington sah man nun die Sachzwänge. US-Außenminister George Marshall ließ in einem vertraulichen Telegramm an den amerikanischen Militärgouverneur in Deutschland durchblicken, man ziehe eine Volksabstimmung über die neue Verfassung zwar vor, bestehe aber nicht darauf. Eine Verabschiedung durch die Landtage reiche im Zweifel auch.[11]

Diese Entscheidung hat Folgen bis heute. Da lediglich die Landtage abstimmten und eben nicht das Volk direkt, ist im Grunde schon die Präambel des 1949 beschlossenen Grundgesetzes falsch. Dort heißt es:

»Im Bewusstsein seiner Verantwortung vor Gott und den Menschen, von dem Willen beseelt, als gleichberechtigtes Glied in einem vereinten Europa dem Frieden der Welt zu dienen, hat sich das Deutsche Volk kraft seiner verfassungsgebenden Gewalt dieses Grundgesetz gegeben.«

Doch genau das war eben nicht geschehen. »Das Deutsche Volk« hatte nicht abgestimmt. Die Verfassung der Bundesrepublik Deutschland ist bis heute nie direkt von der Bevölkerung bestätigt worden – ein demokratisches Unding und besonders widersinnig vor dem Hintergrund, dass die Verfassungen der Länder zwischen 1946 und 1950 sehr wohl dem Volk zur Abstimmung vorgelegt wurden.[12]

Die Angst vor den Kommunisten, die beispielsweise in Sachsen 1946 das Volk über die Vergesellschaftung von Betrieben von Naziverbrechern hatten abstimmen lassen (Ergebnis: 77 Prozent Zustimmung bei 93 Prozent Abstimmungsbeteiligung)[13], überschattete die gesamten Verhandlungen des Parlamentarischen Rats, wo das Grundgesetz diskutiert und entwickelt wurde. Das Thema direkte Demokratie wurde dort weitgehend gemieden, jedenfalls ohne größere Debatten behandelt. Es gab keine tiefschürfenden Argumentationen, eher ein unwilliges Abblocken, eine stille Übereinkunft der Beteiligten, dass Volksabstimmungen im Zweifel den Kommunisten in die Hände spielen könnten und daher besser umgangen werden sollten.

Hauptgegner der direkten Demokratie war in den Beratungen neben Theodor Heuss der Sozialdemokrat Rudolf Katz, ein promovierter Jurist, der damals als Justizminister in Schleswig-Holstein mitregierte und dort schwer belastete Nazijuristen förderte und neu einstellte.[14] Katz hatte während der Nazizeit zehn Jahre in New York gelebt und war dort in einer Organisation von deutschen Emigranten aktiv, die vor allem zum rechten SPD-Flügel gehörten und Verbindungen zum Vorläufer der CIA unterhielten.[15] Nach dem Krieg kehrte er als Beauftragter der amerikanischen Gewerkschaft AFL, die der US-Regierung nahestand, nach Deutschland zurück.[16] Carlo Schmid zufolge hatte Katz durch »seine intime Kenntnis des amerikanischen Staatswesens« dem Parlamentarischen Rat »über manche Hürde« geholfen.[17] In den 1950er Jahren stieg er zum ersten Vizepräsidenten des Bundesverfassungsgerichts auf, wo er die Westbindung Adenauers auch gegen Klagen seiner eigenen Partei SPD durchsetzte.[18] Später, 1959, wurde Katz als erster Deutscher in den Vorstand der International Commission of Jurists aufgenommen, eines Juristenverbandes, der, wie sich Jahre später herausstellte, von der CIA gegründet und finanziert worden war.[19]

Bei einer der seltenen Gelegenheiten, als direkte Demokratie im Parlamentarischen Rat tatsächlich einmal angesprochen wurde, meinte Katz im Dezember 1948 abwiegelnd, die Erfahrungen in der Weimarer Republik seien »nicht sehr erbaulich gewesen«. Damals hätten die Extreme »wunderbar zusammengefunden«, eine Gefahr die auch gegenwärtig bestehe und wodurch das »System, das wir aufgebaut haben (...), aus den Angeln« gehoben werden könnte.[20] Der KPD-Abgeordnete Hugo Paul, von den Nazis inhaftiert und später Wiederaufbauminister in Nordrhein-Westfalen, betonte bei den Beratungen hingegen, die Weimarer Republik sei gerade nicht an ihrer Verfassung gescheitert, sondern am Kapitalismus, der nun wiederum die Bedingungen diktiere.[21]

Auf einen Antrag der KPD, eine Volksgesetzgebung ins Grundgesetz einzuführen – sprich: Volksabstimmungen über Gesetze möglich zu machen –, erwiderte Katz, es sei »unpraktisch, in den jetzigen aufgeregten Zeiten derartige Zweifelsfragen zum Gegenstand großer Debatten zu machen«[22]. Auf die Entgegnung des KPD-Delegierten Heinz Renner, der ebenfalls unter den Nazis im Zuchthaus gesessen hatte, Katz habe »kein Vertrauen zum demokratischen Gedanken, zur Kraft der Demokratie« und überhaupt »eine hysterische Angst vor der direkten Form des Eingreifens des Volkes«, sprang Heuss dem Angegriffenen bei: Volksabstimmungen seien »kein Problem der Demokratie, sondern ein Problem der soziologischen Situation, in der ein Volk sich befindet«[23].

Damit machte Heuss sich sozusagen zum Chefarzt der Bevölkerung, der weise und vormundschaftlich entscheidet. Dass gerade darin ein zutiefst autoritäres Denken lag, mit dem sich schwer eine Demokratie begründen ließ, schien ihm offenbar unproblematisch, passte andererseits aber zur erwähnten Tatsache, dass er 1933 Hitlers Ermächtigungsgesetz im Parlament zugestimmt und damit die Machtübernahme der Nazis mit ermöglicht hatte. Das Argument, Menschen seien nicht reif, selbst über Sachfragen und Gesetze abzustimmen, hätte eigentlich eher auf die Parlamentarier gepasst, die damals für die Selbstentmachtung ihre Hand hoben.

Die Formulierungen »aufgeregte Zeiten« (Katz) und »soziologische Situation« (Heuss) ließen aber auch erkennen, dass direkte Demokratie nicht generell abgelehnt wurde (wofür sich damals kaum eine Mehrheit finden ließ), sondern die konkreten aktuellen Umstände entscheidend waren. Sich von den Kommunisten abzugrenzen, hatte gerade für die SPD höchste Priorität. In einer Besprechung von Mitgliedern des Parlamentarischen Rates mit den Ministerpräsidenten der Länder betonte Katz Anfang 1949, er wolle es »vermieden sehen, dass man durch Anordnung eines Volksentscheides den negativen Kreisen des Volkes eine Kristallisationsmöglichkeit gebe«[24].

Wer oder was als »negativ« zu gelten habe, blieb dabei einer höheren Instanz, einer Autorität, zur Entscheidung vorbehalten, deren Klugheit man sich wohl hoch über dem Volk thronend vorzustellen hatte. Solange in dieser Art gedacht wurde und es »gute« und »negative« Teile eines Volkes gab, war die Demokratie in den Köpfen ihrer Vertreter noch nicht vollständig angekommen. Der hessische Ministerpräsident Stock trieb den Widerspruch auf die Spitze mit seiner Aussage, dass Volksabstimmungen möglicherweise »nicht das Resultat haben werden, das im Interesse der Demokratie wünschenswert wäre«.[25]

Dieser Gedankengang gleicht der aktuellen »Verteidigung der Demokratie« gegen Populisten, die zwar Wahlen gewinnen, aber unerwünscht sind. Dahinter steht in beiden Fällen eine erstaunlich simple Begriffsverwechslung von »Demokratie« und »Regierung«. Doch so viel sollte eigentlich klar sein: Nicht alles, was die etablierte Macht schützt, sichert auch die Demokratie – eher im Gegenteil.

7 Die Angst vor dem Volksentscheid

Heute bekennen sich, mit Ausnahme der CDU, alle Parteien im Bundestag zu direkter Demokratie als Ergänzung des parlamentarischen Systems. Ob SPD, Grüne, Linke, FDP, CSU oder AfD: Sie alle fordern die Einführung von bundesweiten Volksentscheidungen – zumindest in ihren Programmen.[1] Doch immer, wenn es um eine konkrete Gesetzesinitiative in dieser Richtung ging, scheiterte das Vorhaben bislang.

Als sich nach der Bundestagswahl 2013 bei den Koalitionsverhandlungen eine überraschende Allianz aus SPD und CSU bildete, um Volksabstimmungen gesetzlich zu ermöglichen, bremste Kanzlerin Merkel entschieden, was selbst die konservative *Welt* zu der Überschrift veranlasste: »Die Angst der CDU vor dem Willen der Deutschen«[2]. Der Konflikt mit der bayerischen Schwesterpartei spitzte sich während der Koalitionsverhandlungen auf die Frage zu, ob die CDU die Maut akzeptieren würde oder eben Volksentscheide im Bund. »Um direkte Demokratie zu verhindern«, so der *Focus*, habe sich Merkel dann auf die umstrittene Maut eingelassen.[3] Dass sie damit ganz offen und für jeden sichtbar ein Wahlversprechen brach (»Mit mir wird es keine Pkw-Maut geben«), deutet an, wie wichtig ihr und ihrer Partei die Ablehnung war.

Zuletzt beantragte die Linke im Juni 2016 im Bundestag die Einführung einer Volksgesetzgebung. Vor weitgehend leerem Haus – nur etwa drei Dutzend Abgeordnete nahmen an der Abstimmung teil – wies damals nicht nur die CDU den Vorschlag ab, sondern auch ihre Koalitionspartner CSU und SPD, die laut ihren Programmen ja eigentlich dafür sind.[4] Sie beriefen sich auf ihren mit der CDU geschlossenen Koalitionsvertrag, der sie verpflichtete, einheitlich zu votieren. Die Grünen enthielten sich der Stimme, da ihnen die Beteiligungsschwelle der Linken (eine Million Unterschriften für ein Volksbegehren) zu niedrig war. Ihrer Ansicht nach bräuchte es drei Millionen Unterschriften (5 Prozent der Wahlberechtigten). Auch einige weitere Einschränkungen wären nötig, wie der grüne Abgeordnete Özcan Mutlu in der Debatte vor der Abstimmung anmerkte:

»Ein weiterer Punkt in Ihrem Gesetzentwurf, dem wir nicht zustimmen können, ist, dass Sie verbindliche Volksabstimmungen zu sämtlichen Änderungen der vertraglichen Grundlagen der Europäischen Union vorsehen. Als proeuropäische Partei lehnen wir diese Regelung ab, da wir die im Grundgesetz verankerte tiefere Integration von Europa wollen. Dass das auch wichtig ist, zeigt sich, wenn man bedenkt, was für eine antieuropäische Stimmung derzeit in vielen Ländern und teilweise auch in unserem Land herrscht.«[5]

Das heißt, man möchte das Volk zwar schon abstimmen lassen, nur eben nicht bei einem Thema, wo man vermutlich anderer Ansicht als die Mehrheit ist. Das ist einigermaßen originell und erinnert an die schon zitierte Meinung von Adolf Hitler: »Sollte aber irgendein notwendiger Entschluss (vom Volk) nicht begriffen werden, (…) dann tritt die Autorität der Vernunft in Erscheinung und sagt: Es wird nicht verstanden, es wird aber gemacht.«[6] Die Argumentation ähnelt an dieser Stelle auch der CDU-Begründung. Deren Abgeordneter Tim Ostermann, ein promovierter Jurist, meinte vor der Ablehnung des Antrags der Linken im Bundestag:

»Unser System, die repräsentative Demokratie, zeichnet sich durch große politische Stabilität aus. Viele Entscheidungen waren zu der Zeit, als sie getroffen wurden, überaus unpopulär. Ich erinnere zum Beispiel an die Entscheidung über die Westbindung, den NATO-Doppelbeschluss und die Einführung des Euro. Das alles sind allerdings Beschlüsse, die sich recht schnell als Segen für unser Land erwiesen haben. Unsere Vorgänger im Bundestag haben damals Rückgrat bewiesen und entgegen der damals vorherrschenden Meinung in der Bevölkerung richtig entschieden.«[7]

Mit anderen Worten: Die Abgeordneten sind einfach klüger als das Volk. Eine recht mutige These. Dass das Parlament »richtig« entschieden hätte, die Geschichte also die Weisheit der Beschlüsse »bewiesen« habe, ist ein gewagter Zirkelschluss. Es lohnt sich dabei, das Argument des CDU-Politikers einmal zu Ende zu denken. In was für einem Deutschland würden wir heute leben, wenn damals über viele der strittigen Grundsatzentscheidungen direkt das Volk abgestimmt hätte?

Man darf spekulieren: 1948 wäre sicher mehrheitlich für eine vereinigte Nation gestimmt worden, die blockfrei und neutral zwischen den USA und der Sowjetunion steht (ähnlich wie es in Österreich der Fall war). Die Montanunion, also die internationale Hoheit über die Stahlindustrie und Keimzelle der späteren EU, wäre wahrscheinlich abgelehnt, stattdessen eine Vergesellschaftung der Stahlindustrie befürwortet worden (wie es 1948 in Nordrhein-Westfalen vom Landtag beschlossen wurde). Die Wiederbewaffnung der 1950er Jahre hätte wohl ebenfalls keine Mehrheit gefunden. Die naheliegende Schlussfolgerung ist damit ganz anders, als von der CDU gedacht: Sofern eine Regierung diese Beschlüsse gegenüber den Großmächten hätte durchsetzen können, dann wäre Deutschland wahrscheinlich zu einem sehr attraktiven Modell für viele Länder geworden – entmilitarisiert, neutral, eine Schlüsselindustrie in öffentlicher Hand, kurzum: ein Staat, der tatsächlich etwas aus seiner Geschichte, den Krisen und Kriegen gelernt hat. Mit dem »Segen für unser Land«, von dem der CDU-Abgeordnete bei seiner Ablehnung von Volksentscheiden sprach, ist es also so eine Sache. Man kann mit guten Argumenten darüber streiten.

Ein Hinwegsetzen über den Willen der Mehrheit zum Gütesiegel zu erklären, nach dem Motto: »Seid bloß dankbar, dass damals keiner auf euch gehört hat«, ist nicht nur erstaunlich demokratiefeindlich und arrogant, sondern auch blind für die Potenziale der Geschichte. Die schon von Hitler beschworene »Autorität der Vernunft«, der alle zu »gehorchen« hätten, stammt aus der Ära der Feudalherren und Kaiser. Wer heute noch auf dieser Basis argumentiert, der hat, so darf man wohl sagen, den Anschluss verloren.[8] Im Grunde ist es auch müßig, für Volksentscheide umständlich zu werben und sie als positiv anzupreisen. Laut Grundgesetz, Artikel 20, ist das Volk die höchste Instanz im Staat, von dem »alle Gewalt« ausgeht.[9] Dieses »mächtige« Volk nicht direkt über Beschlüsse abstimmen zu lassen, ist widersinnig und absurd.

Das scheint allerdings nicht allen einzuleuchten. Mittlerweile wendet sich jedenfalls nicht mehr nur die CDU-Parteiführung gegen Volksentscheide, sondern auch die FDP-Spitze. Im Grundsatzprogramm der Partei, beschlossen 2012 und entwickelt unter der Leitung Christian Lindners, heißt es zwar:

»Wir Liberalen wollen bei der Einbindung von Bürgern Vorreiter sein. Unsere freiheitlich-demokratische Grundordnung geht vom souveränen und mündigen Bürger aus. Dabei vertrauen wir auf die Vernunft jedes Einzelnen. (...) Wir Liberalen setzen uns (...) für die Einführung von Volksbegehren und Volksentscheiden auch auf der Ebene des Bundes ein.«[10]

Im Wahlprogramm zur Bundestagswahl 2017 fehlten diese Sätze jedoch. Dort war nur noch knapp von einem »punktuellen Einsatz professionell moderierter Bürgerbeteiligung« die Rede sowie von einem »probeweisen Ausbau von Instrumenten der direkten Demokratie auf kommunaler Ebene und Landesebene«.[11] Der gleiche Christian Lindner, der als Leiter der Programmkommission seiner Partei bundesweite Volksentscheide als Ziel mit beschlossen hatte, meinte 2017 als Parteivorsitzender: »Die FDP ist in ihrem Programm offen für die direkte Demokratie, ich bin es nicht.«[12] Und auch Vize-Parteichef Wolfgang Kubicki, mächtiger Strippenzieher im Hintergrund, warnte bereits öffentlich vor Volksabstimmungen.¹³ Die Parteiführung distanziert sich also von ihrem eigenen »Grundsatz«-Programm und damit auch dem Ideal des mündigen Bürgers, das man sonst gern betont. Stattdessen heißt es nun, die repräsentative Demokratie habe sich »bewährt«.¹⁴

Worauf man fragen könnte: Für wen genau hat sie sich bewährt? Vielleicht für die Großspender, die der FDP im letzten Wahlkampf unter die Arme gegriffen haben? So schenkte der Verband der Metall- und Elektroindustrie Lindners Partei kurz vor der Bundestagswahl 2017 90 000 Euro, der Verband der Chemischen Industrie 75 000 Euro, der Investor Droege Group 100 000 Euro und der Milliardär und Klinikbetreiber Ernst Freiberger sogar 300 000 Euro.¹⁵ Zwei weitere Milliardäre, die BMW-Großaktionäre Susanne Klatten und Stefan Quandt, legten gemeinsam nochmal 100 000 Euro dazu.¹⁶

Wen eine derart unterstützte Partei am Ende repräsentiert, darf sich jeder selbst beantworten. Andere Parteien erhalten ähnliche Großspenden, an der Spitze stehen allerdings die FDP und die CDU – also genau diejenigen, die direkte Demokratie ablehnen.¹⁷ Na so was!

Dass die Einführung von Volksentscheiden nicht alle Probleme lösen würde, ist klar. Es gibt Risiken und Gefahren, deshalb ist es wichtig, die Instrumente einer Volksgesetzgebung klug zu regeln und dabei auf die bisher gemachten Erfahrungen in vielen Ländern zurückzugreifen. Der Entwurf, den der Verein »Mehr Demokratie e.V.« vorschlägt, sieht etwa einen sehr langen Abstimmungsprozess vor, der sich in mehreren Stufen über Monate oder sogar Jahre hinweg entwickelt.¹⁸ Es wäre also nicht so, dass eine »überkochende Volksseele« schon nächste Woche ihrem Unmut freien Lauf lässt und spontan alles Etablierte über den Haufen wirft. Gemäß dem Plan von »Mehr Demokratie e.V.« müssten für ein Vorhaben in einem ersten Schritt zunächst 100 000 Unterschriften gesammelt werden, damit es im Bundestag diskutiert wird. Weisen die Abgeordneten eine solche »Volksinitiative« zurück, folgt Schritt 2: Innerhalb von 18 Monaten kann ein »Volksbegehren« gestartet werden, über dessen Legalität das Bundesverfassungsgericht wacht. Erst wenn für dieses Volksbegehren binnen eines Dreivierteljahres mindestens eine Million Unterschriften gesammelt worden sind, würde – Schritt 3 – tatsächlich ein »Volksentscheid« stattfinden, bei dem dann alle Bürger gemeinsam abstimmen.[19] Der Bundestag könnte dabei einen eigenen Alternativvorschlag mit auf den Stimmzettel setzen.

Deutlich wird: Das langsame Tempo und die Mehrstufigkeit des Verfahrens ermöglichen einen gründlichen Austausch von Argumenten. Auch Kompromisse können in diesem Prozess gefunden werden, im Grunde ganz ähnlich wie im parlamentarischen Gesetzgebungsverfahren. Die Erfahrungen in anderen Ländern zeigen zudem, dass allein schon die Möglichkeit oder das »Drohen« eines Volksentscheides die Arbeit des Parlamentes stark beeinflusst. Kompromisse werden oft schon möglich, ohne dass ein aufwendiger Abstimmungsprozess überhaupt gestartet werden muss. Es ist ganz simpel: Abgeordnete, die wissen, dass ihr Gesetz vom Volk auch wieder aufgehoben werden kann, geben sich wesentlich mehr Mühe, die Sichtweise der Bürger zu berücksichtigen.

Dennoch gibt es auch Risiken. Tatsächlich kann etwa mit Geld und Medienmacht Einfluss auf eine Volksabstimmung genommen werden. Wer reich ist und Medien kontrolliert oder bezahlt, der kann manipulieren, Leuten etwas einreden und sie täuschen. Genau das geschieht ja auch heute schon im parlamentarischen System. Geld ist politische Macht, egal ob in der direkten Demokratie, der repräsentativen Demokratie oder der Diktatur. Der entscheidende Unterschied besteht darin, dass im jetzigen System nur einige wenige Regierungsmitglieder und ein paar Dutzend Abgeordnete, die im zuständigen Ausschuss sitzen, von der Lobby »bearbeitet« werden müssen, bei Volksabstimmungen hingegen viele Millionen Menschen. Deren »Gehirnwäsche«, das dürfte klar sein, ist weitaus teurer und aufwendiger als das diskrete Umwerben einzelner Parlamentarier, denen man unter der Hand auch ganz direkt mit einem Jobangebot und anderen Zuwendungen behilflich sein kann, sollten die fachlichen Argumente einmal nicht ausreichen.

Gerade an dieser Stelle wird es spannend. Denn gerade um solche Korruption und Einflussnahme auf Abgeordnete einzudämmen, wurde die direkte Demokratie vor über hundert Jahren überhaupt erst in einige Verfassungen mit aufgenommen. Man forderte die Volksabstimmungen, eben *weil* der Einfluss der Geldmächtigen im Parlament überhandgenommen hatte. Der Politikwissenschaftler Paul Tiefenbach schreibt dazu:

»Die Beeinflussung der gewählten Repräsentanten bis hin zur heimlichen Bestechung war das zentrale Motiv zur Einführung der direkten Demokratie in den USA, beginnend 1898 in South Dakota. Die damaligen Reformer gingen davon aus, dass es schwieriger ist, ein ganzes Wahlvolk zu bestechen als eine Handvoll Abgeordneter. Das trifft nach wie vor zu.«[20]

Dennoch bleibt die Frage: Setzen sich bei Volksabstimmungen am Ende nicht diejenigen durch, die das meiste Geld für Werbung und Propaganda ausgeben? Zu dieser Frage hat die amerikanische Politikprofessorin Elizabeth Gerber schon vor längerer Zeit eine ausführliche Studie veröffentlicht.[21] Sie untersuchte systematisch, mit welchem Erfolg reiche Lobbygruppen aus der Wirtschaft die zahlreichen Volksabstimmungen in amerikanischen Bundesstaaten beeinflusst haben. Die USA sind, neben der Schweiz, das Land mit den meisten direktdemokratischen Rechten.[22] Gerber nahm über 100 Referenden in acht US-Bundesstaaten unter die Lupe und kam zu folgendem Ergebnis:

»Ich fand heraus, dass Initiativen, die vor allem von Bürgern unterstützt wurden, eine erheblich höhere Erfolgschance hatten als diejenigen, welche von Wirtschaftsverbänden gefördert wurden. (...) Die Ergebnisse zeigen, dass die Befürchtungen von Kritikern, denen zufolge Wirtschaftsgruppen die Volksgesetzgebung dominieren würden, sich nicht belegen lassen.«[23]

Generell seien Bürgerinitiativen beim Erkämpfen neuer Gesetze wesentlich erfolgreicher als reiche Unternehmerlobbys. Die Lobbyisten würden ihre Bemühungen daher darauf verlegen, neue

Gesetze zu blockieren und Reforminitiativen der Bürger zu behindern, was ihnen besser gelänge. Mit Geld kann man demnach im Rahmen der direkten Demokratie neue Entwicklungen oft aufhalten, aber nur selten selbst vorantreiben – so die Studienerkenntnisse aus den USA. Der Politikwissenschaftler Ulrich Glaser fasste es ähnlich zusammen:

»Bei den Proactive Campaigns, in denen Wirtschaftsinteressen einen Vorschlag durchsetzen wollen, sind unabhängig von der Höhe der Aufwendungen die Erfolgschancen gering. Bei den Reactive Campaigns, bei denen Wirtschaftsinteressen einen gegen sie gerichteten Vorschlag verhindern wollen, (...) spielen die Wahlkampfausgaben eine gewichtige Rolle.«[24]

Professor Hermann Heußner, der viel zu direkter Demokratie geforscht hat, konstatiert mit Blick auf die USA:

»Insgesamt sind keine Anhaltspunkte dafür erkennbar, dass finanzstarke Kreise das Volk so manipulieren konnten, dass dieses Volksgesetze verabschiedete, deren Ergebnisse die Mehrheit eigentlich ablehnt. Wirtschaftsverbände bevorzugen deshalb meistens Lobbyarbeit in den Parlamenten. Hier ist der Einfluss effektiver, billiger und unabhängiger von der öffentlichen Meinung.«[25]

Der Einwand, Bürger ließen sich wie Schafe durch reiche Einflüsterer lenken, ist also in dieser Einfachheit durch die Fakten nicht belegt. Zudem erscheinen diejenigen, die so argumentieren, eigentümlich blind zu sein für eben diese Einflüsterungen bei den Abgeordneten im Parlament. Das ist seltsam, denn wer direkte Demokratie für zu gefährlich – weil käuflich oder manipulierbar – hält, der müsste sich ja eigentlich aus den gleichen Gründen und mit derselben Logik auch für die Schließung der Parlamente einsetzen. Es sei denn, man hält Abgeordnete tatsächlich für strukturell klüger, reifer und weniger beeinflussbar als den Rest des Volkes.

Die Frage der Beeinflussbarkeit von Abstimmungen durch das große Geld, ob nun im Bundestag oder beim Volksentscheid, bleibt dennoch wichtig und ungelöst. Parlamentarier können manipuliert oder korrumpiert werden, das gesamte Volk mit größerem Aufwand auch getäuscht. Wer das verhindern möchte, der sollte jedoch nicht die direkte Demokratie bekämpfen – da fehlt, wie gesagt, die schlüssige Logik –, sondern das Problem eine Ebene höher angehen. Zu Beginn dieses Buches wurde bereits der langjährige US-Bundesrichter Louis Brandeis zitiert: »Wir müssen uns entscheiden: Wir können eine Demokratie haben oder konzentrierten Reichtum in den Händen weniger – aber nicht beides.« Genau das bleibt der Punkt. In den nächsten Kapiteln wird es daher auch darum gehen. Zunächst aber noch ein Blick auf das, was passiert, wenn die Mehrheit der Menschen in einer Krise politisch machtlos bleibt.

8 Aus Ohnmacht wird Wut oder: Wer ist die AfD?

Wo die Interessen der Menschen ignoriert werden und eine demokratische Korrektur durch Volksabstimmungen unmöglich ist, da entsteht buchstäblich Ohnmacht, also die ängstigende, entwurzelnde und radikalisierende Erfahrung, »ohne Macht« zu sein. Aus der Psychologie ist bekannt, dass Ohnmachtserfahrungen zu Entwicklungsstörungen führen. Wer sich ohnmächtig fühlt, der erlebt das als enormen Stress und Kontrollverlust. Es ist vielleicht kein Zufall, dass ein Buch gleichen Titels (*Kontrollverlust. Wer uns bedroht und wie wir uns schützen*), in dem in scharfen Worten die Regierung kritisiert wird, im Herbst 2017, passend zur Bundestagswahl und dem Einzug der AfD ins Parlament, weit oben auf den Bestsellerlisten zu finden war.

Angst, Entwurzelung und Ohnmacht sind die Zutaten, die der AfD ihren enormen Erfolg von sechs Millionen Wählern bescherten – zwei Millionen im Osten und vier Millionen im Westen Deutschlands.[1] Das hat inzwischen, wenig überraschend, auch eine soziologische Studie nachgewiesen, in der es heißt:»Das Gefühl von Kontrollverlust und Ausgeliefertsein erhöht die Wahrscheinlichkeit, rechts zu wählen.«[2] Und weiter:

»Ganz zentral ist dabei ein geringes Institutionenvertrauen – vor allem in Bundesregierung, Bundestag und Parteien – und das damit verbundene Gefühl des unzureichenden ›Vertreten-Seins‹. In Verbindung mit vermeintlich politikhörigen Medien und dem Eindruck eingeschränkter Meinungsfreiheit fühlen sich AfD-Wähler als Bürger entmachtet.«

Der Begriff »Protestpartei« erscheint angesichts dessen verharmlosend, er beschreibt jedenfalls kaum, was hier tatsächlich ins Rutschen kommt. Es sind nicht einfach nur mehrere Millionen Bürger »enttäuscht« und wollen einigen Politikern »einen Denkzettel verpassen«. Vielmehr erleben sie eine existenzielle, ihr Leben bedrohende Unsicherheit. Die soziale Dimension dieser Unsicherheit wird gern ausgeblendet: die Zunahme von Leiharbeit und befristeten Arbeitsverträgen, niedrige Löhne und demütigende Hartz-IV-Schikanen, denen niemand entkommt, der seine Arbeit einmal verliert oder »aufstocken« muss.

Rebellion gegen dieses System erscheint vielen sinnlos, schließlich ist über Jahre hinweg unablässig verbreitet worden, dass sich gegen »die Globalisierung« nun mal nichts machen lasse. In einem Interview mit dem *Spiegel* meinte der damalige Bundeskanzler Gerhard Schröder 2004, kurz nach Einführung der Agenda-Reformen, man dürfe »nicht darüber hinwegsehen, dass die Globalisierung uns zu bestimmten Maßnahmen zwingt«[3]. Auf dem Cover des Magazins stand damals in großen Lettern: »Warum die Deutschen wieder mehr arbeiten müssen.« Widerstand zwecklos also, stattdessen: anpassen oder rausfliegen.

Auf die Frage, wie viel Angst die Demokratie verträgt, antwortet der Sozialwissenschaftler Götz Eisenberg: »Ein hoher Angstpegel und Demokratie sind auf Dauer unvereinbar.« Demokratie basiere auf »relativ reifen psychischen Strukturen«, die das gewaltfreie Austragen von Konflikten und das Ertragen von widersprüchlichen Situationen ermöglichten. Unter dem Einfluss von Angst aber würden Menschen sich zurückbilden und auf simple, frühkindliche Muster zurückgreifen: »Eine archaische Spaltungsneigung flammt wieder auf, welche die Welt in Schwarz und Weiß, Gut und Böse aufteilt und übersichtliche Freund-Feind-Verhältnisse herstellt.«[4]

Diese Angst und das daraus folgende Zurückfallen in Schwarz-Weiß-Denken lassen sich nicht bloß bei vielen Anhängern von Pegida und AfD beobachten, sondern auch bei ihren Gegnern. Auch die haben große Angst vor einem Zerfall gewohnter Strukturen und polemisieren in ihrer Verunsicherung umso heftiger gegen den »dummen, verblendeten Pöbel«. Differenziert wird auf beiden Seiten wenig, denn die Angst ist überall.

An dieser Stelle kommen die Flüchtlinge ins Spiel. Es ist vorhersehbar, dass der Zustrom von Millionen Menschen, die sich in einer Notsituation befinden, die Konkurrenz am Arbeitsmarkt enorm verschärft und das Lohnniveau senkt. Wenn dann auch noch der Chefvolkswirt der Deutschen Bank beim Thema Flüchtlinge fordert: »Lasst sie kommen!« und diesen pauschalen Aufruf mit der nötigen Sicherung des Wirtschaftswachstums begründet, ohne aber näher auf soziale Probleme einzugehen, dann wird mancher misstrauisch.[5]

Zu solchen sachlichen Überlegungen kommt eine diffuse psychologische Ebene. Die Flüchtlinge, so der Wissenschaftler Eisenberg, »verkörpern all das Flüchtige und Fremde, unter dem die Menschen zu leiden haben, und fungieren als ›Boten des Unglücks‹, wie es in einem Gedicht von Bertolt Brecht heißt.« Eisenberg fährt fort:

»Die Geflüchteten stehen für jene rätselhaften, undurchschaubaren und beargwöhnten globalen Kräfte, die wir im Verdacht haben, für das lähmende und demütigende Gefühl existentieller Unsicherheit verantwortlich zu sein, das unsere Zuversicht schmälert oder zerstört und unsere Wünsche, Träume und Lebenspläne zunichtemacht.«[6]

Die Flüchtlinge sind eine Projektionsfläche. Sie sind greifbar, die Ursachen der eigenen Ohnmacht hingegen verbergen sich hinter einer schwer durchschaubaren Politik, die unwiderruflich scheint und immer schon längst beschlossen ist, an fernen, unzugänglichen Orten. Dem Protest dagegen fehlen das Verständnis der Zusammenhänge und auch der Adressat. Wo und wie erhebt man sich gegen »die Globalisierung« oder »die Finanzmärkte«? Und wen interessiert überhaupt, ob da jemand protestiert? Wenn tatsächlich einmal große Menschenmengen auf die Straße gehen, wie etwa beim G20-Gipfel in Hamburg im Sommer 2017, dann berichtet die Presse zwar tagelang ausführlich über die Krawalle des Schwarzen Blocks, aber kaum über diejenigen Demonstranten, die friedlich ihre Stimme erheben. In Hamburg waren es um die 70 000.[7] Interessieren tut das am Ende keinen, konkrete Folgen hat es nicht.

Ganz anders bei den Geflüchteten: Wenn da lautstark demonstriert wird, dann sind alle hellwach und alarmiert. Pegida-Demos und lärmende Aktionen vor Asylbewerberheimen schaffen es in jede Tagesschau. Auch der Zusammenhang zur eigenen Misere scheint klar: »Die Asylbewerber bekommen Geld und Hilfe, die man uns verweigert.« Dass weit mehr öffentliche Subventionen, Steuernachlässe und Rettungsmilliarden Jahr für Jahr in den Taschen von Banken und Konzernen versinken, verblasst da. Die geflüchteten Menschen sind sichtbar, der Finanzsektor ist es nicht.

Dafür verantwortlich sind gerade auch die Medien. Während sich Dutzende Talkshows mit dem Aufstieg der AfD und der Stimmungsmache gegen Geflüchtete befassen, beleuchten nur ganz wenige die Rolle der Finanzlobby beim Sozialabbau – der eigentlichen Ursache für die Explosion gesellschaftlicher Angst. Auch die Steuerflüchtlinge, die den Staat jährlich geschätzte 100 Milliarden Euro kosten, sind selten Thema.[8] Und dass westliche Kriege um Rohstoffe und Vorherrschaft, von Afghanistan bis Syrien, direkte Ursache der Flüchtlingsströme sind, hört man bei ARD, ZDF, *Spiegel* und Co. ebenso selten bis nie. Kritische Dokus zu Sozialabbau und Kriegspolitik laufen vereinzelt, aber nicht zur Hauptsendezeit, sondern nach 23 Uhr, wenn der größte Teil Deutschlands schon schläft.[9]

Tatsächlich sind die Aufregung über Flüchtlinge und die AfD willkommene Blitzableiter für die Spitzen der Gesellschaft. Je mehr der Erfolg rechter Parolen die Öffentlichkeit beunruhigt, desto weniger wird über soziale Themen oder die Verstrickung in illegale und wirtschaftlich motivierte Kriege gesprochen. Zusammenhänge werden gern verdrängt, nicht nur bei denjenigen AfD-Anhängern, die glauben, dass ohne Flüchtlinge und mit »besseren« Politiker alles wieder ins Lot käme. Auch das Establishment und mit ihm große Teile der Leitmedien blenden Unpassendes aus. Es sind nur Wenige, die darauf hinweisen, dass rechtsradikale Ideen dort blühen, wo politische Ohnmacht wächst und sozialer Abstieg droht. Wer das eine zulässt, der erntet das andere. Der Aufstieg der Rechten ist logisches Resultat des wachsenden wirtschaftlichen Drucks auf die Bevölkerung und eines Bundestages, der bei wichtigen Beschlüssen von den Wählern abgekoppelt ist. Aus Ohnmacht wird Wut.

Doch nicht jeder sieht diese Entwicklung mit Unbehagen. Manch einer wägt nüchtern ab. Viel gefährlicher als ein Rechtsruck wäre etwa für Banken, Lobbygruppen und Konzerne ein Aufstieg der Linken. Denn diese würden die Fragen von Ungleichheit und Eigentum in den Mittelpunkt stellen. Dann ginge es buchstäblich um die Wurst. Von Seiten der Rechten drohen solche Debatten kaum. Sie konzentrieren sich auf die Themen »Asyl und Einwanderung« sowie »Islam und Identität« – laut AfD »besonders relevanten Fragen«[10].

Die Zusammenarbeit von rechtskonservativen Parteien mit der Wirtschaft ist historisch betrachtet eine Erfolgsgeschichte – zumindest aus Sicht von Unternehmern. Rechte reagieren auf eine Krise stets mit dem Ruf nach Ordnung und straffer Führung. Sie docken an autoritäre Traditionen an und sind daher leicht anschlussfähig an die Interessen einer Wirtschaft, die ebenfalls autoritär gelenkt wird. Ein internationaler Konzern ist so wenig links oder demokratisch verfasst wie ein feudales Fürstentum. Entscheidungen werden an der Spitze getroffen, die Untergebenen haben zu gehorchen.

Alice Weidel, Co-Fraktionschefin der AfD im Bundestag, kennt die autoritäre Welt des großen Geldes aus nächster Nähe. Sie arbeitete vor ihrer Parteikarriere für Goldman Sachs sowie im Vorstandsbüro von Allianz Global Investors, einem der weltgrößten Vermögensverwalter.[11] Ihr dortiger Chef James Dilworth, ein aus New York stammender Wall-Street-Banker, hatte unter anderem zehn Jahre lang ebenfalls für Goldman Sachs superreiche Privatkunden noch reicher gemacht.[12]

Die Erbschaftssteuer wollen Weidel und die AfD nun abschaffen, im Interesse »der Leistungsträger in unserer Gesellschaft«. Welche »Leistung« die Erben reicher Menschen vollbracht haben, bleibt unklar. Die Logik lautet schlicht, dass Steuern ein Diebstahl am Privateigentum wären. Weidel zitiert zur Begründung Ludwig Erhard, den ersten Wirtschaftsminister der Bundesrepublik, der erklärt hatte, alle Menschen strebten nach Eigentum, um unabhängig zu sein. Durch privaten Besitz könnten Bürger »mehr an menschlicher Würde entfalten, weil sie dann nicht mehr auf die Gnade anderer, auch nicht auf die Gnade des Staates angewiesen sind«[13]. Weidel kommentiert diesen Auszug aus Erhards Buchbestseller *Wohlstand für alle* mit einem knappen: »Wie wahr.«[14]

Dass menschliche Würde, menschlicher Wert, in der heutigen Gesellschaft etwas mit Eigentum und Besitz zu tun haben, stimmt zweifellos. Da hat Ludwig Erhard recht und Alice Weidel ebenso. Doch was ist an diesem Zustand erstrebenswert? In einer menschlichen Gesellschaft sollte sich Würde wohl kaum am Eigentum bemessen.

Solche Überlegungen findet man bei der AfD allerdings nicht. Auch den meisten anderen Parteien ist eine so grundlegende Frage fremd. Überhaupt erscheint die AfD, wenn man genauer hinschaut, keineswegs als Gegenpol zu den »Altparteien«, wie sie es gern von sich behauptet. Inhaltlich und personell verkörpert die »Alternative für Deutschland« eine Mischung aus dem marktradikalen Flügel der FDP (»Der Markt regelt alles«) und dem rechtskonservativen Rand der CDU (»deutsche Leitkultur«, »Islamisierung stoppen«).

Der wesentliche Unterschied zu den anderen Parteien, abseits der Asylfrage, lautet kurz und knapp: Man will raus aus dem Euro. Die AfD vertritt hier die Interessen desjenigen Teils der deutschen Wirtschaft, der von der Euro-Rettung à la Merkel, Schäuble und Draghi nicht profitiert, der aber zur Sicherung des Finanzsektors indirekt mit in Haftung genommen wird. Denn die öffentlichen Rettungsmilliarden »für Griechenland« und andere Staaten landen fast ausschließlich bei den mächtigen Gläubigern, also Banken, Versicherungen und Pensionsfonds, deren Absicherung – zu welchem Preis auch immer – so gut wie alle etablierten Parteien unterstützen.[15] Die AfD wurde vor allem deshalb gegründet, um hier eine Opposition aufzubauen. Bei den meisten übrigen Themen steht sie kaum in einem grundlegenden Widerspruch zu anderen Parteien. Viele ihrer Ziele finden sich ähnlich auch bei der CDU, der CSU oder der FDP.

Daher liegen auch diejenigen Kritiker falsch, welche die Partei kurzerhand zu »neuen Nazis« erklären wollen. Historischer Vorläufer der AfD ist nicht Hitlers NSDAP, sondern viel eher die DNVP, die Deutschnationale Volkspartei. Diese wurde in der Weimarer Republik vor allem von Großgrundbesitzern, Industriellen, Adligen und Offizieren unterstützt und vertrat in volksnaher Weise die Interessen der alten Eliten aus der Kaiserzeit. Es ging darum, den Versailler Vertrag zu bekämpfen, also den Einfluss ausländischer Mächte zurückzudrängen, und innenpolitisch eine Gegenkraft zu den Linken zu schaffen, die nach dem verlorenen Ersten Weltkrieg und der Revolution 1918 massiv an Einfluss gewonnen hatten. Doch wie ließ sich erfolgreich eine »Volkspartei« aufbauen, wenn sie doch eigentlich nur die Interessen einer Oberschicht vertreten sollte? Wie konnte man die breite Bevölkerung für eine Partei gewinnen, die ihr am Ende kaum nutzen würde?

Vor diesem Problem stand die Führung der neugegründeten DNVP im Jahr 1919. Nach einigen Überlegungen und Strategietreffen setzte man sich das Ziel, die höheren Schichten der Bevölkerung »zu politischer Zusammenarbeit mit den Arbeiterkreisen heranzuziehen und zu verschmelzen, damit die Partei in den Stand gesetzt werde, in neuem, eigenem Geist große Politik zu machen«[16]. In einer wissenschaftlichen Studie über die DNVP heißt es zu der damaligen Debatte innerhalb der Parteiführung:

»Die Aufgabe lautete demnach: ›Verschmelzung‹ zweier nahezu diametral entgegengesetzter Klassen. Wie sollte das zu Wege gebracht werden, ohne dabei die unterschiedlichen materiellen Interessen zu berücksichtigen? Die einen waren die Proletarier, zu denen man tunlichst auf Distanz ging, weil man sie als zu gering, fast schon als Pöbel betrachtete, und die anderen waren in den Augen der Arbeiter die Bourgeoisie, also die Klasse der ›Ausbeuter‹. Gemeinsam war ihnen nur die gleiche nationale Herkunft. (...) Die ›Verschmelzung‹ konnte also demnach nur auf dem Wege des Gedankens der Volksgemeinschaft oder nationalen ›Schicksalsgemeinschaft‹ erfolgen, etwa durch das Aufzeigen eines großen Gefahrenpotentials, von dem alle gleichermaßen bedroht seien. Zu diesem Zweck waren die Gebildeten aufgerufen, den ›Massen‹ die ›Augen zu öffnen‹ und durch Erziehung zum Nationalismus eine innere Geschlossenheit zu erzeugen, bei der die sozialen Gegensätze überspielt werden sollten.«[17]

Ziemlich genau einhundert Jahre später verfolgt die AfD heute das gleiche Rezept: Mangels gemeinsamer Interessen von Arbeitern und Besitzenden stellt man die Heimat, die Identität und die »Volksgemeinschaft« sowie deren »Feinde« in den Mittelpunkt. Soziale Spannungen und widerstreitende Interessen lassen sich damit überdecken. Heute geht es gegen den Islam, damals war der gemeinsame Feind das Judentum und der »undeutsche Geist«. So wandte man sich in populärer Weise energisch gegen die Zuwanderung von »Ostjuden« aus Osteuropa.[18] Diese Immigranten, viele aus Russland, die zum Teil vor Verfolgung flohen oder einfach aus materieller Not, wurden von einem DNVP-Abgeordneten öffentlich als »Krebsschaden« bezeichnet. Die Flüchtenden würden sich im »niederbrechenden« Deutschland bereichern wollen.[19] Solche Äußerungen kamen in der Öffentlichkeit gut an. Auch viele der in Deutschland etablierten Juden blickten damals geringschätzig auf die einwandernden »Ostjuden« herab.

Die Führung der DNVP bestand denn auch keineswegs aus eingefleischten Judenhassern. Der adlige Politiker Siegfried von Kardorff etwa meinte parteiintern, man könne »der Ostjudenfrage ruhig antisemitischen Charakter geben, (...) weil ein großer Teil der anständigen Juden durchaus gegen eine Zuwanderung derartiger Elemente« sei.[20] Die Parteiführung kalkulierte also ganz nüchtern und wählte das Thema aus strategischen Gründen. Das verkündete Feindbild war ein Trick, um Mehrheiten zu gewinnen. Eigentlich ging es der Deutschnationalen Volkspartei und ihren Sponsoren um den Kampf gegen die Linken. Deren populäre Forderungen nach mehr Gerechtigkeit konnte man schlecht direkt angreifen.

Von ihrem Programm und ihren Unterstützern her waren sowohl die DNVP in den 1920er Jahren wie auch die AfD heute eine Interessenvertretung eines Teils der Eliten – und in beiden Fällen eine sehr erfolgreiche. Die DNVP hatte auf ihrem Höhepunkt fast eine Million Mitglieder und erreichte bei Reichstagswahlen in den 1920er Jahren zwischen 15 und 20 Prozent der Stimmen – zu einer Zeit, als Hitlers NSDAP noch eine unbedeutende Splitterpartei war. Das änderte sich erst, als ab 1930 die Auswirkungen der Wirtschaftskrise deutlich wurden. Danach verlor die DNVP an Einfluss, und die noch radikalere NSDAP triumphierte an den Wahlurnen.

Bei einigen Aussagen von AfD-Fraktionschef Alexander Gauland weht einem der Geist der damaligen Zeit noch heute entgegen. So meinte er in einem Artikel, die Deutschen hätten ein »gestörtes Verhältnis zur militärischen Gewalt« und müssten wieder »eine Tatsache der Weltgeschichte akzeptieren lernen«, die schon Bismarck benannt habe: »Nicht durch Reden und Majoritätsbeschlüsse werden die großen Fragen der Zeit entschieden – das ist der große Fehler von 1848 und 1849 gewesen – sondern durch Eisen und Blut.«[21] Die militärische Sicherung von Handelswegen sei »eine Selbstverständlichkeit«. Zu solchen Worten hätte wohl auch Kaiser Wilhelm applaudiert. Mit Blick auf die Geschichte beschwor Gauland an anderer Stelle feierlich »die Dominanz deutscher Kultur und deutscher Sprache in Europa« sowie »das Recht, stolz zu sein auf die Leistungen deutscher Soldaten in zwei Weltkriegen«.[22] Schließlich seien die Briten ja auch »zu Recht« stolz auf Churchill, so Gauland.

Doch was ist das für eine Logik? Zwar begingen nicht nur Deutsche im Zweiten Weltkrieg gigantische Kriegsverbrechen, sondern auch Churchills Briten, die Dresden bombardierten und dort im Februar 1945 innerhalb weniger Stunden zehntausende Einwohner und Flüchtlinge ermordeten,[23] oder die USA mit ihren menschenverachtenden Atombombenabwürfen auf Hiroshima und Nagasaki, sowie den Brandbombenangriffen auf Tokio und weitere Städte, bei denen in geplanter Weise hunderttausende Zivilisten starben. Doch was folgt daraus? Sollen Deutsche nun auf die »eigenen« Verbrecher genau so stolz sein, wie andere Nationen auf »ihre« Massenmörder?

Gauland und Weidel stehen für eine Partei, die sich zum Imperialismus nationaler Prägung bekennt. Den sechs Millionen AfD-Wählern nützt das nichts – im Gegenteil. Doch die Feindbilder Islam und Flüchtlinge überdecken diesen Widerspruch und schweißen zusammen. Interessant dabei: Im ersten Parteiprogramm von 2013 war von solchen Themen noch gar keine Rede.[24] Damals scheiterte die AfD bei der Bundestagswahl knapp an der Fünf-Prozent-Hürde. Auch im Europawahlprogramm vom März 2014 kam der Islam nicht vor. Zum Thema Zuwanderung hieß es dort noch:

»Die AfD tritt für ein offenes und ausländerfreundliches Deutschland ein und bejaht sowohl die Niederlassungsfreiheit als auch die Arbeitnehmerfreizügigkeit. Unsere demographische Entwicklung erfordert eine qualifizierte Zuwanderung, durch welche die Versorgung einer alternden Bevölkerung ebenso sichergestellt werden kann wie der Bedarf der Wirtschaft an hochqualifizierten Arbeitskräften. (…) Auch Asylbewerbern ist das Recht auf Arbeit zu gewähren, da es der Ghettoisierung vorbeugt, Kosten vermeidet und im Falle eines positiven Entscheides eine schnellere Integration befördert.«[25]

Erst nachdem Ende 2014 die Pegida-Bewegung erfolgreich wurde, stellte die AfD den Islam mehr und mehr in den Mittelpunkt.[26] Anfang 2016 schrieb Vize-Parteichefin Beatrix von Storch in einer internen E-Mail an den Parteivorstand, dass »der Islam das brisanteste Thema des Programms überhaupt« sei und daher am besten geeignet für die »Außenkommunikation«. »Asyl und Euro sind verbraucht, bringen nichts Neues«, so die Strategin von Storch nüchtern. »Die Presse wird sich auf unsere Ablehnung des politischen Islams stürzen wie auf kein zweites Thema des Programms.«[27] Damit sollte sie Recht behalten.

Tatsächlich stehen hinter der Partei aber zum großen Teil Wirtschaftsinteressen, was auch mehrere Personalien deutlich machen. Von Storch selbst agiert schon seit vielen Jahren im Zentrum eines weitverzweigten Netzwerks konservativer Unternehmer. Sie arbeitete zunächst im Vorstand des sogenannten »Bürgerkonvents«, eines Vereins, der vom rechtskonservativen Bankier und Milliardär August von Finck unterstützt wurde, und wo man sich für den Abbau von Sozialleistungen zugunsten privater Vorsorge einsetzte sowie überhaupt für einen geringeren Einfluss des Staates.[28] Der Kündigungsschutz sollte abgebaut werden, die Privatisierung der Altersvorsorge und des Gesundheitswesens vorangetrieben. Am »Bürgerkonvent«, der von 2003 bis 2015 existierte, beteiligten sich so illustre Prominente wie der Unternehmensberater Roland Berger oder der Manager Hans-Olaf Henkel. Diese Bürgerinitiative der Millionäre war eine Art Vorläufer der AfD.[29] Henkel, langjähriger Cheflobbyist der deutschen Industrie sowie bis 2013 Berater der Bank of America und deren Repräsentant in Berlin, wurde denn auch zum ersten Sprecher der AfD.[30] Er gewährte der Partei 2014 aus Privatmitteln einen Kredit in Höhe von einer Million Euro.[31]

Auch andere führende Parteipolitiker haben einen guten Draht nach ganz oben. Zum stellvertretenden Fraktionsvorsitzenden wurde 2017 Roland Hartwig gewählt, der zuvor knapp zwanzig Jahre lang als Chefjurist für den Chemiekonzern Bayer tätig war. Hartwig leitete auch den Rechtsausschuss des Verbandes der chemischen Industrie, eines der mächtigsten Lobbyverbände Deutschlands.[32]

Stellvertretender Bundesvorsitzender der AfD wiederum ist Georg Pazderski. Er diente zuvor als Oberst der Bundeswehr und war von 2005 bis 2010 auf einem Militärstützpunkt in Florida stationiert, wo er als Leiter einer internationalen Planungsgruppe US-Generäle beim »Krieg gegen den Terror« beriet.[33] Von Florida aus wurden (und werden) die Kriege in Afghanistan und im Irak befehligt.[34] Pazderski arbeitete damals direkt für General David Petraeus, der wenig später CIA-Chef wurde und heute bei einem der weltgrößten Finanzinvestoren (KKR) angestellt ist.[35] Oberst Pazderski ging kurz darauf in Rente und übernahm 2013 die Geschäftsführung der neugegründeten AfD, die er dann zwei Jahre lang generalstabsmäßig leitete. In einem Interview bekannte er offen, noch immer das gleiche politische Weltbild zu haben wie im Kalten Krieg. Befragt zur Sozialpolitik gab er an, beispielsweise die Hartz-IV-Sanktionen für richtig zu halten, angesichts von Menschen, »die es sich in der sozialen Hängematte bequem gemacht haben«.[36]

Parteiführer wie Alice Weidel, Beatrix von Storch, Roland Hartwig oder Georg Pazderski vertreten sicher verschiedenste einflussreiche Gruppen und Interessen, aber wohl kaum »den kleinen Mann«. Viele Geldgeber halten sich zudem im Hintergrund. 2016 und 2017 erhielt die Partei millionenschwere Wahlkampfhilfe mittels mehrerer großer Zeitungs- und Plakatwerbekampagnen, lanciert über einen dubiosen »Verein zur Erhaltung der Rechtsstaatlichkeit und der bürgerlichen Freiheiten«, dessen Finanziers aber im Dunkeln blieben. Der Verein Lobbycontrol schreibt in einer Analyse, es handle sich hierbei »um die wahrscheinlich größten intransparenten Geldflüsse der letzten Jahre zugunsten einer einzelnen Partei«[37].

Die AfD ist, ähnlich wie die Deutschnationale Volkspartei in den 1920er Jahren oder der »Bürgerkonvent« von 2003 bis 2015, eine »Opposition von oben«, gelenkt im Sinne von Managern und Millionären. Die Themen Islam und Flüchtlinge sollen Wählerstimmen und breite Akzeptanz an der Basis bringen, die Agenda dahinter aber ist eine andere.

Es fällt auf, dass die AfD in den Medien und von den anderen Parteien dennoch meist nur für ihre populäre Oberfläche kritisiert wird, also ihre Ansichten zum Islam und zu Geflüchteten, aber kaum für den wirtschaftsradikalen Kern ihres Programms. Überraschend ist das nicht, denn wer diesen Teil der Partei infrage stellt, der müsste auch ähnliche Ansätze bei CDU, FDP, Grünen und SPD kritisieren. Der Neoliberalismus – also die Ideologie, der Staat solle sich zurückziehen, man müsse Unternehmen mehr Freiheiten geben, regulierende Gesetze abbauen und Privatisierungen fördern (Autobahn, Gesundheitswesen etc.) – diese Denkweise ist längst überall präsent. Die AfD ist da nur ein weiterer, besonders deutlicher Vertreter.

Das Hochspielen des Themas Islam nützt daher am Ende beiden Seiten. Die AfD kann damit ebenso Anhänger mobilisieren (»Islamisierung stoppen«) wie ihre Gegner (»Refugees welcome«, »Nazis stoppen«). »Praktisches« Resultat des Ganzen: Über Neoliberalismus, Sozial- und Demokratieabbau wird auf beiden Seiten, und vor allem in den Medien, kaum mehr gesprochen. Die Feindbilder sind klar und übersichtlich, weiteres Nachdenken scheinbar unnötig.

Eine gerechte Gesellschaft entsteht aber ebenso wenig aus hitziger Empörung gegenüber AfD-Anhängern, wie im Kampf gegen Schwächere und Flüchtende, die ihre Heimat verlassen, weil sie in der Fremde ein besseres Leben suchen. Vielversprechender auf dem Weg zu einem friedlichen und fairen Miteinander wäre ein Blick auf die Starken und Reichen, die sich gern verborgen halten und lieber aus sicherer Distanz über Stellvertreter zum Volk sprechen: durch bezahlte Manager, geförderte Politiker und Wissenschaftler oder genehme Journalisten. In den offiziellen Lehrbüchern und Lobreden zu Staat, Demokratie und Wirtschaft findet man sie meist nur zwischen den Zeilen – was eine Spurensuche, wie im folgenden Kapitel, um so lohnender macht.

9 Milliardäre machen Politik

Für die meisten Menschen ist ihr Eigentum überschaubar: ein paar Möbel, ein Auto, vielleicht ein kleines Haus und ein Bankkonto mit Ersparnissen – das war's. Der nagelneue Porsche 911, der den eigenen Opel Corsa auf der Autobahn überholt und anschließend sehr schnell am Horizont verschwindet, gehört aus dieser Perspektive einem Menschen, der mutmaßlich sehr reich ist, zumindest so vermögend, wie man es selbst, auch mit Glück, wohl nie sein wird.

Doch wie reich ist eigentlich reich? Man könnte den Faden weiter spinnen: Der Porsche-Fahrer, vielleicht ein erfolgreicher Orthopäde mit eigener Praxis, hat für den Wagen 100 000 Euro hingeblättert – als Millionär kann er sich das leisten. Wenn er sich am Ende seiner Fahrt durch den Stau in der Innenstadt gekämpft hat und das Auto auf dem Tiefgaragenstellplatz parkt, der zu seiner teuren Penthouse-Wohnung gehört, ertappt er sich vielleicht dabei, mit einer Spur von Neid an seine Vermieterin zu denken. Der gehört nämlich das ganze zwanzigstöckige Hochhaus. Der Porsche-Fahrer fühlt sich beim Gedanken daran sehr klein in seinem bordeauxfarbenen Ledersitz (für den er 4 000 Euro Aufpreis gezahlt hat) und gar nicht so reich. Schließlich hat die Vermieterin, wie in der Zeitung zu lesen war, mit Immobiliengeschäften ein privates Vermögen von über 50 Millionen Euro angehäuft. Damit gehört sie zu den reichsten Bürgern der Stadt. Sie ist mit dem Bürgermeister befreundet, kennt auch den Fraktionschef der Regierungspartei im Landtag, der, wie man munkelt, ein Studienfreund ihres Mannes ist. Ihn, den Porsche fahrenden Orthopäden hingegen, grüßt sie kaum. Hin und wieder spendet sie Geld, nimmt Einfluss, steht jedenfalls, so viel ist sicher, ganz oben an der Spitze der Gesellschaft. Sie ist superreich.

Die 50-Millionen-Frau selbst nimmt das wiederum ganz anders wahr. Finanzielle Sorgen hat sie keine, die Geschäfte laufen gut. Doch die Spitze der Geldelite, die wirklich Mächtigen, kennt auch sie nur aus der Ferne. Der Besitzer des Immobilienfonds zum Beispiel, der gerade plant, ihre Firma zu übernehmen, ist Milliardär und damit zwanzigmal so reich wie sie selbst. Sein Vermögen – Unternehmensanteile und Immobilien – hat er zum größten Teil vom Vater geerbt. Der Fondsbesitzer bewegt sich in einer ganz anderen Liga. Weder besucht er den Bürgermeister, noch trifft er überhaupt Politiker, allenfalls mal den Außenminister am Rande einer Wohltätigkeitsveranstaltung, die der Lobbyverein veranstaltet, den er finanziert. Die nötigen Kontakte zur Regierung regelt für ihn ein Mitarbeiter, der früher Abteilungsleiter im Kanzleramt war. Natürlich teilt der Fondsbesitzer auch mit anderen, spendet für das Krankenhaus und fühlt sich verantwortlich für die Gesellschaft. Im letzten Jahr etwa hat er, aus alter Verbundenheit, an der Universität seiner Heimatstadt eine Professur für Wirtschaftswissenschaften gestiftet. Hier wird nun in seinem Sinne geforscht. Ansonsten ist er viel unterwegs, meist in seinem Privatjet. Von dort oben wirkt die Welt sehr klein. Manchmal überquert sein Flugzeug eine Autobahn, auf der die Fahrzeuge wie kleine Käfer erscheinen, die sich mühsam vorwärts bewegen. Aus der Distanz ist es unmöglich, einen Porsche von einem Opel zu unterscheiden. Die Menschen da unten sind einfach zu weit weg ...

Dieses kleine Gedankenspiel soll eines illustrieren: Wenn in diesem Buch von Eigentümern die Rede ist, dann ist damit nicht der Besitzer des Opel Corsa gemeint und auch nicht der Porsche fahrende Orthopäde. Es geht um die Leute, denen die Hochhäuser gehören, und um die Überflieger in den Privatjets. Denn deren Eigentum ist nicht mehr bloß Luxus und großzügiger Lebensstil, sondern politische Macht, die, je näher sie der Spitze steht, alle übrigen verfassungsmäßigen Gewalten – Regierung, Parlament, Justiz – zunehmend überragt. Besitz und Sozialkapital, – also der materielle Wert der menschlichen Beziehungen, die jemand pflegt, – ermöglichen derart reichen Menschen einen gesellschaftlichen Einfluss, der Demokratie zu einer naiven Illusion macht.

Das Geld allein lenkt dabei noch keine Politik. Man benötigt Zugang in die etablierten Kreise und muss dort akzeptiert werden. So ist Donald Trump zwar bekanntermaßen ein äußerst reicher Mann, wird aber vom größeren Teil der Elite weder gemocht noch toleriert, weshalb deren Netzwerke ihm auch nicht zur Verfügung stehen. Umgekehrt gilt: Wenn ein Prominenter – wie etwa ZDF-Moderator Claus Kleber oder FDP-Chef Christian Lindner[1] – über gute Beziehungen zu den Eliten verfügt, selbst aber ohne ähnlich hohes Vermögen ist, dann mag er in deren Kreisen zwar als Gast akzeptiert werden, mehr aber auch nicht. Man befindet sich keinesfalls auf Augenhöhe. Selbst wenn Hillary Clinton mit Vortragshonoraren einen zweistelligen Millionenbetrag auf ihrem Konto angehäuft hat (was ihr tatsächlich gelungen ist)[2], dann bleibt das doch lächerlich gering im Vergleich zum Besitz von Milliardären wie George Soros, auf deren Rückhalt sie weiterhin angewiesen ist – und die ihr diese Honorare indirekt überhaupt erst zukommen ließen.

Auch aus den Medien bekannte Konzernmanager wie Dieter Zetsche (Daimler) oder Joe Kaeser (Siemens) mit ihren gigantisch anmutenden Jahreseinkommen um die zehn Millionen Euro sind tatsächlich bloß gut bezahlte Verwalter des Eigentums der wirklich Reichen. Diese tauchen nicht im Fernsehen auf, und die Öffentlichkeit kennt kaum ihre Namen, abgesehen von Promis wie Bill Gates oder Mark Zuckerberg. Wird über sie doch einmal berichtet, dann meist im Zusammenhang mit großzügigen Spenden. In der medialen Wahrnehmung sind Milliardäre geisterhafte Wesen, die seltsam losgelöst von allem erscheinen und fast wie Märchenfiguren absichtslos und surreal über der Welt schweben. Doch dieser Eindruck täuscht: Keiner von ihnen handelt ohne Plan, und niemand ist so gut vernetzt wie die Milliardäre, bei denen schließlich alle finanziellen Fäden zusammenlaufen.

Wenig ist transparent in ihrer Welt.[3] Man weiß, dass sie mit ihren Milliarden gern Stiftungen gründen, um Steuern zu sparen und ihren Familien über den Tod hinaus Macht und Einfluss zu sichern. Derzeit existieren allein in USA mehr als fünfzig private Stiftungen reicher Familien und Firmen, die über so hohe Einnahmen verfügen, dass jede einzelne von ihnen mehr als 100 Millionen Dollar verteilen kann – wohlgemerkt: pro Jahr.[4] Mit diesem Geld werden nicht nur wohltätige Initiativen gefördert, sondern auch sehr konkrete politische Ziele verfolgt.

Eine der international mächtigsten Stiftungen, die Rockefeller Foundation, existiert seit 1913 und verfügt über ein Vermögen von mehreren Milliarden Dollar. Der Gründer John D. Rockefeller war seinerzeit der reichste Mensch der Welt. Sein Enkel David (1915–2017) galt als einer der politisch bestvernetzten Banker in der zweiten Hälfte des 20. Jahrhunderts. Von 1950 bis 1985 gehörte er zur Führungsebene des Council on Foreign Relations, einer außenpolitischen Lobbygruppe. Er zählte den CIA-Gründer Allen Dulles zu seinen Vertrauten und verhalf unter anderem dem späteren Außenminister Henry Kissinger zum Aufstieg.

Der Einfluss der Rockefeller Foundation in den vergangenen hundert Jahren ist kaum zu ermessen. Im 4. Kapitel wurde bereits geschildert, wie die Stiftung gemeinsam mit der Ford Foundation ab 1948 verdeckt die Programme für eine europäische Einigung finanzierte, aus denen später die EU hervorging. Ziel war es damals, Westeuropa gegenüber dem sowjetischen Kommunismus fest zusammenzuschweißen. Moskau stellte das Privateigentum infrage und damit den Kern der Macht von Familien wie Rockefeller oder Ford. In den 1960er Jahren, während der Hochphase des Kalten Kriegs, ernannte der frisch zum US-Präsidenten gewählte Hoffnungsträger John F. Kennedy den Chef der Rockefeller Foundation zu seinem Außenminister.[5]

Die Stiftung wurde aber schon früher politisch aktiv. Von 1939 bis 1945 finanzierte sie die »War and Peace Studies« des Council on Foreign Relations. Dabei handelte es sich um grundlegende Planungen für die Nachkriegszeit. Schon im September 1939, unmittelbar nachdem Deutschland den Krieg in Europa begonnen hatte, starteten die Beratungen dazu in Washington.[6] Der Council bildete zügig mehrere Arbeitsgruppen, etwa einhundert Planer waren beteiligt, alles in enger Abstimmung mit dem Außenministerium, das allerdings eher eine unterstützende als eine führende Rolle spielte.[7]

Zunächst ging es um die Frage, ob die USA sich aus dem Krieg heraushalten und autark bleiben konnten, ob also ein von Deutschland dominiertes Europa und ein von Japan beherrschtes Südostasien ohne größere Gewinneinbußen für die amerikanische Elite hinnehmbar wären. Nach gründlicher Prüfung der Handelsbilanzen kam man zum Ergebnis, dies sei nicht der Fall. Dem Council zufolge – der die Wall Street und überhaupt das finanzielle und industrielle Establishment der USA vertrat – benötigte man weiterhin Großbritannien als Absatzmarkt für die eigenen Produkte sowie außerdem den pazifischen Raum als Rohstoffquelle und Absatzmarkt. Daraus ergab sich für die Planer die Notwendigkeit, den expandierenden Imperien Deutschland und Japan militärisch entgegenzutreten. Die amerikanische Kriegsstrategie und überhaupt die politischen Ziele der USA wurden dabei ab 1940 wesentlich vom privaten Council on Foreign Relations formuliert, in einem aufwendigen Projekt, das – es sei noch einmal betont – die Stiftung der Milliardärsfamilie Rockefeller finanzierte. Im Rahmen dieser Planungen kamen 1941 und 1942 auch die ersten Ideen für einen zu schaffenden internationalen Währungsfonds und eine Weltbank zur Sprache, also genau diejenige Weltfinanzordnung unter amerikanischer Führung, die nach dem Zweiten Weltkrieg Realität wurde.[8]

Den Council-Planern ging es in diesem Krieg nicht zuerst um eine Befreiung Europas vom Faschismus oder eine Demokratisierung Südostasiens – die zwar manchem wünschenswert erschienen, aber kaum den Aufwand und die Kosten eines großen Krieges rechtfertigten –, es ging ihnen vielmehr darum, in Konkurrenz zu den anderen aufstrebenden Großmächten Deutschland und Japan das britische Weltreich zu beerben und eine Führungsrolle in der Welt zu übernehmen. Intern wurde das auch offen so formuliert.[9] Das Problem dabei lag auf der Hand: Um das eigene Volk für den Krieg zu begeistern und auch im Ausland öffentliche Unterstützung zu bekommen, musste man moralischer argumentieren. In einem Papier der Council-Arbeitsgruppe vom April 1941 hieß es dazu sehr klar:

»Wenn Kriegsziele erklärt werden, die nur im Sinne des anglo-amerikanischen Imperialismus zu sein scheinen, werden sie den Menschen im Rest der Welt wenig bedeuten und auch angreifbar sein für Gegenversprechungen der Nazis. Solche Ziele würden außerdem die reaktionärsten Kräfte in den USA und im britischen Empire stärken. Es sollten die Interessen anderer Völker betont werden, nicht nur der Europäer, sondern auch der Asiaten, Afrikaner und Lateinamerikaner. Das würde eine bessere Propagandawirkung entfalten.«[10]

Und so wurde fortan behauptet, die USA handelten im Interesse »der freien Welt« und damit letztlich aller Menschen, genau so, wie man es auch aus den diversen Kriegsbegründungen der Gegenwart kennt, von Afghanistan und Irak bis Libyen und Syrien. Das ist auch deshalb von Belang, da mit Blick auf den Kampf gegen die Nazis bis heute argumentiert wird, dass Kriege manchmal unvermeidlich seien. »Hätten die Amerikaner damals etwa Hitler gewähren lassen sollen?«, wird dann gefragt und im selben Atemzug geantwortet, dass dieser Krieg eben nötig und gerecht war, so wie andere Kriege auch, wenn denn ein »verrückter Diktator« gestürzt und ein Volk befreit werden müsse.

Der Haken daran: Wer so argumentiert, der verwechselt die moralische Fassade einer Kriegsbegründung mit ihrem wahren Kern. Die protokollierten internen Beratungen in den Gremien des Council on Foreign Relations und des US-Außenministeriums zeigen klar, dass man Hitler sehr wohl hätte gewähren lassen, wenn denn die wirtschaftlichen Kennzahlen aus Sicht der Wall Street passend gewesen wären und die US-Elite neben einem großem Nazi-Reich noch genügend »Ellenbogenfreiheit« (ein Originalbegriff aus den Council-Beratungen) für sich gesehen hätte, um auch ihre eigenen Interessen durchzusetzen.[11] Der Kriegseintritt wurde für Amerika erst durch die Maßlosigkeit der deutschen und der japanischen Expansion nötig, welche die eigene wirtschaftliche Ausdehnung in der Zukunft zu sehr behindert hätte – so die Analyse der Planer.

Der Zweite Weltkrieg erscheint in diesem Licht als Konkurrenzkampf zwischen Eigentümereliten verschiedener Nationen, der den jeweiligen Völkern auf allen Seiten als hochmoralische Notwendigkeit verkauft wurde, in dem die politischen Kriegsziele aber sowohl in den USA wie auch in Deutschland von kleinen privaten Gruppen aus der Oberschicht bestimmt wurden.

In der Biografie einzelner Menschen fokussiert sich der Einfluss solcher Kreise wie in einem Brennglas. Einer der engsten Vertrauten und führenden politischen Vertreter der Interessen der Rockefeller-Familie war der aus einfachen Verhältnissen stammende John McCloy (1895–1989). Als junger Jura-Student brachte er in den 1920er Jahren den Rockefeller-Kindern das Segeln bei, hielt später als Wall-Street-Anwalt enge Kontakte nach Europa, wechselte im Zweiten Weltkrieg in die US-Regierung, wurde danach Präsident der neugegründeten Weltbank und amtierte von 1949 bis 1952 als amerikanischer Hochkommissar und damit mächtigste Person im besetzten Westdeutschland. McCloy stand in dieser Zeit faktisch über Bundeskanzler Adenauer.

Die vom Nürnberger Kriegsverbrechertribunal bereits verurteilten deutschen Großindustriellen Friedrich Flick und Alfried Krupp, die zur gleichen Oberschicht wie Rockefeller gehörten, begnadigte McCloy 1951. Er setzte ebenfalls durch, dass beide ihr beschlagnahmtes Firmenvermögen zurückerhielten. Auch Hitlers Finanzminister Graf Schwerin von Krosigk – Großvater der heutigen AfD-Politikerin Beatrix von Storch – begnadigte er, ebenso den Nazi-Diplomaten Ernst von Weizsäcker, Vater des späteren Bundespräsidenten Richard von Weizsäcker. Eine Elite schützte die andere.

McCloy wurde danach zum Vorsitzenden der Ford Foundation berufen, dann Chef von Rockefellers Chase Manhattan Bank. Schließlich wechselte er in den Vorstand des Council on Foreign Relations und gründete nebenbei den Lobbyverband Atlantik-Brücke. Deutlich wird bei der Betrachtung einer solchen Karriere, wie der ganze internationale diplomatische Apparat auf die Interessen einzelner Bankiers und Milliardäre zugeschnitten ist und dass deren verschiedene politische Institutionen wie gut geschmierte Zahnräder ineinander greifen.

Das betrifft nicht bloß die USA. In Deutschland arbeitet seit vierzig Jahren die Bertelsmann Stiftung, die zwar keine Kriege plant, mit ihren Millionen aber ebenfalls massiv Politik betreibt. Die Stiftung (Slogan: »Menschen bewegen. Zukunft gestalten«)[12] ist Haupteigentümer des Bertelsmann-Konzerns, eines der größten Medienunternehmen der Welt. Zum Konzern gehören die Fernsehsender RTL, n-tv, VOX, die weltgrößte Verlagsgruppe Random House (250 Verlage), der Zeitschriftenverlag Gruner & Jahr (*Stern, Geo, Brigitte,* 25 Prozent des *Spiegel*-Verlags) sowie der Dienstleister Arvato, der mit seinen annähernd 70 000 Mitarbeitern unter anderem Callcenter betreibt und über ein 600-köpfiges Team verfügt, das im Auftrag von Facebook alles löscht, was dem Netzwerk unpassend erscheint (siehe Kapitel 3). Bertelsmann ist einer der mächtigsten Medienmacher und gehört nach Mitarbeiterzahl zu den zwanzig führenden Unternehmen Deutschlands.

Aus steuerlichen Gründen wurde der größte Teil des Konzerns vor vierzig Jahren in eine Stiftung überführt, die seither auf vielen Feldern versucht, die politischen Vorstellungen ihres 2009 verstorbenen Chefs Reinhard Mohn durchzusetzen. Ähnlich wie die Rockefeller Foundation verschaffte man sich Einfluss nicht nur durch Geld, sondern auch durch kluge Personalpolitik. In den 1980er Jahren engagierte Mohn den vormaligen CDU-Generalsekretär Kurt Biedenkopf als Chef des Stiftungsbeirats. Horst Teltschik, einer der engsten Vertrauten von Bundeskanzler Helmut Kohl, wechselte nach seiner Zeit im Kanzleramt Anfang der 1990er Jahre direkt als Geschäftsführer zur Stiftung. Gerhard

Schröder wiederum lobte wenige Tage nach seiner Wahl zum Bundeskanzler im Oktober 1998 auf einem Bertelsmann-Kongress: »Das Land wäre ohne die gemeinsinnorientierte Politikberatung der Bertelsmann Stiftung ärmer.«[13]

Teil dieser »Politikberatung« war eine intensive Lobbyarbeit für den Umbau des Sozialstaats. Schröders Hartz-IV-Reformen wurden wesentlich von Bertelsmann vorbereitet und begleitet.[14] Der Kanzler beauftragte 1998 im Rahmen seines »Bündnisses für Arbeit« eine sogenannte Arbeitsgruppe Benchmarking, welche die Sozialsysteme verschiedener Länder vergleichen sollte. Ihr im Jahr 2001 veröffentlichter Bericht »Benchmarking Deutschland«, der im Stil einer Unternehmensberatung wesentliche Forderungen der Konzerne (flexiblere Arbeitszeiten, weniger Kündigungsschutz, Ausbau der Leiharbeit, weniger Unternehmenssteuern) als objektive Empfehlungen präsentierte, wurde zur Grundlage der Agenda 2010.[15]

Der Denkansatz war simpel: Man behandelte das Land wie einen Sitzenbleiber, der keine optimalen Leistungen erbringt und sich daher doch bitte an den Musterschülern, also »fortschrittlicheren« Ländern orientieren soll. Der Haken dabei: Die Maßstäbe dieser Beurteilung wurden nicht debattiert, sie standen schon fest. Man handelte im Geist des populären Slogans »sozial ist, was Arbeit schafft« (der schon in den 1930er Jahren von der Deutschnationalen Volkspartei verwendet worden war).[16] Das hieß: »überflüssige« Regulierungen abbauen oder »flexibilisieren«. Was gut ist für Unternehmer, das nützt auch dem Land. Hinter dieser Denkweise verbarg sich eine Unfähigkeit (oder Unwilligkeit), die Bedürfnisse anderer zu erkennen, sofern sie den eigenen zuwiderlaufen – man könnte sagen, eine Art von Autismus auf höchster Ebene.

An der langwierigen Diskussion und Abfassung des Berichts waren ständig fünf Mitarbeiter der Bertelsmann Stiftung beteiligt. Einer – mit dem passenden Namen Dr. Profit – wechselte währenddessen sogar offiziell ins Arbeitsministerium unter Walter Riester.[17] Auch ein wesentlicher Teil der Finanzierung der Studie kam von Bertelsmann. Der Wirtschaftsprofessor Günther Schmidt, ein Mitglied der Hartz-Kommission, meinte später: »Der Einfluss der Bertelsmann Stiftung auf die Hartz-Kommission und Hartz IV ist relativ stark. Vor allem hat die Stiftung das Weltbild der Kommissionsmitglieder geprägt.«[18]

Kritik und andere Sichtweisen wurden dabei von vornherein ausgeblendet. Die Arbeitsrechtsprofessorin Helga Spindler hat die Rolle der Stiftung bei den Hartz-Reformen genauer untersucht und meint:

»Was mir besonders auffiel, war, dass sich seit der zunehmenden Netzwerkarbeit durch die Bertelsmann Stiftung die Akteure überhaupt nicht mehr mit Gegenmeinungen und Kritik auseinandergesetzt haben, Gegenargumente praktisch an einem Panzer der Selbstgewissheit abprallten, die Wahrheit bereits erkannt zu haben.«[19]

Worum ging es nun bei »Benchmarking Deutschland«? Empfohlen wurde insbesondere die Schaffung eines Niedriglohnsektors, also die massive Ausweitung von Jobs, bei denen der Lohn nicht zum Leben reicht.[20] In einer Vorarbeit zum Bericht war vornehm umschreibend von einer »Lohnspreizung nach unten« und einer »Öffnung des Tarifgitters nach unten« die Rede. Den notwendigen Zusammenhang zwischen der Durchsetzung niedriger Löhne und einem dafür nötigen Zwangssystem, wie es später mit Hartz IV Wirklichkeit wurde, sprachen die Autoren deutlich aus:

»Parallel dazu müssten wahrscheinlich (...) zur Sicherung eines entsprechenden Arbeitsanreizes die Regelsätze der Sozialhilfe gesenkt werden; eine Integration der Arbeitslosenhilfe in die Sozialhilfe erschiene ebenfalls zweckmäßig.«[21]

Das leuchtet ohne Weiteres ein: Menschen sind nicht ohne Zwang bereit, für weniger Geld zu arbeiten. Da muss gesetzlich nachgeholfen werden – was dann ja auch geschah. Wenige Jahre später präsentierte Kanzler Schröder stolz die Ergebnisse der Verwirklichung der Bertelsmann-Ideen, im passenden Rahmen, während einer Rede vor internationalen Wirtschaftsführern im Schweizer Nobelort Davos:

»Wir haben einen der besten Niedriglohnsektoren aufgebaut, den es in Europa gibt. (...) Deutschland neigt dazu, sein Licht unter den Scheffel zu stellen, obwohl es das Falscheste ist, was man eigentlich tun kann. Wir haben einen funktionierenden Niedriglohnsektor aufgebaut, und wir haben bei der Unterstützungszahlung Anreize dafür, Arbeit aufzunehmen, sehr stark in den Vordergrund gestellt. Es hat erhebliche Auseinandersetzungen mit starken Interessengruppen in unserer Gesellschaft gegeben. Aber wir haben diese Auseinandersetzungen durchgestanden. Und wir sind sicher, dass das veränderte System am Arbeitsmarkt erfolgreich sein wird.«[22]

Die »Erfolge« sind heute sichtbar: Millionen Menschen, die unter dem Druck des neuen Systems aufgerieben werden, eine nicht abreißende Klageflut an deutschen Gerichten sowie, nicht zuletzt, der Untergang der SPD. Unter dem vernünftig klingenden Deckmantel, die Arbeitslosigkeit senken zu wollen, führte die Agenda 2010, mit der strategischen Vorarbeit der Stiftung des Milliardärs Reinhard Mohn, im Grunde den Klassenkampf »Reich gegen Arm« in eine neue Runde.

Bertelsmann hatte der Regierung ein explosives Ei gelegt, das diese bereitwillig ausbrütete, völlig benebelt von Modewörtern wie »Benchmarking«, »Matching« oder »Reformstau«. Die gefällige Marketing-Verpackung dominierte über Jahre hinweg die Öffentlichkeit und wurde in unzähligen Talkshows und Leitartikeln als frohe Botschaft verkündet. Es ging darum, »modern« zu sein, »nicht den Anschluss zu verpassen« und den berühmten »Zwängen der Globalisierung« gerecht zu werden. Schon Joschka Fischer wusste in seiner Zeit als Außenminister: »Wir können nicht Politik gegen die Finanzmärkte machen.« Der Attac-Mitgründer

Peter Wahl ergänzte diesen Satz kurz nach Einführung der Hartz-Reformen sarkastisch so: »Immerhin, gegen Arbeitslose und Sozialhilfeempfänger zeigt die Regierung Mumm.«[23]

Wer hinter die Fassade blickte und die gängigen Schlagworte hinterfragte, wie der langjährige SPD-Politiker Albrecht Müller 2004 in seinem Bestseller *Die Reformlüge*, der irritierte den neuen Gleichklang und wurde bald nicht mehr in die üblichen Fernsehrunden eingeladen.

Die Tatsache, dass Regierungspolitikern, Wissenschaftlern und Intellektuellen so mühelos die Ideen einer kleinen Elite eingepflanzt werden konnten, offenbart ein grundsätzliches Problem an der Spitze: Führende Vertreter des Staates wissen anscheinend nicht mehr, zu welchem Zweck ein Gemeinwesen überhaupt existiert. Das hektische und eilfertige Bemühen um Effektivität und Profitabilität allerorten – was sich nicht rechnet, das muss dichtmachen –, das Betonen der Verpackung und des Marketings (»die Bürger mitnehmen«), all dies kaschiert eine Form von moralischer »Bewusstlosigkeit«, ein ethisches Vakuum in zentralen Fragen. Denn wozu eigentlich die ständige Effizienz, der große Profit? Wer hat etwas davon, was bringt es der Gesellschaft insgesamt? Was bedeutet »Globalisierung«, und wer sind »die Märkte«? Schließlich: Ist das wirklich alles so »neu«?

An dieser Stelle kommt die Wissensvermittlung der Universitäten ins Spiel und ihre Aufgabe, einen geistig wachen Nachwuchs auszubilden. Auch hier hat die Bertelsmann Stiftung schon lange einen Fuß in der Tür.[24] Seit 1994 betreibt sie das sogenannte Centrum für Hochschulentwicklung (CHE). Dessen Mission ist simpel: Hochschulen sollen nach betriebswirtschaftlichen Regeln arbeiten, so wie Konzerne. Erfolge sollen messbar sein. Wer mehr Geld heranschafft, durch Studiengebühren oder Einwerbung von Drittmitteln aus der Wirtschaft, der ist Vorbild. Die Stärksten setzen sich durch, und die Gesetze des Geldes lenken alles »zum Besten«. Regelmäßig werden vom CHE Rankings, also Vergleichstests der Unis, veröffentlicht, um den Wettbewerbsgedanken und den Konkurrenzkampf unter den Hochschulen zu befördern. Bertelsmann hat seine Sichtweise in den vergangenen Jahren in großer Breite durchsetzen können. Das CHE und seine Hochschulpolitik gelten als eines der erfolgreichsten Programme der Stiftung, auch intern bei den Verantwortlichen.[25]

Ein Milliardär, so könnte man es zusammenfassen, erklärt also kurzerhand sein persönliches Erfolgsrezept zum Masterplan für das ganze Land. Was der Firma genutzt hat, soll nun das gesamte Volk beglücken. Fragen braucht man dazu niemanden, man hat ja das Geld – Beweis genug für die Richtigkeit der eigenen Ansichten. Dass es sich hierbei um einen Zirkelschluss handelt, geht anscheinend nur den wenigsten solcher »weisen« Philanthropen und Mäzene auf. Auch ein anderes Problem übersteigt offenbar ihren börsengeschulten Horizont: Bildungserfolg lässt sich nicht so einfach messen wie ein Betriebsergebnis. Ist ein Professor »besser«, wenn er mehr Veröffentlichungen vorweisen kann und mehr Sponsoren einwirbt? Macht das seine Studenten klüger? Bertelsmann zufolge: ja.[26]

Aber was ist überhaupt eine Universität? Wozu gibt es sie? Der Publizist Hauke Ritz hatte schon 2003 eine Studie zur Rolle der Bertelsmann Stiftung bei den Hochschulreformen verfasst und gab zu bedenken, dass hier »durch Umstrukturierung der Universitäten das gesellschaftspolitische Bewusstsein der nächsten Generationen« geplant werde:

»Fast der gesamte zivilisatorische Fortschritt der Neuzeit ist direkt oder indirekt der Entstehung der Universitäten im ausgehenden Mittelalter zu verdanken. (…) Wir haben heute keine Vorstellung mehr davon, was es eigentlich bedeutete, dass es den Universitäten gelang, nach tausendjähriger Herrschaft der katholischen Kirche erstmals deren Bildungs- und Wissensmonopol zu brechen. (…) Die derzeitige, sich teils in Planung und teils bereits in Durchführung begriffene Umstrukturierung der Universitäten unterscheidet sich von früheren Reformversuchen durch die Radikalität der Veränderung. (…) Worum geht es eigentlich? Es geht dem Bertelsmann-Konzern und dem von ihm ins Leben gerufenen CHE darum, die Entstehung eines Bildungsmarktes in die Wege zu leiten, auf dem dann Universitäten als Bildungskonzerne agieren können (...), die auf einem internationalen Markt in Konkurrenz zueinander treten, was zwangsläufig zu Konzentrationsprozessen, Fusionen und der Expansion der im Wettstreit besonders erfolgreichen Bildungskonzerne führt. Am Ende dieser Entwicklung wären Konzentrationsprozesse denkbar, die einen ähnlich hohen Grad erreichen könnten, wie jene, die in dem vor 20 Jahren privatisierten Fernsehmarkt vonstattengegangen sind. Die Harvard University verfügt alleine über ein Kapital von 20 Milliarden Dollar.

Ist der Markt für Bildung erst einmal geschaffen, so könnte sie leicht in verschiedenen europäischen Ländern Zweigstellen eröffnen. Es könnten also Konzerneinheiten entstehen, die – wie der Murdoch-Konzern auf dem Markt für Massenmedien – zahlreiche Hochschulen eines Landes unter sich vereinigen, ja sich über mehrere Kontinente und Länder erstrecken. (...) Und selbstverständlich sind Entscheidungen, bestimmte Lehrstühle zu schaffen und wiederum mit bestimmten Personen zu besetzen, politisch nie neutral. Denn jede wissenschaftliche Arbeit ist in einen kulturellen Kontext eingebunden und bleibt häufig von deren unhinterfragten Grundüberzeugungen gefärbt. In politisch bedeutsamen Wissenschaften wie Soziologie, Politologie oder Philosophie lassen sich deshalb verschiedene Schulen durchaus verschiedenen politischen Richtungen zuordnen. In diesem Sinne gibt es keine wissenschaftliche Wertneutralität.«[27]

Eben diese vermeintliche Neutralität der Wissensvermittlung unterstellen aber Akteure wie die Bertelsmann Stiftung. Sie reden von Universitäten wie ein Blinder von der Farbe. Der Begriff Bildung wird entkernt, mit weitreichenden Folgen. Dazu noch einmal Hauke Ritz:

»Ein Mensch ist gebildet, wenn ihm die Fähigkeit zugefallen ist, unabhängig vom Konformitätsdruck der Gesellschaft seine Persönlichkeit nach einem ihm eingegebenen und nicht von außen vorgegebenen Bild selbständig zu formen. Sobald man aber nach Maßgabe von Intelligenztests, persönlichen Beziehungen oder schlichtweg der Bereitschaft, gigantische Studiengebühren zu zahlen, eine kleine Gruppe von Menschen herausgreift, in der Absicht, aus ihr die zukünftige Elite zu formen, so wird man mit Sicherheit das Gegenteil einer echten Elite bekommen.«[28]

Auf den Punkt gebracht: Eine Vermarktung des Bildungssektors bedeutet schlicht und einfach das Ende umfassender Bildung – ebenso wie eine Kommerzialisierung des Gesundheitssystems das Ende einer gesunden Gesellschaft zur Folge hat. Mehr Kranke bringen mehr Umsatz, bessere Heilung ist schlecht fürs Geschäft. Mit den Hochschulen ist es ähnlich: Mehr »Fachidioten« nützen der Wirtschaft, eine bessere, humanistisch umfassende Bildung hingegen bedroht den Kommerz. Privatisierungen und Profitorientierung in den Bereichen Gesundheit und Bildung sind deshalb besonders dramatisch, weil damit die Lebensfähigkeit und das ethische Niveau der gesamten Gesellschaft grundsätzlich verringert werden. Die durchprivatisierte Gesellschaft fällt auf eine niedrigere Entwicklungsstufe zurück – eigentlich ein Zerfallsprozess.

Problematisch an Familien wie Mohn oder Rockefeller ist dabei nicht, dass einzelne reiche Menschen fragwürdige Vorstellungen diskutieren und in die Gesellschaft hineintragen. Damit könnte man leben, dagegen ließe sich argumentieren. Das Problem besteht vielmehr darin, dass solche Familien kraft ihrer Milliarden oft auch in der Lage sind, ihre Vorstellungen durchzusetzen.

Wenn einige wenige Reiche beschließen, dass ein großer Krieg geführt werden muss, dass die Löhne gesenkt oder Universitäten nach neuen Prinzipien geleitet werden sollten – dann wird genau das häufig Realität. Nicht von heute auf morgen, per Dekret eines Herrschers wie in einer Diktatur, sondern langsam, durch jahrelange Planung, Kontaktpflege, den Aufbau von beratenden Stiftungen, die Anstellung von Politikern und, vor allem, mit Hilfe eines nie versiegenden Geldstroms. Das Ergebnis aber ist am Ende das gleiche wie in einer Diktatur: Beschlüsse einer Minderheit, die der Gesellschaft großen Schaden zufügen.

Die extreme Ungleichverteilung der Macht zwischen Superreichen und Normalbürgern betrifft alle. Sie findet ihren alltäglichen Ausdruck in der unterschiedlichen Gültigkeit der Grundrechte, je nach Umfang des privaten Eigentums. Um diese erstaunlich wenig diskutierte Frage soll es im folgenden Kapitel gehen.

10 Begrenzte Grundrechte

Als letzter Halt in turbulenten Zeiten gilt die Verfassung. Viele Politiker bekennen stolz, »Verfassungspatrioten« zu sein, also nicht etwa in einer Gefühlsaufwallung ihr Land zu lieben, wie man es Patrioten nachsagt, sondern nüchtern und rational dessen Gesetze zu verteidigen. Für einen Verfassungspatrioten verwandelt sich das emotional aufgeladene »Vaterland« der gemeinsamen Sprache und Kultur in den kühlen und sachlichen »Vater Staat«, der für einheitliche Rechtsnormen bürgt. Ohne Frage ist es ein zivilisatorischer Fortschritt, nicht mehr bloß den eigenen »Stamm« zu verteidigen, sondern allgemeine Prinzipien, die jeden Menschen einschließen – wie die Grundrechte.

Das deutsche Grundgesetz beginnt bekanntlich mit einer Aufzählung dieser Grundrechte, die das politische System für jeden sichtbar von einer Diktatur, einer Willkürherrschaft abgrenzen sollen: Die Freiheit der Person ist unverletzlich, alle Menschen sind vor dem Gesetz gleich, jeder hat das Recht, seine Meinung frei zu äußern, eine Zensur findet nicht statt. Diese Grundrechte haben eine lange Geschichte, sie sind älter als das Grundgesetz und zum größten Teil übernommen aus der revolutionären Frankfurter Reichsverfassung von 1849. Dort hieß es unter anderem:

»Dem deutschen Volke sollen die nachstehenden Grundrechte gewährleistet seyn und keine Verfassung oder Gesetzgebung soll dieselben je aufheben oder beschränken können. Die Deutschen sind vor dem Gesetze gleich. Die Freiheit der Person ist unverletzlich. Die Wohnung ist unverletzlich. Das Briefgeheimniß ist gewährleistet. Jeder Deutsche hat das Recht, durch Wort, Schrift, Druck und bildliche Darstellung seine Meinung frei zu äußern. Die Preßfreiheit darf unter keinen Umständen und in keiner Weise durch vorbeugende Maaßregeln, namentlich Censur, Concessionen, Sicherheitsbestellungen, Staatsauflagen, Beschränkungen der Druckereien oder des Buchhandels, Postverbote oder andere Hemmungen des freien Verkehrs beschränkt, suspendirt oder aufgehoben werden.«

Diese »ewig gültigen« Grundrechte wurden allerdings schon zwei Jahre darauf, nach der Niederschlagung der Revolution, von der herrschenden Elite wieder abgeschafft. Erst siebzig Jahre später, 1919, nach der nächsten erfolgreichen Revolution, fanden sie erneut Eingang in eine deutsche Verfassung. Das Grundgesetz von 1949 knüpfte daran an. Zurückverfolgen lassen sich diese Ideen noch weiter. So hatte der adlige Revolutionär Marquis de La Fayette während der Französischen Revolution 1789 eine »Erklärung der Menschen- und Bürgerrechte« entworfen, in der zu lesen war:

»Die Menschen werden frei und gleich an Rechten geboren und bleiben es. Gesellschaftliche Unterschiede dürfen nur im allgemeinen Nutzen begründet sein. Der Zweck jeder politischen Vereinigung ist die Erhaltung der natürlichen und unantastbaren Menschenrechte. Diese sind das Recht auf Freiheit, das Recht auf Eigentum, das Recht auf Sicherheit und das Recht auf Widerstand gegen Unterdrückung. Der Ursprung jeder Souveränität liegt ihrem Wesen nach beim Volke. Keine Körperschaft und kein Einzelner kann eine Gewalt ausüben, die nicht ausdrücklich von ihm ausgeht. Die freie Äußerung von Gedanken und Meinungen ist eines der kostbarsten Menschenrechte: Jeder Bürger kann also frei reden, schreiben und drucken, vorbehaltlich seiner Verantwortlichkeit für den Missbrauch dieser Freiheit in den durch das Gesetz bestimmten Fällen.«

Noch vor den französischen Revolutionären hatten die amerikanischen Unabhängigkeitskämpfer solche Gedanken zur Grundlage ihrer Politik gemacht. Die erste bekannte Formulierung dieser Vorstellungen in einer Verfassung findet sich in der Grundrechteerklärung von Virginia vom 12. Juni 1776, entstanden noch vor der berühmten Unabhängigkeitserklärung der USA. In dieser »Virginia Declaration of Rights«, die im Wesentlichen der wohlhabende Großgrundbesitzer George Mason verfasst hatte, heißt es:

»Alle Menschen sind von Natur aus in gleicher Weise frei und unabhängig und besitzen bestimmte angeborene Rechte, welche sie ihrer Nachkommenschaft durch keinen Vertrag rauben oder entziehen können, wenn sie eine staatliche Verbindung eingehen, und zwar den Genuss des Lebens und der Freiheit, die Mittel zum Erwerb und Besitz von Eigentum und das Erstreben und Erlangen von Glück und Sicherheit. Alle Macht ruht im Volke und leitet sich folglich von ihm her; die Beamten sind nur seine Bevollmächtigten und Diener und ihm jederzeit verantwortlich.«

Erstmals taucht in diesem Dokument auch der Gedanke der Pressefreiheit auf: »Die Freiheit der Presse ist eines der starken Bollwerke der Freiheit und kann nur durch despotische Regierungen beschränkt werden.« Die Grundrechteerklärung von Virginia schließt mit der Aufforderung, es sei »die gemeinsame Pflicht aller, christliche Nachsicht, Liebe und Barmherzigkeit aneinander zu üben«.

Soweit eine kurze Geschichte der Grundrechte, die auf den Ideen der Aufklärung gründen, wie sie unter anderem der englische Philosoph John Locke im 17. Jahrhundert formuliert hatte. Heute stehen diese Überzeugungen im Zentrum aller modernen westlichen Gesellschaften. Doch wie viel von diesen gesetzlich garantierten Rechten ist derzeit eigentlich Realität? Was davon gilt im ganz normalen Alltag, abseits von Festreden und akademischer Lehrbuchweisheit?

Die Würde des Menschen, so der berühmte Artikel 1 des Grundgesetzes, ist »unantastbar« – und wird doch, jeder weiß es, täglich verletzt: in Pflegeheimen, Krankenhäusern, geschlossenen Psychiatrien, Gefängnissen, Jobcentern, Bordellen und an anderen Orten, wo Menschen hilf- und machtlos ausgeliefert sind. Welche Bedeutung kommt einem Appell zu, der vielerorts ständig und ohne weitere Konsequenzen missachtet wird? In welcher *Verfassung* ist ein Staat, wo so etwas möglich ist?

Artikel 2 des Grundgesetzes bestimmt: »Die Freiheit der Person ist unverletzlich.« Das bedeutet, dass die Behörden nicht eigenmächtig ohne Gerichtsurteil einen Bürger ins Gefängnis stecken dürfen. So weit, so gut. In Bayern allerdings können seit 2017 Menschen, die keine Straftat begangen haben, sondern bloß im Verdacht stehen, eine zu planen, von den Behörden »vorbeugend« eingesperrt werden, ohne gerichtliches Urteil und zeitlich unbegrenzt.[1] An diesem juristischen Rückfall in vergangene Jahrhunderte nahmen weder die Bundeskanzlerin noch der Bundespräsident oder führende Minister Anstoß.

Anderswo sieht es ähnlich aus. Nach den Terroranschlägen in Paris im November 2015 verhängte die französische Regierung im ganzen Land den Ausnahmezustand, der daraufhin zwei Jahre lang (!) galt. Behörden konnten in dieser Zeit »Verdächtige« ohne Gerichtsbeschluss unter Hausarrest stellen.[2] Ende 2017 wurde der Ausnahmezustand von einem Gesetz abgelöst, das es immer noch erlaubt, sogenannten »Gefährdern« vorzuschreiben, ihre Gemeinde nicht zu verlassen.[3] So viel zur »unverletzlichen« Freiheit der Person, die auch in Frankreich Verfassungsrang besitzt.

In Artikel 3 des deutschen Grundgesetzes heißt es weiter: »Alle Menschen sind vor dem Gesetz gleich.« Das klingt beruhigend. Doch warum werden dann Strafanzeigen zum Beispiel gegen US-Politiker wegen Folter und Kriegsverbrechen vom Generalbundesanwalt erst gar nicht verfolgt?[4] Und wie kommt es, dass höchste Gerichte zwar immer wieder gegen die Interessen von Hartz-IV-Empfängern entscheiden, Betrugsverfahren gegen hohe Manager aber oft mit einem Freispruch oder einem Deal enden?[5]

Ganz unabhängig von einzelnen Beispielen lässt sich fragen: Wie viel Freiheit bleibt in unserer Gesellschaft einem Bürger ohne eigenen Besitz? Was bedeuten die Verfassungssätze von der »unantastbaren Würde« des Menschen und der »freien Entfaltung seiner Persönlichkeit« ganz konkret für einen Mittellosen? Wie frei ist er in seiner Entfaltung, wie würdevoll begegnet ihm seine Umwelt, wenn er über kein Geld verfügt und in einer gesundheitlichen und wirtschaftlichen Zwangslage steckt?

Es scheint, als sei die wesentliche Rolle des Eigentums der große blinde Fleck bei den Grundrechten. Sie gelten im Alltag eben nicht für alle gleich, sondern in Abstufungen, abhängig vom privaten Vermögen des Betreffenden. Wer genügend Geld hat, dessen Würde wird selbstverständlich gewahrt, der muss nicht ins Pflegeheim oder nach einer Kündigung ins Jobcenter, nach einem Gerichtsurteil oft auch nicht mal ins Gefängnis, sondern kommt mit einer Geldstrafe davon.

Ähnlich sieht es bei der Meinungsfreiheit aus, die ja vor allem da von Belang ist, wo man, wie in den Medien, vor großem Publikum spricht, wo man also viele andere Bürger mit seiner Meinung beeinflussen kann. Die Meinungsfreiheit ist aber für einen reichen Zeitungsbesitzer entscheidend größer als für einen abhängig beschäftigten Redakteur, und für diesen immer noch wesentlich umfassender als für einen mittellosen Leserbriefschreiber, dessen Zeilen bei Missfallen einfach in den Papierkorb wandern beziehungsweise im Online-Leserforum gelöscht werden können.

Auch die Wahrscheinlichkeit, vor Gericht Recht zu bekommen, steigt mit dem verfügbaren Vermögen dramatisch, etwa beim teuren Klageweg durch die Instanzen, den sich längst nicht jeder leisten kann – ebenso wenig wie hochklassige Anwälte, deren teils astronomische Honorare ja genau aus dem Grund von reichen Mandanten auch bezahlt werden, *weil* es im Gerichtsverfahren eben einen Unterschied macht, wie viel Geld man in seine Verteidigung stecken kann.

Die Schlussfolgerung aus all dem ist angesichts der üblichen Jubelfanfaren rund um das Grundgesetz ernüchternd: Mit der Einführung der Grundrechte wurden zwar die formalen Privilegien des Adels abgeschafft, aber nicht die sehr konkreten Vorrechte von Eigentümern, die sich aus deren Besitz ergeben. Die

Verfassung sichert weder eine Gesellschaft von Gleichen, noch eine Herrschaft des Volkes. Ihr Anspruch ist viel begrenzter: Sie soll den Bürger lediglich vor Übergriffen des Staates schützen. Der Staat verfügt über Macht und die Grundrechte sollen dieser Macht Grenzen setzen. Liest man die verschiedenen Grundrechtskataloge vom 18. Jahrhundert bis heute, dann wird klar, dass der Staat stets als etwas Drohendes begriffen wird, als Willkürgewalt der Herrscher und Könige.

Staaten sind historisch gesehen als Verwaltungsapparate der Mächtigen entstanden. Staatliche Behörden sollten die Kontrolle über deren weitverzweigtes Territorium sichern. Das Land gehörte einigen Wenigen, oft dem Adel. Die Leibeigenschaft, eine Form der Sklaverei, war noch im 18. Jahrhundert weit verbreitet und wurde in vielen Regionen, auch in den meisten Teilen Deutschlands, erst nach der Französischen Revolution verboten. Ein Staat war, mit den Worten von Karl Marx, »nur ein Ausschuss«, der für die Besitzenden »die gemeinschaftlichen Geschäfte verwaltet«.[6] Die oberste Kammer des Parlamentes hieß in Preußen bis 1918 nicht zufällig »Herrenhaus«, in England nennt sie sich noch heute »House of Lords«.

Die Grundrechte sind eine in Revolutionen erkämpfte Abwehrmaßnahme des Volkes gegen seine Herrscher. Man hat versucht, die Tyrannen auf Abstand zu halten, sie sollten sich nicht alles erlauben dürfen. Die Herrschaft selbst ist durch die modernen Verfassungen nicht abgeschafft, sondern eingeschränkt und in geordnetere Bahnen gelenkt worden. Die Staaten enthalten heute demokratische Elemente, die mal mehr, mal weniger stark ausgeprägt sind, verwirklichte Demokratien sind sie kaum.

Gerade an dieser Stelle ist eine spannende und selten beachtete Dynamik zu beobachten: Je mehr die Staaten im Laufe der Geschichte durch Revolutionen demokratisiert wurden und sich von einem Instrument der Reichen schrittweise und unvollständig zu einem öffentlichen Apparat der Bürger wandelten, umso stärker verlagerten auch die Eliten[7] ihr Wirken in neue Strukturen, die einer demokratischen Öffentlichkeit nicht zugänglich sind. Revolutionen und Gewaltenteilung hin oder her – »der Pöbel« sollte nicht dazwischenfunken. Im gleichen Maße, wie Demokratie und Bürgerrechte in den Staat integriert wurden – durch ein Parlament, das Wahlrecht für alle, ein Verfassungsgericht –, versuchten die alten Herrscher, sich solchen Beschränkungen ihrer Macht zu entziehen. Hinter den Kulissen spannen sie neue Einflussnetze, auf die Parlamente und Bevölkerung keinen Einfluss hatten und von deren Existenz sie oft nicht einmal wussten.[8] Auf diese Weise entstand Stück für Stück das, was heute allgemein als »Deep State« oder »Tiefenstaat« bezeichnet wird – keine neue Entwicklung, sondern eine, die schon über zweihundert Jahre andauert.[9]

11 Der Tiefenstaat

Der Begriff »Tiefenstaat« ist schillernd und reich an Anspielungen. Man denkt dabei an »dunkle Mächte« und Verschwörungen – großes Kino jedenfalls, voller Intrigen und finsterer Hintermänner. Doch der Tiefenstaat ist gerade kein platter »Club der Weltverschwörer«, der überall und jederzeit sämtliche Fäden zieht. Ähnlich wie das komplexe Gebilde Staat bezeichnet auch der Begriff Tiefenstaat keine definierte Organisation mit Mitgliederliste und einem Big Boss an der Spitze, sondern ein eng verflochtenes Milieu aus Reichen, Regierungsbeamten, Geheimdienstlern und Militärs, die sich informell organisieren und unabhängig von Wahlergebnissen und Parlamenten versuchen, den Einfluss der eigenen Kreise zu sichern.

Ein gutes Beispiel für solche Netzwerke bietet die Entstehung der CIA. Der berühmte amerikanische Geheimdienst wurde nach dem Zweiten Weltkrieg nicht etwa von der Regierung oder dem Parlament konzipiert, sondern von Bankern. Im Zentrum der Planungen stand der weltgewandte Diplomat und Wall-Street-Anwalt Allen Dulles, der damals als Präsident dem »Council on Foreign Relations« (siehe Kapitel 9) vorstand, einem mächtigen privaten Eliteclub – vom *Spiegel* einmal als »Politbüro für den Kapitalismus«[1] bezeichnet –, der im Wesentlichen die Interessen des Finanzsektors vertrat und der bis heute versucht, die Ziele der großen Banken und exportorientierten Konzerne in offizielle staatliche Außenpolitik zu übertragen.[2] Allen Dulles agierte über Jahrzehnte hinweg als eines der wichtigsten Bindeglieder zwischen Geldwelt und Politik.[3] 1946 wurde er von einem General des US-Kriegsministeriums (so hieß es damals noch) gebeten, Überlegungen für einen neuen Geheimdienst anzustellen.[4] Hintergrund: Die USA hatten im Krieg mehrere große Industriestaaten besetzt, neben Deutschland auch Italien und Japan. Das neu geschaffene Imperium musste nun angemessen verwaltet werden. Die vorhandenen US-Behörden reichten nicht aus, um dieser Aufgabe gerecht zu werden. Viele Institutionen mit weltweitem Aufgabenbereich entstanden daher in dieser Zeit neu.

Dulles bildete 1946 eine Beratergruppe, um Vorschläge für die Struktur und die Ziele des neuen Geheimdienstes zu entwickeln. Das Team, das er zu diesem Zweck zusammenstellte, bestand aus vier ehemaligen Wall-Street-Bankern, einem Ex-Wall-Street-Anwalt und einem Admiral, der vorher ebenfalls als Banker gearbeitet hatte.[5] Zwei Jahre später berief Verteidigungsminister James Forrestal (auch ein Ex-Wall-Street-Banker) Dulles zum Vorsitzenden eines Komitees, das gemeinsam mit zwei weiteren New Yorker Anwälten die Arbeit der neugegründeten CIA überprüfen sollte. Die Juristen trafen sich dazu über ein Jahr lang regelmäßig in den Vorstandsräumen einer Wall-Street-Investmentfirma.[6]

Kurzum: Banker überall. Die CIA war von Anfang an eine Unternehmung des Finanzsektors und der reichen Oberschicht, woran sich auch in den folgenden Jahren und Jahrzehnten wenig ändern sollte. Immer wieder wechselten Banker oder Unternehmensanwälte in das Management des Geheimdienstes und Geheimdienstler zu großen Banken. Dieses Muster betrifft keineswegs nur die CIA, ist dort aber besonders klar nachweisbar.[7]

Man kann sagen, dass der Tiefenstaat es den alten Eliten vielfach ermöglicht, so weiterzumachen, als hätte es Revolutionen und eine Demokratisierung des Staates nie gegeben. Frei gewählte Parlamente und öffentliche Ausschüsse tagen zwar, doch bei entscheidenden Fragen spielen sie oft nicht die Hauptrolle. Die Netzwerke im Hintergrund haben ein Veto und unterlaufen die gesellschaftliche Erneuerung, wann immer sie ihre Interessen bedroht sehen. Ihrem Wesen nach sind diese Gruppen konservativ und autoritär. Gut dokumentiert ist das auch für die Weimarer

Republik, wo ein organisiertes Milieu aus reichen Industrielenkern und reaktionären Militärs massiven Einfluss auf die Politik nahm und das Ende der Republik wesentlich vorantrieb.[8] Der Übergang zum Faschismus wurde von diesen Kreisen – nicht nur in Deutschland, auch anderswo – als Chance gesehen, ihren Stand in der Gesellschaft zu festigen.

Eine bevorzugte Spielwiese des Tiefenstaats sind, wie gerade am Beispiel der CIA geschildert, die Geheimdienste, eben weil hier demokratische Instanzen am wenigsten Einblick und Einfluss haben. Über Geheimdienste wird ständig verdeckt Politik betrieben und immer wenn eine solche Beteiligung der Dienste durch einen Skandal öffentlich wird, wie etwa 1987 bei der Iran-Contra-Affäre in den USA, 1990 bei der Aufdeckung der »Gladio«-Struktur von NATO-Geheimtruppen, oder seit 2011 in der deutschen NSU-Affäre, kommt es in der Regel zu keiner umfassenden Aufklärung. Die Ermittlungen bleiben stecken, Akten verschwinden, Zeugen sterben.

Häufig ist der Tiefenstaat dabei in Ereignisse verwickelt, die über Jahre oder sogar Jahrzehnte hinweg die öffentliche Politik prägen, wie politische Morde, Putsche gegen demokratisch gewählte Regierungen oder Geschehnisse, die zum Eintritt eines Staates in einen Krieg führen. In der politikwissenschaftlichen Forschung werden solche Vorfälle manchmal als »Deep Events« – »Tiefenereignisse« – bezeichnet, da sie weit über den Tag hinaus wirken.[9] Zu nennen sind hier beispielsweise die Morde an den Revolutionspolitikern Karl Liebknecht und Rosa Luxemburg 1919[10], am deutschen Außenminister Walther Rathenau 1922[11], an UNO-Generalsekretär Dag Hammarskjöld 1961[12], am ersten freigewählten Präsidenten des Kongo, Patrice Lumumba[13], ebenfalls 1961, an US-Präsident John F. Kennedy 1963[14], am Bürgerrechtler Martin Luther King[15] und am Präsidentschaftskandidaten Robert Kennedy 1968[16], oder auch am schwedischen Ministerpräsidenten Olof Palme 1986.[17] Ebenso fallen darunter der Reichstagsbrand 1933[18], der Staatsstreich gegen die demokratisch gewählte Regierung des Iran 1953[19], der Tonkin-Zwischenfall 1964[20], der zum direkten Eintritt der USA in den Vietnamkrieg führte, oder die Anschläge von 9/11.[21]

All dies sind strittige und zum großen Teil ungeklärte Ereignisse, die der geschichtlichen Entwicklung in einem Land für längere Zeit eine neue Richtung gaben. Stets folgte darauf ein politischer Kurswechsel oder zumindest ein Beschluss, der ohne den entsprechenden Vorfall kaum eine Chance im Parlament gehabt hätte. Ohne den Reichstagsbrand wäre das nur drei Wochen später im März 1933 beschlossene Ermächtigungsgesetz nicht vorstellbar, ohne den Tonkin-Zwischenfall nicht die radikale Ausweitung des Vietnamkriegs und ohne 9/11 nicht der »Krieg gegen den Terror«.

Gerade bei 9/11 ist das Wirken des Tiefenstaats sehr anschaulich dokumentiert. Noch am Morgen der Angriffe wurde in den USA im Geheimen eine Schattenregierung installiert, völlig ohne Wissen des Parlaments. Erst sechs Monate später berichtete die *Washington Post*, zum Erstaunen der Abgeordneten und der gesamten Öffentlichkeit, unter der Überschrift »Schattenregierung arbeitet im Geheimen« erste spärliche Details.[22] Vizepräsident Dick Cheney hatte mehr oder weniger eigenmächtig einen Notfallplan aktiviert, der bereits im Kalten Krieg entwickelt – und von ihm und Donald Rumsfeld auch persönlich regelmäßig geprobt – worden war.[23] Dieser Plan firmierte unter dem Stichwort »Continuity of Government« (»Fortbestand der Regierung«). Im Falle einer Auslöschung der Hauptstadt durch russische Atomraketen sollte die Verfassung außer Kraft gesetzt werden und eine »Reserve-Regierung« an einem geheimen Ort die Führung des Landes übernehmen, so der ursprüngliche Plan. Nach dem Zusammenbruch der Sowjetunion wurde das Szenario geändert und die Bedrohung des Kommunismus durch die Gefahr des Terrorismus ersetzt. Statt auf russische Raketen richtete man sich nun auf einen islamistischen Anschlag ein.[24]

Doch am 11. September waren weder führende Politiker ermordet noch die Hauptstadt zerstört worden. Trotzdem aktivierte Cheney heimlich den Plan, was zur Folge hatte, dass er über Monate hinweg immer wieder Washington verließ, um ohne Wissen des Parlamentes an einem geheimen Ort eine ebenso geheime zweite Regierung mit etwa einhundert Mitarbeitern zu befehligen.[25] Einen »halben Staatsstreich« könnte man das nennen.

Brisant ist das vor allem deshalb, weil in den ersten Wochen nach den Anschlägen viele Weichen gestellt wurden, die bis heute nachwirken (Beginn von Kriegen, Einschränkung der Bürgerrechte, Ausweitung der Kompetenzen der Geheimdienste, Überwachung, Folter), zugleich aber über die Aktionen und Entscheidungen von Cheneys Schattenregierung bis heute so gut wie nichts bekannt ist. Auch die amtliche 9/11-Untersuchungskommission wurde diesbezüglich im Unklaren gelassen. In ihrem Abschlussbericht erwähnte sie zwar die Aktivierung des Plans am 11. September 2001, räumte aber ein, dass sie den gesamten Vorgang nicht näher untersucht habe. Lediglich die Führungsspitze der Untersuchungskommission sei knapp über die »allgemeine Art« des Plans unterrichtet worden.[26]

Wie ein genauerer Blick zeigt, gehört der Plan für eine Schattenregierung und eine Aussetzung der Verfassung zum festen Bestand des amerikanischen Tiefenstaats. Entwickelt wurde er unter Präsident Ronald Reagan und damals, in den 1980er Jahren, hieß der für den Geheimplan zuständige Verbindungsoffizier im Nationalen Sicherheitsrat Oliver North – ebenjener zwielichtige Oberstleutnant, der zur Schlüsselfigur in der schon erwähnten Iran-Contra-Affäre wurde.[27] Der Tiefenstaat hat sein eigenes Personal, das einem bei verschiedensten derartigen Ereignissen immer wieder begegnet.

Mit Abstand bestrachtet sind »Deep Events« in gewisser Weise der Joker im politischen Spiel. Wenn diese Trumpfkarte aus dem Ärmel gezogen wird, müssen alle übrigen Spieler eine Runde aussetzen (sofern sie dann noch leben). Im Grunde besteht ein wesentlicher Teil der jüngeren Weltgeschichte aus weitgehend unaufgeklärten »Deep Events«, in die der Tiefenstaat verstrickt ist. Der Lauf der Geschichte wird massiv beeinflusst von diesen informellen, nicht gewählten Strukturen, die im Sinne der alten Eliten tätig werden. Dass »Deep Events« und die Rolle des Tiefenstaats nicht längst selbstverständlicher Teil des Geschichtsunterrichts an den Schulen sind, könnte man mit den Worten des Schweizer Psychoanalytikers Mario Erdheim als »gesellschaftliche Produktion von Unbewusstheit«[28] bezeichnen. Andererseits wäre es wohl auch unrealistisch, von einem staatlichen Schulsystem ernsthaft zu erwarten, dass es darüber aufklärt, wie der eigene Staat von nicht gewählten Kräften in krimineller Weise unterminiert wird – und die Regierung dabei beide Augen zudrückt.

Der ständige Versuch, solche Zusammenhänge pauschal als »Verschwörungstheorien« und »Spinnerei« abzuwerten, mutet hilflos an und erinnert an die Tabuisierung von Gewalt und Misshandlungen innerhalb von Familien und »ehrenwerten« Institutionen. Der »gute« Vater, die »liebe« Mutter, der »vertrauenswürdige« Onkel würden so etwas doch nie tun. Tatsächlich aber misshandelt der Tiefenstaat die gesamte Gesellschaft, und man kann sich entscheiden, die Augen davor zu verschließen oder eben nicht. Letzteres ist unangenehm. Insofern verfängt auch das Argument kaum, dass sich solche Verbrechen nicht geheim halten ließen. Tabuisierte Wahrheiten, über welche die Autoritäten schamhaft schweigen, lassen sich tatsächlich sehr gut über Jahrzehnte unter dem Teppich halten, auch wenn Einzelne Alarm schlagen – siehe die zahlreichen Fälle von Kindesmissbrauch in angesehenen Institutionen. Entscheidend ist, wie die Mehrheit damit umgeht: Schaut sie weg, oder unterstützt sie die Aufklärer? Das Schlagwort »Verschwörungstheorie« bietet jedenfalls keinen überzeugenden Ersatz für eine gründliche Beschäftigung mit Forschungsergebnissen und Quellen, wie sie auch hier auf diesen Seiten angegeben sind.

Vieles ist zudem offensichtlich. Einen ersten Hinweis darauf, ob der Tiefenstaat an einem Mord, Terroranschlag oder Staatsstreich beteiligt ist, liefert oft schon die Qualität der polizeilichen und juristischen Ermittlungsarbeit. Denn die Aufklärungsquote steht – eigentlich höchst unlogisch – im umgekehrten Verhältnis zur Bedeutung des Ereignisses. Je wichtiger und politisch brisanter ein Vorfall, desto seltener ist eine saubere Aufklärung zu beobachten, bei der die Auftraggeber ermittelt und in einem regulären Gerichtsverfahren verurteilt werden. Eine fehlende oder sehr unzureichende Aufklärung kann als starkes Indiz dafür gelten, dass die Planer Einfluss auf Polizei und Justiz haben. Es sei denn, man unterstellt jedes Mal aufs Neue eine »Ermittlungspanne« und »Behördenversagen« – was auf die Dauer etwas anstrengend wird.

Dieses Merkmal zieht sich von den Morden an Karl Liebknecht und Rosa Luxemburg, wo der Auftraggeber, Generalstabsoffizier Waldemar Pabst (O-Ton: »Es lag nur im Interesse unseres Deutschlands«), nie zur Rechenschaft gezogen und stattdessen noch in den 1960er Jahren freundlich vom *Spiegel* interviewt wurde[29], über die Erschießung Kennedys (der vermeintliche Täter wurde selbst erschossen, die Auftraggeber nie ermittelt) bis hin zu den Anschlägen vom 11. September 2001, wo die angeblichen Hintermänner bis heute, fast zwanzig Jahre danach, ohne Gerichtsurteil (!) in Guantánamo weggesperrt werden.

Ermittlungsbehinderungen lassen sich in vielen Fällen klar dokumentieren und sind zwar für sich genommen noch kein Beweis, aber zumindest ein deutlicher *Hinweis* auf eine Beteiligung mächtiger Personen. Jüngstes Beispiel sind etwa die Aktenvernichtungen und das Zeugensterben rund um die NSU-Affäre.[30]

Besonders offensichtlich und schrill wurde das Wirken des Tiefenstaats nach der Wahl von Donald Trump zum US-Präsidenten, als die eigenen Geheimdienste mehr oder weniger offen gegen den gewählten Staatschef intrigierten, anscheinend mit dem Ziel, einen »Regime Change« herbeizuführen – also die Art von Machtwechsel, die sonst vorzugsweise bei missliebigen Regierungen im Ausland organisiert wird.

Befragt zum Thema Tiefenstaat meinte der ehemalige Air-Force-General, NSA- und CIA-Chef Michael Hayden kurz nach der Amtseinführung von Trump, er möge diesen Begriff nicht besonders und spräche stattdessen lieber von einer »permanenten Regierung«. Deren Mitglieder, zu denen er selbst auch gehöre, seien nüchterne »Profis«: »Sie wählen, sie haben Ansichten, aber als Profis wissen sie, was zu tun ist.«[31] Dieser Einschätzung hätten sicher auch Waldemar Pabst, Allen Dulles oder Oliver North zugestimmt. Präsidenten kämen und gingen, die permanente Regierung aber bleibe, was auch gut so sei.

In einem früheren Interview hatte Hayden mit einigem Stolz geschildert, wie vorausschauend der Tiefenstaat schon zukünftige US-Präsidenten unter seine Fittiche nimmt. Dies geschehe bereits unmittelbar, nachdem ein Politiker sich in den Vorwahlen als aussichtsreicher Kandidat erweise. Am Ort der entscheidenden Vorwahlen habe man stets eigene Teams, die mit dem jeweiligen Kandidaten hinter den Kulissen Klartext sprechen würden:

»In diesem Moment beginnt die permanente Regierung – das sind Leute wie ich – damit, den Siegerkandidaten von unserer Sicht der Welt zu überzeugen, (...) ihm zu erklären, dass nationale Sicherheit aus dem Weißen Haus heraus anders aussieht als von einem Hotelzimmer in Iowa.«[32]

Beim eigensinnigen Milliardär Donald Trump hat das anscheinend nicht auf Anhieb geklappt. Doch Leute wie Hayden wissen, wie lang der Hebel ist, an dem sie sitzen. Gewählte Politiker, so der General in einer Einschätzung im Jahr 2015, seien zwar nötig, da sie für öffentliche Legitimität sorgten. Die permanente Regierung aber trage »Fachwissen und Erfahrung« bei. Außerdem beuge man mit dieser Struktur einer übermäßigen »Leichtsinnigkeit« der Politik vor.[33] Betreutes Regieren sozusagen.

Es ist selten, dass Vertreter des Tiefenstaats so offen sprechen. Offenbar fühlen sich Planer wie Hayden ihrer Sache und ihrer Position sehr sicher. Kein Wunder, verfügen sie doch nicht nur über den Rückhalt des Finanzsektors, sondern auch der Presse. Die US-Leitmedien von *New York Times* bis CNN und in Deutschland von ARD bis *Spiegel* applaudierten der »permanenten Regierung« jedenfalls euphorisch in ihrem Kampf gegen Trump, auch wenn der renommierte Investigativjournalist Glenn Greenwald schon früh warnte, dass solcher Jubel unüberlegt sei und man stattdessen die demokratischen Prozesse schützen müsse: »Niemand sollte es herbeisehnen, dass der Tiefenstaat die Kontrolle übernimmt.«[34]

Solche Mahnungen haben auch schon andere ausgesprochen. Oft zitiert ist die 1961 im Fernsehen ausgestrahlte Abschiedsrede von US-Präsident und Ex-General Dwight Eisenhower, in der er seine Landsleute vor der Macht des Tiefenstaats warnte. Bei ihm hieß dieser noch »militärisch-industrieller Komplex«. Nach vierzig Jahren bei der Armee und acht Jahren im Weißen Haus resümierte Eisenhower nachdenklich:

»In den Institutionen der Regierung müssen wir uns gegen den unberechtigten Einfluss des militärisch-industriellen Komplexes schützen. Das Potenzial für einen verheerenden Zuwachs fehlgeleiteter Macht existiert und wird bestehen bleiben. Wir dürfen es nie zulassen, dass das Gewicht dieser Verbindung unsere Freiheiten oder unsere demokratischen Prozesse gefährdet.«[35]

Eisenhowers Nachfolger Kennedy erlebte die Folgen dieser »fehlgeleiteten Macht« später am eigenen Leib, nachdem er sich von einem Elitezögling und Kalten Krieger zu einem entschiedenen Gegner einer atomaren Konfrontation mit Moskau gewandelt hatte und damit den Tiefenstaat herausforderte, der diese Eskalation vorantrieb und die Sowjetunion über kurz oder lang beseitigen wollte. Ein Kompromiss, ein friedlicher Ausgleich hätte den angestrebten vernichtenden Sieg über den Kommunismus vereitelt und unmöglich gemacht.

Ein Jahrzehnt später kam der chilenische Präsident Salvador Allende bei einer Rede vor der UNO-Vollversammlung ebenfalls auf das Thema zu sprechen. Er hatte es gewagt, in seinem Land eine sozialistische Politik einzuführen, hatte mit Zustimmung des Parlaments Schlüsselindustrien verstaatlicht, eine Bodenreform zugunsten von Kleinbauern und Kollektiven durchgesetzt und ein für alle Bürger kostenloses Gesundheitssystem eingeführt. Dafür bekämpften ihn die von den Enteignungen betroffenen Eliten im Verbund mit konservativen Politikern und Militärs mit allen Mitteln. Die westliche »Wertegemeinschaft« erklärte ihn zum Paria, zu einem Außenseiter, der grob die Regeln verletzt hatte. Vor der Weltöffentlichkeit beschrieb Allende am 4. Dezember 1972 in deutlichen Worten seinen Eindruck vom Tiefenstaat:

»Uns stehen Kräfte gegenüber, die im Schatten wirken, ohne eine Flagge, aber mit mächtigen Waffen an vielen einflussreichen Positionen. (...) Die großen kapitalistischen Firmen wollen mit ihrer Aggression die Emanzipation des Volkes blockieren. Es handelt sich um einen direkten Angriff auf die wirtschaftlichen Interessen der Arbeiter Chiles. (...) Internationale Konzerne nehmen Einfluss auf grundsätzliche politische, wirtschaftliche und militärische Entscheidungen. Diese Firmen sind globale Organisationen, die von keinem Staat abhängen und von keinem Parlament kontrolliert werden oder diesem Rechenschaft schulden. Mit einem Wort: Die gesamte politische Struktur der Welt wird untergraben. (...) Von dieser Gefahr sind nicht nur die unterentwickelten Länder bedroht, sondern auch die Industriestaaten.«[36]

Im bis auf den letzten Platz gefüllten großen Sitzungssaal des New Yorker UNO-Gebäudes brandete nach dieser Rede tosender Beifall auf, der minutenlang anhielt.[37] Hier hatte ein gewählter Politiker den Vertretern von Millionen Menschen in aller Welt aus der Seele gesprochen. Doch der Hoffnungsträger befand sich längst im Fadenkreuz. Nur ein Jahr später wurde Allende mit Unterstützung der CIA gestürzt. Ausschlaggebend dafür war auch die Lobbyarbeit des Milliardärs und Bankers David Rockefeller, der auf die US-Regierung persönlich einwirkte.[38] Henry Kissinger, damals Sicherheitsberater des US-Präsidenten und ein persönlicher Vertrauter der Rockefeller-Familie, hatte dem chilenischen Botschafter in Washington kurz vor dem Putsch 1973 Folgendes mitgeteilt:

»Lateinamerika ist eine Region, der kaum eine strategische Bedeutung zukommt. Chile hat keinerlei strategischen Wert. Wir können unser Kupfer aus Peru, Sambia, Kanada beziehen. Ihr habt nichts, was entscheidend sein könnte. Aber wenn dieses Projekt Sozialismus à la Allende sich durchsetzt, werden wir in Frankreich und Italien ernsthafte Probleme bekommen, wo Sozialisten und Kommunisten gespalten sind, sich aber an diesem Projekt ein Beispiel nehmen und sich zusammenschließen könnten. Und dies würde die Interessen der Vereinigten Staaten substantiell tangieren. Wir werden es nicht zulassen, dass es zum Erfolg geführt wird. Nehmen Sie dies zur Kenntnis.«[39]

Nach dem Putsch wurde Chile von einer der brutalsten und menschenverachtendsten Diktaturen des 20. Jahrhunderts in Besitz genommen. Das Regime von General Augusto Pinochet herrschte fast zwei Jahrzehnte lang. In dieser Zeit diente das Land radikalen Anhängern des Neoliberalismus als Versuchslabor für ihre bislang nur theoretischen Vorstellungen von extremer Deregulierung und Privatisierung, auch im Gesundheits- und Bildungssystem. Der Kündigungsschutz wurde abgeschafft, ebenso das Streikrecht, die Rente von der traditionellen Umlagefinanzierung auf ein kapitalgedecktes System umgestellt, was Milliarden in den Finanzsektor spülte und die Rentner von den Launen der Börse abhängig machte. Insgesamt gesehen kam es zu einer drastisch vertieften gesellschaftlichen Spaltung in Arm und Reich. Innenpolitischer Widerstand war in dieser Zeit nahezu unmöglich. Tausende politische Gegner wurden ermordet, Zehntausende gefoltert. Die Putschisten und ihre Unterstützer im Tiefenstaat machten nicht bloß Allendes Reformen rückgängig, sie statuierten ein Exempel an diesem Land.

Solche Entwicklungen zu fördern oder zumindest stillschweigend zu billigen wird gern als »Realpolitik« bezeichnet. Gemeint ist damit, die gegebenen Machtverhältnisse nicht infrage zu stellen und die »Grenzen des Machbaren« zu akzeptieren. Der Begriff ist positiv besetzt und wird mit »Vernunft« verknüpft. Doch was ist vernünftig daran, Menschen zu unterdrücken und ihre populärsten Anführer – Liebknecht, Luxemburg, Lumumba, Kennedy, King, Palme – zu töten?

Gefeierte Realpolitiker wie Allen Dulles, Henry Kissinger, Zbigniew Brzeziński oder Dick Cheney (um nur die Vertreter des amerikanischen Imperiums zu nennen, es gibt sie auch anderswo), haben keiner objektiven Vernunft gedient, sondern modernen Fürsten, die sie und ihre Vereine und Förderstätten von der CIA bis zum Council on Foreign Relations finanzierten. Diese milliardenschweren Finanziers sind selbst die Schöpfer jener Wirklichkeit, in der die vermeintlichen »Realpolitiker« wie in einer Blase gefangen bleiben, abgetrennt von den Empfindungen, Wünschen und Bedürfnissen der Bevölkerung, dabei oft mitleidlos wie Psychopathen. Der tiefe Riss zwischen den Wahrnehmungen entspricht der Trennung der Vermögen. Erst die Mauern um das Privateigentum der Fürsten machen eine offene Gesellschaft unmöglich.

Wer erklärt das dem berühmten Milliardär (und ehemaligen Philosophiestudenten) George Soros, der mit seinen »Open Society Foundations« (»Stiftungen für eine offene Gesellschaft«) weltweit politisch Einfluss nimmt? Soros wendet sich entschieden gegen eine autoritäre Herrschaft von Staatsführern, ohne die ganz ähnlich autoritäre Machtausübung von Unternehmern und Superreichen auch nur zu erwähnen. Diese Doppelmoral zieht sich wie ein roter Faden durch seine »Demokratieförderung«.[40] Der Finanzier versucht den unmöglichen Spagat, als Spekulant Milliarden zu verdienen und zugleich als Sozialreformer und moderner liberaler Philosoph die Welt zu retten. Das ist schizophren und menschlich gesehen fast tragisch. Politisch wirkt es verheerend, so wie eigentlich immer, wenn ein einzelner Mensch glaubt, durch seinen Reichtum klüger zu sein als andere, und aus seinem Geld und seiner »Weisheit« dann politische Ansprüche zur Führung der Gesellschaft ableitet. Im Stalinismus diente eine vermeintlich überlegene Ideologie als Rechtfertigung für die autoritäre Herrschaft Einzelner, heutzutage braucht es überhaupt keine Rechtfertigung mehr – es reicht der pure Vermögensbesitz. Eigentum ermächtigt.

12 Das Eigentum

Die Angst der Eliten, die diesem Buch seinen Titel gibt, und insbesondere ihre Furcht vor tatsächlicher Demokratie, vor einer freien Selbstbestimmung der Völker – dies ist im Wesentlichen die Angst vor dem Zusammenbruch einer Ordnung, die das Eigentum und die Privilegien ebenjener Oberschicht garantiert. Aus diesem Grund wurde 1973 Salvador Allende gestürzt, wurden 1919 Rosa Luxemburg und Karl Liebknecht erschossen, wurde schon viel früher, im Jahr 1525, eine große Revolution in Süddeutschland, Österreich und der Schweiz niedergeschlagen, in einem so blutigen Gemetzel, dass es die Bevölkerung für Jahrhunderte prägen und einschüchtern sollte.[1]

Stets ist der Ablauf derselbe, die Geschichte scheint beinahe stillzustehen: Die fortschreitende Konzentration von Reichtum lässt die Armut der breiten Masse solange anwachsen, bis eine Rebellion ausbricht, die dann von den Herrschern gewaltsam niedergeschlagen wird. Dieses Muster wiederholt sich immer und immer wieder, in einer Gewaltspirale, die fast jede Generation aufs Neue durchlebt. Metaphorisch könnte man von einer Art Fluch sprechen, der vom maßlosen Zusammenraffen ausgeht.

Umso erstaunlicher, dass eben dieses Raffen bis heute so gut wie überall völlig legal ist. Zwar gelten Habsucht und Gier in der Gesellschaft als anstößig, bleiben aber juristisch gesehen unangreifbar. Dem Eigentum sind keine Grenzen gesetzt, ganz im Gegenteil wird es durch die meisten modernen Verfassungen geschützt und garantiert, ohne jeden Unterschied zwischen

Kleinsparer und Milliardär. Schon die französische »Erklärung der Menschen- und Bürgerrechte« von 1789 verkündete in Artikel 17 pauschal:

»Da das Eigentum ein unverletzliches und geheiligtes Recht ist, kann es niemandem genommen werden, es sei denn, dass die gesetzlich festgestellte öffentliche Notwendigkeit dies eindeutig erfordert und vorher eine gerechte Entschädigung festgelegt wird.«

Auch die revolutionäre Frankfurter Reichsverfassung von 1849 betonte in Artikel 9: »Das Eigenthum ist unverletzlich«, ebenso die Weimarer Reichsverfassung von 1919 in Artikel 153: »Das Eigentum wird von der Verfassung gewährleistet.« Und genau so steht es auch im heutigen Grundgesetz in Artikel 14: »Das Eigentum und das Erbrecht werden gewährleistet.« Zwar haben die Autoren angefügt: »Eigentum verpflichtet. Sein Gebrauch soll zugleich dem Wohle der Allgemeinheit dienen.« Doch wird die Durchsetzung dieser Forderung von niemandem, der Einfluss hat, heute ernsthaft angemahnt.

Unmittelbar nach der Bundestagswahl 2017, während der ersten Sondierungsgespräche ihrer bald scheiternden Verhandlungen, vereinbarten CDU, CSU, FDP und Grüne eilig, »keine Substanzsteuern« einführen zu wollen, also insbesondere keine Vermögensteuer zu erheben.[2] Noch vor allem anderen wurde dies festgelegt.

Das Eigentum ist nach wie vor ein Heiligtum in der Politik. Auf seltsame Weise gilt es manchem als Grundlage einer freien Gesellschaft, wo doch seine schrankenlose Garantie tatsächlich die Freiheit der Vielen erheblich begrenzt. Konkret sichtbar wird diese Schrankenlosigkeit zum Beispiel an den regelmäßigen Zahlungen von Konzernen an ihre Aktionäre. Die sogenannten Dividenden sind der Anteil am Unternehmensgewinn, der direkt an die Eigentümer ausgeschüttet wird. In Deutschland sind das allein bei den dreißig führenden Konzernen jährlich gut 30 Milliarden Euro.[3] Diese Einnahmen sind leistungslos, die Empfänger arbeiten nicht dafür, allein ihr Besitz wird belohnt. Während beispielsweise ein Topmanager wie BMW-Chef Harald Krüger 2017 für seine Arbeit mit einem stolzen Jahresgehalt von rund acht Millionen Euro entlohnt wurde, erhielten die beiden BMW-Großaktionäre (und Geschwister) Susanne Klatten und Stefan Quandt im gleichen Zeitraum zusammen mehr als eine Milliarde (!) Euro überwiesen – als Dividende für ihren Aktienbesitz am Unternehmen.[4] 2016 gab es ebenfalls eine Milliarde Euro für die beiden. Und 2018 wird die Summe wohl ähnlich hoch sein. Das entspricht, großzügig umgerechnet auf eine Jahresarbeitszeit von 2 000 Stunden, einem Stundenlohn von 250 000 Euro für jedes der Geschwister. Nicht schlecht. Nur, wie gesagt – sie arbeiten ja gar nicht dafür. Und sie sind kein Einzelfall. Die Familien der (Cousins) Wolfgang Porsche und Ferdinand Piëch zum Beispiel erhalten als Porsche-Großaktionäre Jahr für Jahr gut 150 Millionen Euro vom Unternehmen gutgeschrieben,[5] ebenfalls ohne Arbeit, als reine »Eigentümer-Prämie«.

Wer nun aber solches Eigentum infrage stellt und die sich daraus ableitenden maßlosen Rechte auf Dividenden, Mieten, Pachten und Zinsen anzweifelt, der wird ganz schnell schief angesehen. Konservativen gilt ein solcher Skeptiker rasch als Fall für den Verfassungsschutz, Sozialdemokraten erklären ihn zum verwirrten Träumer und selbst vielen Linken erscheint eine solche Debatte jenseits des Vorstellbaren und Vernünftigen.

Zwar ist im Wahlprogramm der Linkspartei die Rede von der »Eigentumsfrage« als »Schicksalsfrage für die Zukunft der Demokratie«, sowie von einer beabsichtigten Überführung von »Großbanken in öffentliches Eigentum«, doch werden diese Punkte nicht näher ausgeführt.[6] Man hat eher den Eindruck einer von Großvätern übernommenen, traditionsreichen Parole, die den Anhängern ein wärmendes Gefühl vermitteln soll, als eines konkret durchdachten Plans.

Detaillierter wird die Partei bei ihren Überlegungen für eine Vermögensteuer, die oberhalb von 1 Million Euro gelten und bei einem Steuersatz von 5 Prozent jährlich 80 Milliarden Euro einbringen soll.[7] Das entspräche ziemlich genau der Summe, die bereits heute Arbeiter und Angestellte über die Lohnsteuer jährlich an den Staat abführen.[8] Die Vermögensteuer wird in Deutschland seit den 1990er Jahren nicht mehr erhoben, zuletzt lag der Steuersatz bei 1 Prozent. Eine Reaktivierung und entsprechende Anhebung der Abgabe wäre ein gravierender Einschnitt ins Vermögensgefüge des Landes. Doch auch dieser Plan wird von der Linkspartei offenbar mit wenig Nachdruck verfolgt und ist bloß ein Ziel unter vielen. Im Wahlprogramm findet sich der entsprechende Absatz unscheinbar auf Seite 37.

Wo eine Debatte über das Eigentum stattfindet, wirkt sie entrückt, wie Folklore, eine müde Erinnerung an verflossene Kämpfe. Anderswo ist man noch vorsichtiger. So hat die SPD die Wiedereinführung einer Vermögensteuer im Wahlkampf 2017 erneut abgelehnt und will allenfalls »Spielräume in einer Arbeitsgruppe prüfen«.[9] Nur kein Aufhebens machen, niemanden erschrecken, scheint die Devise zu lauten.

Gerade die SPD als traditionelle Vertretung der Arbeiter und Unterprivilegierten hat mit ihrer Haltung zum Privateigentum einen weiten Weg zurückgelegt. In ihrem Heidelberger Programm, dem Grundsatzprogramm der Partei von 1925 bis 1959, hieß es noch sehr klar:

»Das kapitalistische Monopolstreben führt zur Zusammenfassung von Industriezweigen, zur Verbindung aufeinanderfolgender Produktionsstufen und zur Organisierung der Wirtschaft in Kartelle und Trusts. Dieser Prozess vereinigt Industriekapital, Handelskapital und Bankkapital zum Finanzkapital. Einzelne Kapitalistengruppen werden so zu übermächtigen Beherrschern der Wirtschaft, die nicht nur die Lohnarbeiter, sondern die ganze Gesellschaft in ihre ökonomische Abhängigkeit bringen. Mit der Zunahme seines Einflusses benutzt das Finanzkapital die Staatsmacht zur Beherrschung auswärtiger Gebiete als Absatzmärkte, Rohstoffquellen und Stätten für Kapitalanlagen. Dieses imperialistische Machtbestreben bedroht die Gesellschaft ständig mit Konflikten und mit

Kriegsgefahr. (…) Das Ziel der Arbeiterklasse kann nur erreicht werden durch die Verwandlung des kapitalistischen Privateigentums an den Produktionsmitteln in gesellschaftliches Eigentum.«[10]

Autor dieser Zeilen war der damals siebzigjährige Philosoph Karl Kautsky. Kautsky gehörte zu den führenden Intellektuellen seiner Zeit. Er gab über viele Jahre die Zeitschrift *Die Neue Zeit* heraus, eines der einflussreichsten sozialistischen Blätter, war mit Friedrich Engels befreundet und 1917 einer der Gründer der USPD, die den Kriegskurs der Regierung bekämpfte (siehe Kapitel 5). Seine Frau Luise verband eine enge Freundschaft mit Rosa Luxemburg. In den ersten Jahren der Weimarer Republik hatte die SPD mehrere Regierungskoalitionen mit bürgerlichen Parteien gebildet und dabei viel an Profil und Rückhalt in der Bevölkerung eingebüßt. Von 1924 bis 1928 war sie nicht an Regierungen beteiligt und in dieser Zeit entstand das Heidelberger Programm, eine Rückbesinnung auf die Wurzeln der SPD. Kautsky erklärte darin detailliert, weshalb die SPD plante, das Privateigentum an Großbetrieben aufzuheben. Insbesondere ging es ihm um die Monopole, also um die marktbeherrschenden Konzerne:

»An diesen Monopolen hat durch das Mittel der Aktie immer mehr die ganze Kapitalistenklasse Anteil, aber sie werden immer mehr beherrscht von einigen wenigen Besitzern riesenhafter Vermögen. (…) Die Beherrscher der entscheidenden Großbanken und der entscheidenden Monopole schweißen industrielles und Bankenkapital immer mehr zu einer höheren Einheit zusammen, dem sogenannten Finanzkapital. Dank ihm wird das ganze ökonomische und politische Getriebe im Staate der Botmäßigkeit einiger weniger Finanzmagnaten unterworfen. (…) Ihre Herrschaft ist weniger beschränkt als die der noch übrigbleibenden Monarchen in Europa. (…) Diesen Monopolen gegenüber gibt es nur eine Alternative: Entweder die Gesellschaft fügt sich ihnen und lässt sich von ihnen unterjochen, oder sie bemächtigt sich ihrer. Das letztere wird eine dringende Forderung nicht bloß der von ihnen beschäftigten Arbeiter, sondern der ganzen Gesellschaft.«[11]

Im Kalten Krieg mit seiner scharfen Konfrontation zwischen der Sowjetunion und dem Westen milderte die SPD diese Positionen ab. Zwar war im nachfolgenden Godesberger Programm, das von 1959 bis 1989 galt, unter der Überschrift »Eigentum und Macht« immer noch davon die Rede, dass Konzernbesitzer »Herrschaftsmacht über Menschen« ausübten und über einen politischen Einfluss verfügten »der mit demokratischen Grundsätzen nicht vereinbar ist«.[12] Doch stand dort auch, versöhnlicher: »Das private Eigentum an Produktionsmitteln hat Anspruch auf Schutz und Förderung, soweit es nicht den Aufbau einer gerechten Sozialordnung hindert.«

Führende Politiker der heutigen SPD wie Martin Schulz, Olaf Scholz oder Frank-Walter Steinmeier würden beim Blick in die alten Parteiprogramme wohl milde lächeln oder wären peinlich berührt. Begriffe wie »Herrschaftsmacht« oder »Kapitalistenklasse« gelten als überholt und kennzeichnen den, der sie verwendet, als Außenseiter, Radikalen oder »Verschwörungstheoretiker«. Heute formuliert man ausgewogener, diplomatischer und verfolgt »vernünftigere« Ziele. Soziale Gerechtigkeit möchte man zwar weiterhin schon – aber doch bitte keinen großen Streit auf dem Weg dahin, vor allem nicht mit mächtigen Sponsoren oder potenziellen Koalitionspartnern. So schielt die SPD auf die CDU und die Linke wiederum auf die SPD. Man ist bescheiden, pragmatisch, »realistisch«. Und wenn der dritte oder vierte eigene Gesetzentwurf zur Sache im Bundestag abgelehnt wird, bleibt man ruhig, formuliert geduldig einen fünften – und unterschreibt derweil eine Petition im Internet für mehr Solidarität. Der Psychologieprofessor Rainer Mausfeld, der intensiv zu Machteliten und Demokratie geforscht hat, meint:

»Zivilisatorische Errungenschaften sind immer nur in oft langen und mühsamen sozialen Kämpfen errungen worden. Das ist ein schwieriger Punkt für uns, denn wir mögen eigentlich Kämpfe nicht, denn Kämpfe suggerieren Gefahr und Unsicherheit. Was wir aber eigentlich suchen, ist Harmonie und Sicherheit. Daher versuchen wir, Konflikte mit anderen in der Regel durch Austausch, Dialog, Verständigung zu lösen. (...) Soziale Errungenschaften wurden den Mächtigen aber immer abgetrotzt und nicht etwa in einem empathischen Dialog errungen. (...) Hoffnung besteht also stets auf der Voraussetzung, dass auch wir bereit sind, für gegenwärtige und zukünftige Generationen diese sozialen Kämpfe zu führen.«[13]

Den Kampf um das Eigentum und dessen Begrenzung auf Dimensionen, die zwar Luxus und Großzügigkeit erlauben, nicht aber maßlose politische Macht, haben viele längst aufgegeben. Schon die simple Wissensvermittlung und Forschung zum Thema gestaltet sich schwierig, wie etwa der Jurist Helmut Rittstieg (1939–2002) am eigenen Leib erfuhr. Seine 1973 eingereichte Habilitationsschrift »Eigentum als Verfassungsproblem« wurde von der Universität Hamburg damals abgelehnt, da den dortigen Entscheidungsträgern das Werk zu systemkritisch war.[14] Zehn Jahre später, inzwischen doch noch Professor geworden, gehörte Rittstieg zu den Autoren eines alternativen juristischen Kommentars zum Grundgesetz, wobei er insbesondere dessen Artikel 14 (Eigentum) und 15 (Vergesellschaftung) neu auslegte und dabei anmerkte, dass »drei Prozent der reichsten Haushalte vierzig Prozent des privaten Nettogesamtvermögens innehaben«[15]. Der *Spiegel* kommentierte damals, 1984, wohlwollend:

»Der Leser, der so präzise über die tatsächlichen ›Ungleichheiten in der Vermögensverteilung‹ informiert wird, erfährt damit zugleich, wie klein die Gruppe derer ist, die von den Eigentumsgarantien der Verfassung am meisten profitiert – und er begreift auch, dass Eigentumsbeschränkungen legitim sein können.«[16]

Von einer solchen Einschätzung ist die öffentliche Debatte heute, insbesondere in den großen Parteien, meilenweit entfernt. Wer als Jurist etwas werden will – und viele werden Politiker[17] –, der macht um solche Diskussionen einen großen Bogen und pflegt stattdessen lieber das kindlich-naive Bild einer »freiheitlich-demokratischen Grundordnung«. Doch Freiheit und politische Mitbestimmung werden in Deutschland und vielen anderen Ländern eben nur für Besitzende umfassend garantiert – die viel beschworene und hochgelobte Grundordnung ist eigentlich eine Geld- und Eigentumsordnung.

Auf der Suche nach den historischen Wurzeln dieser Zustände könnte man bis zum antiken Rom oder Griechenland zurückgehen, doch naheliegender erscheint ein Blick nach England. Im 17. Jahrhundert legte die englische Revolution den Grundstein für die großen Umwälzungen in den USA und Frankreich hundert Jahre später sowie für den Aufstieg Englands zum führenden Weltreich. Die Entwicklung des Westens hin zu Aufklärung und Parlamentarismus, aber auch zu Globalisierung und Machtkonzentration wurde maßgeblich begleitet von Ideen englischer Denker des 17. Jahrhunderts wie John Locke. Seine Anschauungen beeinflussten die Autoren der amerikanischen Unabhängigkeitserklärung sowie das gesamte Verfassungsdenken in den USA stark. Von dort ausgehend formten sie auch die modernen europäischen Verfassungen mit und prägen so bis heute viele politische Vorstellungen, gerade auch zum Eigentum.[18]

Locke zufolge sind alle Menschen von Natur aus frei und gleich. Eine Regierung sei daher nur dann rechtmäßig, wenn die Beherrschten mit ihr einverstanden sind. Das private Eigentum entstehe aus der Hände Arbeit eines jeden, und der Staat habe den hauptsächlichen Zweck, dieses Eigentum zu garantieren.[19] Solche Gedanken bilden bis heute die politische Grundüberzeugung vieler Liberaler, ob nun in England, den USA, Deutschland oder anderswo: Privateigentum ist gut und rechtmäßig, der Staat soll es sichern und ansonsten für die Freiheit der Bürger gegenüber der Obrigkeit sorgen. In diesem Geist wächst der globale Kapitalismus seit über 300 Jahren und kleidet sich dabei in den ehrwürdigen Mantel von Freiheit, Aufklärung und Fortschritt.

Doch die Freiheitsrhetorik enthält Brüche und Widersprüche. Zwar war es im England des 17. Jahrhunderts durchaus revolutionär, alle Menschen für »gleich« zu erklären, doch sah die Realität, wie auch Locke sie akzeptierte, ganz anders aus: Es herrschte extremste Ungleichheit. Ein Parlament existierte, doch wählen durften nur Grundbesitzer, die Pachteinnahmen in einer bestimmten Höhe nachweisen konnten. Somit blieben etwa 90 Prozent der Bevölkerung von Wahlen ausgeschlossen.[20] Das Parlament selbst bestand fast ausschließlich aus den reichsten Grundbesitzern des Landes, die in einem fortwährenden Machtkampf mit dem König standen. Die von Locke verkündete »Gleichheit« meinte zu seiner Zeit eigentlich eine Gleichheit innerhalb der besitzenden Klasse, die vom König Respekt, besonders vor ihrem Eigentum, erwartete. Kein Vermögender sollte willkürlich eingesperrt oder enteignet werden können. Die Freiheit und die Rechte der unteren 90 Prozent – die den Wohlstand erarbeitet hatten – interessierte diese Klasse wenig. Ansätze von Demokratie und das Parlament waren den Besitzenden vorbehalten. Freiheit bedeutete »Freiheit der Eigentümer«.

Locke selbst stammte aus wohlhabenden Verhältnissen und sprach für seine Klasse. Sein langjähriger Gönner war ein politisch einflussreicher englischer Graf.[21] Locke fasste seine Ansprüche zwar weiter und moderner als viele Zeitgenossen; so hieß es bei ihm, eine Regierung dürfe in ihren Gesetzen »nur *ein* Maß anlegen für Reich und Arm, für den Günstling bei Hof wie für den Landmann am Pflug«.[22] Doch wenn Arme schon von den Parlamentswahlen ausgeschlossen waren – was Locke so wenig kritisierte wie irgendjemand sonst in dieser Zeit –, dann trug dieser Ruf nach Gleichheit und Gerechtigkeit nicht sonderlich weit.

Entscheidend blieben das Eigentum und die Verfügungsgewalt darüber. In seinen Betrachtungen dazu führt Locke zunächst aus, wie privates Eigentum durch persönliche Arbeit entsteht (ein Mensch sammelt Beeren im Wald, fängt Fische im Meer etc.) und dass dadurch noch keine Konflikte entstünden, da auf der Erde zunächst für alle genug vorhanden wäre:

»Das Maß des Eigentums hat die Natur sehr wohl mit den Grenzen, die der menschlichen Arbeit gesetzt sind, und mit den Annehmlichkeiten des Lebens festgesetzt. Niemand vermochte sich mit seiner Arbeit alles zu unterwerfen oder anzueignen oder zu seinem Genuss mehr als einen kleinen Teil zu verbrauchen. Es war also niemandem möglich, auf diesem Wege in die Rechte eines anderen einzugreifen oder sich irgendwelches Eigentum zum Schaden seines Nächsten zu erwerben.«[23]

Dann aber kommt er, unauffällig und wie nebenbei, auf das Geld zu sprechen, das ja, anders als verderbliche Waren wie Beeren oder Fische, viel umfassender und ohne jedes natürliche Maß angehäuft werden kann. Lockes beschaulich-freundliches Weltbild droht dadurch ins Wanken zu geraten, was er mit dem Argument zu kaschieren versucht, »die Menschen« (im Original: »die Männer«) hätten dem Gebrauch von Geld schließlich selbst zugestimmt:

»Das aber wage ich kühn zu behaupten: dass ebendiese Eigentumsregel, dass nämlich ein jeder so viel haben sollte, wie er nutzen kann, auch jetzt noch gelten würde, und zwar ohne dass jemand Not leiden müsste (denn es gibt genug Land auf der Welt, genügend sogar für die doppelte Zahl von Bewohnern), wenn nicht die Erfindung des Geldes und das stillschweigende Übereinkommen der Menschen, ihm einen Wert zuzumessen, (mit ihrer Zustimmung) die Bildung größerer Besitztümer und das Recht darauf mit sich gebracht hätte.«[24]

Mit seiner Konstruktion eines »stillschweigenden Übereinkommens der Menschen« verleiht Locke dem Gebrauch von Geld und dessen grenzenloser Anhäufung eine höhere Weihe und Berechtigung. Die tatsächlichen Machtverhältnisse blendet er vornehm aus und erweckt den Anschein, als hätte die Mehrzahl der Menschen jemals in der Geschichte die Möglichkeit gehabt, den Gebrauch von Geld zu verweigern – wo doch zu allen Zeiten Steuern verpflichtend zu leisten waren, nicht zufällig meist mit dem Geld der Herrscher. Dieses Geld aber, das die jeweils Mächtigen – früher Könige, später private Banken – stets kraft ihrer Machtposition aus dem Nichts erzeugen können, und dadurch alle anderen, die es benutzen (müssen), für sich arbeiten lassen, dieses Geld ist in Lockes treuherzig-naiver Sicht einfach nur ein praktisches Tausch- und Wertaufbewahrungsmittel, das zum Nutzen aller erfunden wurde und das nun jedermann in beliebiger Menge anhäufen könne, ohne dadurch irgendwem zu schaden.[25] Macht spielt in dieser Sichtweise so gut wie keine Rolle. Alle Menschen existieren mehr oder weniger auf Augenhöhe miteinander und treiben gleichberechtigt Handel, so legt Locke es jedenfalls nahe.

Diese einfältige Überzeugung diente über Jahrhunderte hinweg als ideologische Grundlage des kapitalistischen Wirtschaftssystems. Sie findet sich bis heute in den Programmen vieler Parteien. Immer wird so getan, als sei globale (Geld-)Wirtschaft eine im Grunde faire Angelegenheit und als sei das Eigentum eines Milliardärs genau so legitim und schützenswert wie das eines Imbissbudenbesitzers, als wären beide kollegial miteinander verbunden und hätten in ihrer Rolle als Besitzer gemeinsame Interessen. So heißt es im aktuellen Grundsatzprogramm der FDP pauschal:

»Eigentum ist ein Schlüssel zur Freiheit. (...) Für uns Liberale ist der Erwerb von Eigentum eine Möglichkeit, Mitverantwortung für die Welt zu übernehmen. Deshalb wollen wir eine Gesellschaft von Eigentümern, und deshalb wird Eigentum durch unsere Verfassung geschützt.«[26]

Ähnlich grob formuliert die AfD in ihrem Grundsatzprogramm, dass »nur ein schlanker Staat ein guter Staat« sein könne und lobt ohne Einschränkung »die Freiheit, sich zu entfalten und privates Eigentum an Gütern und Produktionsmitteln erwerben zu können«. Staatliche Eingriffe seien »auf das notwendige Minimum zu begrenzen« und müssten »für in- und ausländische Investoren kalkulierbar sein«.[27]

Solche Losungen, ob nun bei AfD, FDP oder anderswo, sind, bewusst oder unbewusst, von John Locke inspirierte Glaubenssätze für Besitzende. Freiheit ist aus dieser Warte betrachtet immer zuerst die Möglichkeit, über privates Eigentum unbeschränkt zu verfügen. Damals, im 17. Jahrhundert, war der Gegenspieler ein mächtiger König als höhere Autorität. Heute aber gibt es keinen König mehr, und die grenzenlose Eigentümerfreiheit ist ihrerseits zu einem neuen Absolutismus geworden, einer Herrschaft ohne Grenzen.

Das Wort Absolutismus kommt vom lateinischen »*legibus solutus*«, was »von Gesetzen losgelöst« bedeutet und einen Herrscher bezeichnet, der über dem Recht steht und schaltet und waltet, wie es ihm gefällt. Eben das ermöglicht heute die freie Verfügungsgewalt über unbeschränktes Vermögen, wie Rockefeller, Soros und all die übrigen Milliardäre, aber auch die großen, »systemrelevanten« Banken es eindrucksvoll beweisen. Sie stehen über dem Gesetz, können nicht pleite gehen, werden stets gerettet, bevorzugt,[28] fast nie verurteilt[29] – ganz so wie früher die Könige.

John Lockes Gedanken haben einen weltweiten Siegeszug angetreten und ihren Gegner, den damaligen englischen König, weit überlebt. Lockes Sichtweise war dabei auch in anderer Hinsicht prägend. So leitete er aus seinen Überlegungen eine Rechtmäßigkeit der extrem ungleichen Vermögensverhältnisse seiner Zeit ab – die Menschen hätten das selbst so gewählt:

»Da jedoch Gold und Silber im Verhältnis zu Speise, Kleidung und Transportmitteln für das Leben des Menschen von geringem Nutzen sind und ihren Wert allein aufgrund menschlichen Übereinkommens erhalten – wenn auch zum großen Teil die Arbeit den Maßstab setzt –, liegt es klar auf der Hand, dass sich die Menschen mit unproportionalem und ungleichem Grundbesitz einverstanden erklärt haben. Denn mit ihrer stillschweigenden und freiwilligen Zustimmung haben sie einen Weg gefunden, wie der Mensch auf billige Weise mehr Land besitzen kann, als er selbst zu nutzen vermag, wenn er nämlich als Gegenwert für den Überschuss an Produkten Gold und Silber erhält – Metalle, die man horten kann, ohne jemanden zu schädigen, weil sie in der Hand des Besitzers weder verderben noch zerfallen. Diese Verteilung der Dinge zu ungleichem Privatbesitz haben die Menschen – außerhalb der Grenzen der Gesellschaft und nicht durch Vertrag – allein dadurch ermöglicht, dass sie Gold und Silber Wert beimaßen und stillschweigend in den Gebrauch des Geldes einwilligten.«[30]

Der rhetorische Kunstgriff, extreme Ungleichheit und Ungerechtigkeit durch »stillschweigende Einwilligung« und »freiwillige Zustimmung« zur Nutzung von Geld zu rechtfertigen, hallt bis heute nach – auch, wenn es eine kühne, wenn nicht dreiste Behauptung ist, alle Menschen hätten die herrschenden Zustände letztlich selbst frei bestimmt und daher nun auch zu akzeptieren. Gerade diese Rhetorik Lockes[31], sowie seine Unkenntnis der Funktion des Geldsystems und sein Desinteresse am Schicksal der unteren 90 Prozent prädestinierten ihn allerdings zur Galionsfigur einer Kultur der »freien« Bereicherung. Dass Kapitalismus bis heute in die Nähe von Freiheit gerückt wird, ist dieser Denkweise geschuldet.

Lockes Unkenntnis der Funktion und der Entstehung des Geldes ist bis heute weit verbreitet, auch unter Fachleuten und Politikern. Eine Umfrage unter hundert britischen Parlamentsabgeordneten ergab 2014, dass 71 Prozent von ihnen fälschlich davon ausgingen, allein die Regierung würde Geld erzeugen. Unter den Abgeordneten der Labour-Partei – den britischen Sozialdemokraten – wussten nur 7 Prozent, dass Geld entsteht, wenn Banken Kredite vergeben.[32] Eine entsprechende Umfrage unter deutschen Politikern ist nicht bekannt, allerdings zeigte sich mir persönlich bei meinen Recherchen unter Mitgliedern des Finanzausschusses im Deutschen Bundestag 2016 ein ähnliches Bild.[33]

Wer versteht, dass Geld seinem Wesen nach aus dem Nichts geschaffen wird, der begreift allerdings auch, dass Freiheit in einem Geldsystem immer zunächst die Freiheit desjenigen ist, der Geld erzeugen darf. Das heute dominierende Giralgeld, sprich: das Geld auf den Girokonten, das Banken immer dann neu schaffen, wenn sie einen Kredit vergeben, ist letztlich nur ein Anspruch auf

Bargeld, also ein Anspruch auf das eigentliche – und das einzige – gesetzliche Zahlungsmittel.[34] Geldschöpfung, also das Erzeugen von Geld auf dem Girokonto, bedeutet, dass Banken »Gutscheine« ausstellen auf etwas, das sie selbst nicht geschaffen haben. Der Autor Horst Seiffert erklärt es in einem einfachen Vergleich:

»Ich habe kein Geld und Du hast kein Geld. Ich spiele jetzt Bank und leihe Dir Gutscheine auf Geld. Du nimmst die Gutscheine und verwendest sie wie Geld. Die anderen tun das auch so mit ihren Gutscheinen von anderen Banken. So zirkulieren Gutscheine anstelle von Geld in der Publikumsebene. Ich als Bank und die anderen Banken hatten vorher kein Geld, und wenn die Gutscheine von Dir und den anderen an die Banken zurückgegeben werden (Kreditrückzahlung), habe ich und die anderen Banken immer noch kein Geld. Das Vermögen von mir als Bank und der anderen Banken ist immer dasselbe geblieben. Der Trick ist, Du und die anderen haben sich daran gewöhnt, die Gutscheine als Geld anzusehen. Daraus ziehen ich und die anderen Banken jetzt einen entscheidenden Vorteil. Wir verleihen nicht nur Gutscheine an Euch, sondern wir bezahlen mit Gutscheinen die von Euch an uns gelieferten Waren und Dienstleistungen. Wir brauchen kein Geld, da Ihr die von uns angeschriebenen Beträge als Geld akzeptiert.«[35]

Banken eignen sich die Arbeitsleistungen und das Eigentum anderer Menschen an, in dem sie mit selbst erzeugtem Geld bezahlen. Dieser »Trick« ist ebenso einfach wie effektiv. Er funktioniert, weil das Bezahlen mit »Gutscheinen«, also mit Giralgeld, im Alltag von jedem akzeptiert wird, weil Giralgeld nur zu einem geringen Teil in Bargeld umgetauscht wird, und weil das Giralgeld über Konten bei ebenjenen Banken bewegt wird, die es auch erzeugen. Die privaten Geldschöpfer steuern damit nicht nur die Kreditvergabe, sondern sie kontrollieren auch die Buchhaltung des gesamten Systems. Penible Geister könnten private Geldschöpfung einen Betrug nennen – und tatsächlich lässt sich die Schlussfolgerung nicht vermeiden, dass genau das seit Hunderten von Jahren das Wesen des Geldsystems und der Kern des Kapitalismus ist.[36]

Geldschöpfung ist dabei keine Erfindung der Banken, sondern ein Grundprinzip von Geld an sich. Ehemals, bevor es Banken und Zentralbanken gab, wurde das Geld vom jeweiligen Herrscher ausgegeben. Der König prägte Münzen und bezahlte damit seine Untergebenen. Diese Münzen hatte der Herrscher nicht gekauft oder ertauscht, sondern selbst geschaffen, in Prägeanstalten, die ihm gehörten, oft aus Metall, das in eigenen Bergwerken gewonnen wurde oder das er geraubt hatte. Die Macht desjenigen, der das Geld in seinem Land verteilte, garantierte dafür, dass jeder Mensch es im täglichen Geschäftsverkehr annahm. Mit dem selbst geprägten Geld bezahlte der Herrscher seine Soldaten, die ihm die Macht sicherten, und finanzierte den Bau seiner Schlösser und Paläste. Der Herrscher ließ also andere ohne Gegenleistung für sich arbeiten. Darüber hinaus trieb er Steuern beim Volk ein, die wiederum mit den von ihm geschaffenen Münzen entrichtet werden mussten. Durch diesen Zwang entstand eine Nachfrage nach seinem Geld.

Private Geldschöpfung führt ihrem Prinzip nach immer zu einer Art Tributzahlung aller Untergebenen an den Geldschöpfer. Diesen Umverteilungskreislauf kann noch heute jeder in Gang setzen, der die Macht in einem Währungsraum hat oder der mit den Mächtigen dort verbündet ist. Darin liegt das Wesen des Geldes. Demokratie ist daher nur möglich, solange die Geldschöpfung einer demokratisch kontrollierten Instanz in öffentlichem Eigentum vorbehalten ist. Wenn privaten Banken hingegen erlaubt wird, Geld zu erzeugen (wie es heute fast überall auf der Welt der Fall ist), dann wächst ihnen damit so viel Macht zu, dass der Einfluss gewählter Regierungen und Parlamente daneben verblasst. Genau darum geht es bei der aktuell in vielen Ländern geführten Debatte rund um eine sogenannte »Vollgeldreform«, also eine Übertragung der Geldschöpfung in öffentliche Hand.[37] Gestritten wird hier nicht bloß um technische Feinheiten oder kleine Verbesserungen, sondern um die grundlegende Ermöglichung von Demokratie.[38]

Noch zu Lockes Lebzeiten, nur fünf Jahre nach Erscheinen seines hier zitierten Werkes, wurde 1694 die Bank of England gegründet, die bis heute existiert und deren Geschäftsmodell das moderne Geldsystem entscheidend geprägt hat. Dieses Modell besteht ganz einfach darin, dass der Staat für eine private Bank bürgt, ihr erlaubt, Geld zu erzeugen und im Gegenzug von dieser Bank Kredite erhält. Ganz ähnlich funktioniert heute zum Beispiel die US-Zentralbank. Das Modell ist Ausdruck einer Symbiose, einer dauerhaften Partnerschaft der Regierung mit den reichsten Menschen des Landes.

Nun könnte man fragen, weshalb eine Regierung das hoheitliche Recht der Geldschöpfung in fremde Hände legt, sich von Privatleuten abhängig macht und sich das Geld nicht einfach selbst herstellt, so wie es mächtige Herrscher wie Kaiser Kublai Khan im China des 13. Jahrhundert erfolgreich taten.[39] Die Antwort liegt im Machtgefüge des jeweiligen Landes. Wo sich ein König oder eine Regierung die Macht mit einer Gruppe sehr reicher Bürger teilt, da fehlen dieser Regierung oft die Unabhängigkeit, die Stärke und die Autorität, selbstständig Geld zu schaffen.

Möglich wurde eine souveräne Geldschöpfung – unter Ausschluss privater Banken – in der Geschichte bloß in Revolutionen, wenn ein Volk sich in einem Akt des Ungehorsams zu eigener Geldausgabe ermächtigte,[40] oder in Kriegs- und Notzeiten, wenn die Regierung und die Reichen gemeinsame Ziele verfolgten.[41] Das Vermögen, Geld zu erzeugen, bedeutet grundlegende Macht. Die tieferliegende Wurzel dieser Macht ist die Verfügungsgewalt über das Eigentum. Darauf weist seit den Zeiten des Römischen Reiches schon die Sprache selbst hin: Das lateinische Wort *dominium* bedeutet sowohl Eigentum als auch Herrschaft.

In Lockes Schrift steht von solchen Zusammenhängen ebenso wenig wie in den aktuellen Parteiprogrammen von CDU, SPD, FDP, AfD oder auch im Grundgesetz. All diese Texte sind schön formulierte Zielvorstellungen, die um den Kern, den heißen Brei, gründlich herum reden. Dass ein klarerer Blick auf die Verhältnisse, wie im zitierten Heidelberger Programm der SPD von 1925,

Das Eigentum

nun schon fast einhundert Jahre zurückliegt, zeigt vor allem, wie sehr der Kalte Krieg und die Frontstellung gegenüber dem Kommunismus dazu beitrug, über Jahrzehnte hinweg der großen gesellschaftlichen Debatte über Armut, Reichtum und Gerechtigkeit die Schärfe und Prägnanz zu nehmen. Wer damals Eigentumsbeschränkungen forderte, der stand schnell im Verdacht, dem »Feind«, also Moskau, zuzuarbeiten, wurde ausgegrenzt oder, wie die Kommunistische Partei in Westdeutschland, gleich ganz verboten. Diese Konstellation war für die Eliten nahezu ideal.

Nach dem Mauerfall 1989 und dem stillen Verlöschen des kommunistischen Gegners wurde die vermeintliche Freiheit des Westens konkurrenzlos, und mancher wähnte sich euphorisch am »Ende der Geschichte«[42]. Es dauerte bis heute, zehn Jahre nach einer ungelösten globalen Finanzkrise, dass ein kritischer Bewusstseinszustand, der in den 1920er Jahren schon einmal erlangt war, langsam und bruchstückhaft wieder neu in die Köpfe findet.

Doch der nächste Feind, die nächste Ablenkung ist schon ausgemacht. Der aktuelle Konflikt, der mit großem Eifer und Mediengetöse propagiert wird, dreht sich seit dem 11. September 2001 um den »islamistischen«[43] Terrorismus und, seit der Flüchtlingskrise 2015, um die Zuwanderung aus arabischen Ländern und eine befürchtete »Islamisierung« des Westens. Diese beiden Themen, die Terrorangst und die Furcht vor zu vielen Flüchtenden, ergänzen sich und verschärfen sich gegenseitig. Wie schon der Kalte Krieg, so eignet sich auch diese Konfrontation mit all ihren Ängsten und Emotionen hervorragend, Menschen auf allen Seiten zu manipulieren und abzulenken.

Der Kalte Krieg währte vierzig Jahre. Die heutige Terrorangst und der Streit um die Zuwanderung haben ebenfalls das Potenzial, die Gesellschaft über Jahrzehnte zu beschäftigen, sie in neue, politisch lenkbare, »nützliche« Fronten zu treiben und eine Diskussion über Gleichheit und Gerechtigkeit für lange Zeit zu verdecken und lahmzulegen. Dies könnte gelingen, solange viele Linke (und auch viele Konservative) nicht verstehen, dass ihnen genau in dieser Frontstellung zwischen AfD, Thilo Sarrazin, Björn Höcke einerseits sowie Multikulti und »Refugees Welcome« andererseits ein fester Platz zugedacht ist – auf dass sich Linke und Konservative über die Themen Leitkultur, Identität, Islam und Flüchtende hoffnungslos zerstreiten und keinesfalls eine große gemeinsame Debatte über Geld und Eigentum zustande kommt.

Das lateinische Motto *divide et impera* – »teile und herrsche« – bleibt weiter aktuell. Wem es gelingt, Menschen, Völker, Kulturen oder auch Anhänger von Parteien gegeneinander aufzuhetzen, so dass sie ihre grundlegenden gemeinsamen Interessen vergessen, der kann sie mühelos alle miteinander beherrschen.

13 Vorsicht, Querfront!

Wo immer eine große parteiübergreifende Debatte zu Krieg, Kapitalismus und Gerechtigkeit doch einmal in Gang kommt, da lauert der Querfront-Vorwurf, also die Beschuldigung, Linke würden mit Rechten paktieren und damit rechtes Gedankengut salonfähig machen. Immer wieder wird in linken Kreisen nahegelegt, eine kritische Beschäftigung mit dem Geldsystem oder mit Machteliten sei »strukturell rechts« oder bediene gar »antisemitische Denkmuster«.[1]

Befeuert wurde der Querfront-Vorwurf unter anderem durch eine 2015 veröffentlichte Studie mit dem Titel »›Querfront‹ – Karriere eines politisch-publizistischen Netzwerks«.[2] Gezeichnet wurde darin das Bild einer eng verknüpften Partnerschaft verschiedener Alternativmedien, die zunehmend die Deutungshoheit des Medienmainstreams bedrohen würden. Grundthese: Linksaußen und Rechtsaußen finden zusammen in ihrer Ablehnung der etablierten Politik – und das mit wachsendem Erfolg. Herausgegeben hatte das Papier die renommierte Otto-Brenner-Stiftung, die zur Gewerkschaft IG Metall gehört, Autor war Wolfgang Storz, ehemaliger Chefredakteur der Tageszeitung »*Frankfurter Rundschau*. Aufgrund dieses seriösen Absenders fand die Studie ein breites Echo in den Medien. Im Vorwort betonte Stiftungschef Jupp Legrand, die untersuchten Akteure würden Positionen vertreten, »die einfach gestrickt sind, populistische Züge tragen und klare Fronten markieren: Volk gegen Eliten, Wahrheit gegen Lügenpresse, pro Nation und contra EU, gegen die USA und für Putin«.[3] Mit anderen Worten: Das Querfront-Netzwerk polarisiere, hetze auf und sei daher gefährlich.

Den Fokus legte das Gewerkschaftspapier auf vier besonders prominente Akteure: Ken Jebsen mit seinem Internetkanal KenFM, Jürgen Elsässer mit seiner Zeitschrift *Compact*, den Kopp-Verlag, bekannt unter anderem für die Bestseller von Udo Ulfkotte und Gerhard Wisnewski, sowie die sogenannten »Montagsmahnwachen«, eine lose Organisation wöchentlicher deutschlandweiter Friedensdemonstrationen, die im Zuge der Ukrainekrise entstand und die vor allem 2014 und 2015 aktiv war. Während Elsässer und Kopp-Verlag allgemein eher dem rechten Lager zugeordnet werden, vertreten Jebsen und die Montagsmahnwachen klar linke Thesen. Worin also besteht nun die Zusammenarbeit, das Netzwerk, die »Front«? Wird hier wirklich koordiniert und planvoll zusammengearbeitet? Autor Storz schien sich an dieser Stelle selbst nicht sicher zu sein:

»Die Akteure handeln für sich, sind jedoch auch als ein publizistisch-politisches Netzwerk anzusehen. (...) Der Begriff (...) unterstellt hier freiwillige, lockere, aber stabile Kontakte, eine wiederkehrende punktuelle Zusammenarbeit von privaten Akteuren, die selbstständig und voneinander unabhängig sind. (...) Es gibt kein Zentrum, das steuert, keine gemeinsame Organisationsform; es kann jedoch Verabredungen über Inhalte und Ziele geben. Angenommen wird, dass zwischen den Akteuren so viel Vertrauen und gemeinsame Interessen bestehen, dass zum gegenseitigen Vorteil und nie zum Nachteil gearbeitet wird und aufgrund der Beziehungen eine gewisse wechselseitige Beeinflussung in Haltung und Handeln gegeben ist.«[4]

Das klang vage und ein wenig bemüht. Polemisch, aber sachlich durchaus zutreffend, könnte man den Querfront-Vorwurf auch als Verschwörungstheorie bezeichnen. Problematisch wird die Theorie vor allem deshalb, weil dem Autor der Studie bekannt war, dass die beiden prominentesten Akteure, Elsässer[5] und Jebsen, bereits im Frühjahr 2014 miteinander gebrochen hatten.[6] Jebsen distanzierte sich damals gemeinsam mit anderen Personen öffentlich von Elsässer, der »in seiner Publikation immer wieder mit schlimmen Ausfällen gegen konkrete Personen und Personengruppen« in Erscheinung träte, »die Raum neben seinen geopolitischen Analysen finden«. Elsässers Auftritt auf den Friedenskundgebungen der Montagsmahnwachen sei nicht glaubwürdig und unerwünscht, da in seinem *Compact*-Magazin »auf sehr unversöhnliche Weise gesellschaftliche Feindbilder konstruiert und reproduziert« würden, so Jebsen im Mai 2014, mehr als ein Jahr vor Erscheinen der Studie.[7]

Elsässer und Jebsen dennoch als partnerschaftliche Teile eines gemeinsamen Netzwerkes zu bezeichnen, war schlicht falsch, umso mehr, wenn man die Äußerungen der beiden – die seither keinerlei Kontakt mehr unterhielten – zur Kenntnis nahm. Doch den Herausgebern der Studie war der Nachweis einer konkreten Zusammenarbeit der porträtierten Akteure offenbar gar nicht so wichtig. Entscheidender und hinreichend für den Querfront-Vorwurf erschien ihnen schon die simple Gemeinsamkeit der Systemkritik von Jebsen, *Compact*-Magazin, Kopp-Verlag und Montagsmahnwachen:

»Die hier porträtierten Akteure verbindet die grundsätzliche Kritik an den hiesigen Verhältnissen. Es fällt auf, dass positive Anmerkungen über die heutigen Verhältnisse in Deutschland oder in der EU, positive Bekenntnisse zur demokratisch-repräsentativen Gesellschaftsordnung und den ihr zugrunde liegenden Werten fehlen. Diese inhaltliche Ausrichtung lässt eine grundsätzliche Gegnerschaft der Akteure zur bestehenden Gesellschaftsordnung vermuten.«[8]

Die sich an diesen Gedanken logisch anschließende Frage wird in der Studie nicht diskutiert: Was *ist* denn eigentlich die bestehende Gesellschaftsordnung? Was macht sie aus? Handelt es sich um eine Demokratie? Welche Werte werden tatsächlich vertreten und durchgesetzt? Im Lichte dieser Fragen erscheint die »Querfront«-Studie, wohlwollend gesagt, naiv. Gar nicht naiv hingegen, sondern höchst nützlich für einige ist es, jede harte Kritik an den Zuständen als »staatsfeindlich« auszugrenzen oder sogar als »demokratiefeindlich« zu verfälschen.

Der Querfront-Vorwurf unterstellt, dass eine grundlegende Ablehnung der gegenwärtigen Politik an sich schon illegitim und undemokratisch sei. Man »darf« sozusagen die Politik aller etablierten Parteien, von CDU bis Grünen, nicht insgesamt infrage stellen. Da verläuft die rote Linie. Aber warum darf man das eigentlich nicht? Was ist an diesem Verbot demokratisch? Ist eine solche Beschränkung nicht am Ende bloß ein Einwilligen in die große »Alternativlosigkeit«, einen politischen Fatalismus, der zwar Detailverbesserungen für möglich hält, nicht aber große Änderungen und radikale, also an die Wurzel gehende Kurswechsel?

Wenn die Herausgeber der Studie »positive Bekenntnisse zur demokratisch-repräsentativen Gesellschaftsordnung und den ihr zugrunde liegenden Werten« bei Systemkritikern wie Jebsen vermissen, so ließe sich entgegnen, dass manche dieser Kritiker ihrerseits auch etwas vermissen, nämlich, dass solche Bekenntnisse, wie sie vielen Politikern und Journalisten leicht von den Lippen kommen, auch mit Leben gefüllt werden.

Es ist auf ermüdende Weise der immer gleiche logische Fehlschluss: Wer argumentiert, dass es an Demokratie mangele, der wird selbst zum Demokratiefeind erklärt, da er sich ja nicht zur Demokratie im eigenen Land bekenne. Die Unlogik ist so offenkundig, dass man sich angesichts des niedrigen Grades an Reflexionsvermögen bei denjenigen, die so reden, nur verwundert die Augen reiben kann. Dennoch macht der Vorwurf einer Querfront aus Links und Rechts und deren vermeintlicher »Demokratiefeindlichkeit« seit Jahren große Karriere in den Medien. So bezog sich der *Spiegel* in einer langen Titelgeschichte unter der Überschrift »Aufstand der Ängstlichen« konkret auf die »Querfront«-Studie:

»Die neue rechte Szene kommt aus der bürgerlichen Mitte der Gesellschaft; sie umfasst wertkonservative Intellektuelle, fromme Christen und Wutbürger und zieht auch Menschen an, die sich sonst als Linke bezeichnen würden, etwa Putin-Bewunderer, Globalisierungsgegner und radikale Pazifisten. Es wächst zusammen, was lange nicht zusammengehörte. (...) Der Staat und seine Organe wie Regierung und Parlament werden in einer Weise verächtlich gemacht, wie man dies seit der Gründung der Bundesrepublik nicht erlebt hat. (...) Die gewerkschaftsnahe Otto-Brenner-Stiftung hat im Sommer eine Studie über Rechtspopulismus in Deutschland veröffentlicht. Die neuen Rechten sind demnach daran zu erkennen, dass sie sich nicht mehr eindeutig als Rechte zu erkennen geben. Das macht die Lage kompliziert. ›Die Grenzen zwischen traditionell linken und rechten Haltungen verwischen‹, heißt es in der Studie. ›Politisch verorten sich die Akteure überwiegend jenseits klassischer Rechts-links-Schemata.‹ Der Autor Wolfgang Storz spricht von einer ›Querfront‹, ein Begriff, der auf die Weimarer Republik zurückgeht, als jungkonservative Denker wie Arthur Moeller van den Bruck darüber philosophierten, wie sich nationalistische und sozialistische Kräfte bündeln ließen. Was kurze Zeit später ja auch gelang.«[9]

In diesem Rückgriff auf die deutsche Vergangenheit liegt die eigentliche Brisanz des Querfront-Vorwurfs. Die Nazis, so die dringliche Warnung, wären damals auch deshalb an die Macht gekommen, weil Links- und Rechtsextreme sich gegen die demokratische Weimarer Republik verbündet hätten. Ähnliches drohe heute wieder. Nochmals der *Spiegel*:

»Über das Ziel der rechten Vordenker und der ständig wachsenden Schar ihrer Mitläufer sollte sich weder die Politik noch die bürgerliche Mitte Illusionen machen. Es ist dasselbe Ziel, das auch Menschen wie Carl Schmitt verfolgten, einer der faschistischen Vordenker zu Zeiten der Weimarer Republik. Das bestehende demokratische System soll zerstört werden, um danach etwas Neues errichten zu können – wie immer das dann konkret aussehen mag.«[10]

Nun gibt es fraglos viele Rechtsradikale, die wenig von Demokratie halten und die, teilweise lautstark, ein autoritäres Staatssystem anstreben. Eine ziemlich dreiste Geschichtsklitterung ist es allerdings, den Aufstieg der Nazis in den 1930er Jahren auf die Bildung einer Querfront mit Linken zurückzuführen.

Wahr ist, dass es damals in der NSDAP einen antikapitalistischen Flügel gab, der jedoch 1932, also noch vor der Machtübernahme der Nazis, parteiintern weitgehend neutralisiert war.[11] Auch gab es tatsächlich Pläne für eine Querfront-Koalition. General Kurt von Schleicher, ein »intrigenfreudiger Bürogeneral« (Sebastian Haffner) und letzter Reichskanzler der Weimarer Republik, versuchte 1932, eine Regierung zu bilden unter Beteiligung Konservativer, der Gewerkschaften und Gregor Strassers, eines kapitalismuskritisch gesinnten Parteiführers der NSDAP. Man wollte die Nazis spalten, um sie besser in das etablierte Politsystem einbinden zu können. Doch Strasser konnte sich innerhalb der NSDAP, besonders gegen Hitler, nicht durchsetzen und auch die Gewerkschaften schreckten zurück – der Plan scheiterte.[12] Strasser schwenkte anschließend auf den Hitlerkurs ein und meinte nun, »dass der Kapitalismus von den Nationalsozialisten nichts zu fürchten« habe.[13] Unmittelbar darauf, im Februar 1933, versicherte Hitler bei einem diskreten Treffen mit den mächtigsten Industriellen des Landes, er bekenne sich zum Privateigentum und wolle der kommunistischen Gefahr trotzen. Die Konzernlenker vereinbarten daraufhin eine gemeinsame Spende in Millionenhöhe für den Wahlkampf der NSDAP zur bevorstehenden Reichstagswahl.[14] Die Nazis gewannen die Wahl mit einem Rekordergebnis und die Geschichte nahm ihren Lauf. Der Autor Ulrich Sander schreibt dazu:

»Die Naziideologie enthielt so gut wie keine konzeptionellen Gedanken, die nicht schon vorher im konservativen und deutschnationalen Gedankengut der bürgerlichen Rechtsparteien enthalten gewesen wären. Rassismus, Antisemitismus, Antikommunismus, Kolonialismus und aggressiven Militarismus gab es bereits. Mit

Rosenbergs ›Neuordnung des Ostraumes‹ und Hitlers ›Lebensraum im Osten‹ sollte ein uralter Traum der Herrschenden in Deutschland verwirklicht werden.«[15]

Dem britischen Historiker Adam Tooze zufolge war für die Unterstützung der Industriellen entscheidend, was ihnen Hitler versprochen und dann auch durchgesetzt hatte: »Das Ende der parlamentarischen Demokratie und die Vernichtung der deutschen Linken.«[16]

So viel zur »Querfront« in der deutschen Geschichte. Sie war ein gescheitertes Projekt eines Reichswehrgenerals, der mitten aus dem konservativen Establishment stammte, und gerade kein gemeinsames Projekt von Linken und Rechten an der Basis. Auch mit dem Aufstieg der Nazis hatten diese Pläne wenig zu tun. Die Parallele zur Gegenwart ist in mehrfacher Hinsicht konstruiert und manipulativ.[17]

Aber, so könnte man fragen, stimmt es nicht dennoch, dass die Grenzen zwischen linken und rechten Haltungen heute zunehmend verwischen, wo doch Linke wie Rechte so heftig das System kritisieren? Entsteht da am Ende nicht doch eine gemeinsame Front? Müssten sich Linke nicht von einer Systemkritik deutlich distanzieren, wenn auch Rechte sie lautstark äußern?

Emotional mag da mancher, ohne weiter nachzudenken, zustimmen wollen. Doch so einfach ist es nicht. Der Ansatz, eine Kritik an den Verhältnissen abzulehnen, weil auch der politische Gegner sie äußert, führt in die Irre. Eine gemeinsame Gesinnung entsteht – anders als viele meinen – nicht schon dadurch, dass man mit anderen die Diagnose eines politischen Problems teilt, etwa: »Die Demokratie funktioniert derzeit nicht so, wie behauptet wird.« Anhänger ganz unterschiedlicher politischer Lager können ein Problem oder einen Sachverhalt (»Der Kaiser ist nackt«) in gleicher Weise erkennen, ohne dadurch zu Verbündeten zu werden.

Wesentlich für die Einordnung auf der Links-Rechts-Skala ist die eigene Haltung zu Herrschaft, Hierarchien und Autorität.

Rechte wünschen sich bekanntlich ein autoritäres System mit klarer Führung und der Wahrung konservativer Werte. Sie akzeptieren und unterstützen die traditionelle, hergebrachte Ordnung und das »Recht des Starken«. Linke hingegen betonen die Gleichheit aller Menschen und stellen das bestehende System um so eher infrage, je mehr sie es als sozial ungerecht betrachten. Links ist, im Gegensatz zu Rechts, eng mit Herrschaftskritik verbunden. Die aktuelle Kritik der Rechten an der Regierung versteht sich daher nicht als grundlegende Herrschaftskritik, sondern viel begrenzter, als Ablehnung bestimmter Politiker und Parteien. Diese will man ersetzen, um anschließend die alte Ordnung wiederherzustellen. Mit linken Zielen hat das wenig zu tun.

Während Ken Jebsen kapitalismuskritisch, herrschaftskritisch und gerade nicht autoritär argumentiert und sein Publikum immer wieder dazu aufruft, selbst zu denken und sich keinen Parteien und Hierarchien unterzuordnen, empfiehlt Jürgen Elsässer seinen Lesern eine Koalition aus AfD und FDP als »Regierung aus dem Volk, durch das Volk und für das Volk«.[18] Größer könnten die Unterschiede kaum sein.

Doch solche Differenzen werden im Medienmainstream konsequent ignoriert. Viele wissen offenbar gar nicht mehr, was »links« und »rechts« bedeuten und assoziieren mit den Begriffen einfach bloß Parteien. Solche Oberflächlichkeit führt dann zu Analysen aus dem Bauch heraus. Ken Jebsen etwa gilt vielen unverrückbar als rechts, was angesichts der dokumentierten Fülle seiner Äußerungen der letzten Jahre als absurd, oder besser gesagt: dämlich bezeichnet werden muss. Oft gewinnt man den Eindruck, seine Kritiker orientieren sich bei dieser Einschätzung weniger an dem, *was* er sagt, als daran, *wie* er es sagt. Seine Energie, sein Druck, sein oft zorniger Ton verstören offenbar und erinnern manchen wohl an rechte Agitatoren. Diesen Kritikern könnte man empfehlen, die optische und akustische Oberfläche zu durchdringen und gründlich zuzuhören. Der Kollege Mathias Bröckers hat das getan und erklärt den wachsenden Publikumserfolg Jebsens so:

»Nicht, weil er ›rechts‹ ist, sondern weil er echt ist. Als Kriegsgegner und Antimilitarist, als extremer Vertreter sozialer Gerechtigkeit und scharfer Kritiker des neoliberalen ›Jeder gegen jeden‹, als Antirassist und strikter ›Anti-Antisemit‹, der Israel oft bereist und seine Verwandten dort besucht – und mit 545 Folgen ›RückblickKEN‹ den ARD-Rekord im Warnen vor Faschismus und Holocaust hält. Als einer, der weiß, wovon er spricht, wenn es um Rassismus geht, der im niederrheinischen Krefeld geboren ist und den iranischen Namen seines Vaters abgelegt hat, weil er nicht immer gefragt werden wollte, wann er denn wieder zurückgeht. Und der sich, eben weil er für dieses Thema von klein auf sensibilisiert ist, das Recht nimmt, die rassistische Politik Israels als solche zu benennen und zu kritisieren. Nicht weil er Juden hasst, sondern weil ihm diese Politik zutiefst zuwider ist, wie übrigens auch vielen jüdischen Menschen innerhalb und außerhalb Israels. Und weil er in Israel einen Freund sieht, an dem ihm etwas liegt. Dass er seine Empörung darüber nicht vornehm zurückhält, wie es die hiesigen Diskurskonventionen (und NATO-Interessen) vorschreiben, auch das ist nicht ›rechts‹, sondern echt – humanistisch nämlich.«[19]

Andere, die Jebsens »rechte Gesinnung« daran festmachen wollen, dass er auch schon Leute interviewt hat, die beim eher rechten Kopp-Verlag veröffentlichen – wie den mittlerweile verstorbenen Udo Ulfkotte oder Gerhard Wisnewski –, argumentieren ebenfalls auf dünnem Eis.[20] Denn die Methode, jemanden nicht wegen seiner eigenen Äußerungen zu kritisieren, sondern wegen seiner Kontakte zu Menschen, deren Haltung einem missfällt – Stichwort »Kontaktschuld« –, ist selbst ein Merkmal totalitären Denkens. Auf Wikipedia heißt es zum Begriff Kontaktschuld:

»Statt den Diffamierten selbst zu zitieren, sein Handeln zu charakterisieren, seine Beweggründe zu nennen, werden Orte, an denen er sich aufgehalten, oder Personen, mit denen er gesprochen hat, (...) politisch verdächtigt und sodann ein Rückschluss auf die politische Einstellung des Angegriffenen selbst gezogen. (...) Somit ist das Kontaktschuld-Konstrukt (...) ein klassisches Pseudoargument und jedenfalls im Strafverfahren zur juristischen Beweisführung ungeeignet, weil es nicht auf Tatsachen beruht.«[21]

In der Debatte rund um alternative Medien und im Kampf um die Deutungshoheit der etablierten Zeitungen und Sender wird mittlerweile häufiger versucht, Kritiker mittels Kontaktschuld auszugrenzen. Die Ausgrenzung soll es den entsprechenden Personen erschweren, ihre Ansichten weiter über die Medien zu verbreiten. Das Signal geht dabei immer an zwei Adressaten: zum einen an das Publikum, dem man vermittelt: »Glaubt diesem Menschen nicht«, zum anderen an die Redakteure und Journalisten innerhalb der Medien, denen man nahelegt, dieser Person kein Forum zu bieten, sofern man nicht – wiederum mittels Kontaktschuld – sein eigenes Ansehen gefährden will.

Das Kontaktschuldsystem ist ein Schneeballsystem. Es lebt davon, dass andere die Empfehlung zum Ausgrenzen unkritisch befolgen und damit weiter verbreiten. Das System selbst wird selten öffentlich reflektiert und hinterfragt. Im Kern ist es eine Anleitung zum Konformismus.

Dabei sollte eigentlich jedem klar sein: Jemand wird nicht dadurch zum Rechten, dass er mit Rechten spricht, und nicht dadurch zum Linken, dass er Linke zu Wort kommen lässt. Einmal ganz abgesehen davon, dass nicht jeder ein Rechter ist, bloß weil er beim Kopp-Verlag oder einem anderen im Mainstream nicht wohlgelittenen Verlag veröffentlicht, und, weiter gedacht, auch nicht jeder, der tatsächlich rechtsextreme Ansichten vertritt, legitimerweise zensiert werden darf – es sei denn, ein geltendes Gesetz (Verbot von Beleidigung, Verleumdung, Volksverhetzung) wird gebrochen. Seltsam, dass man eine solche, selbstverständlich erscheinende Banalität heute wieder betonen muss.

Problematisch sind zudem die unklaren Kriterien. Wer oder was soll eigentlich wann und warum genau gemieden werden? Im Grunde ist es so: Wer sagt, man solle bestimmte Personen nicht mehr interviewen und habe sie generell zu meiden, der fordert eine Selbstzensur mit Verweis auf den Mainstream als höhere Autorität. Daran kann man sich zwar orientieren, das hat dann aber mit Freiheit und Vielfalt wenig zu tun.

Früher wurde der Mainstream – oder »die Linie«, wie man es nannte – durch eine Staatspartei verkündet. Heute stecken die Leitmedien selbst die Grenzen ab und erfüllen damit zunehmend die Funktion einer solchen Staatspartei, meist ganz freiwillig und ohne Anleitung. Derart linientreue Journalisten betrachten ihr Einschwenken auf einen Elitenkurs – sofern dieser überhaupt bewusst erfolgt – als höchst respektable »Übernahme von Verantwortung«. Der Medienwissenschaftler Uwe Krüger spricht daher von einer »Verantwortungsverschwörung«:

»Viel von dem Gleichklang zwischen Politik und Medien, den manche Nutzer als Verschwörung deuten, kommt ohne jegliche Direktive oder Dienstanweisung, ohne Fremdsteuerung und Gängelband zustande. Nachdem die subtilen Mechanismen der Personalauswahl dazu geführt haben, dass sich in den Redaktionen Menschen mit ähnlichen Mentalitäten, Werten und Einstellungen zusammengefunden haben, und nachdem die Journalisten ohnehin das Berichten über Elitenhandeln als ihre primäre Aufgabe ansehen, kommt die Frage der Verantwortung hinzu. Wer als leitender Redakteur eines großen Mediums spürbaren Einfluss auf die öffentliche Meinung hat, der sortiert bei seiner täglichen Selektionsarbeit nicht nur zwischen wahren und falschen Informationen sowie zwischen wichtigen und nebensächlichen, sondern oft auch (bewusst oder unbewusst) zwischen nützlichen und schädlichen.«[22]

Mit anderen Worten: Der Journalist spürt, welche Nachrichten der großen Linie nützen und welche ihr schaden. Die alltägliche Auswahl der Nachrichten ist ein höchst politischer Vorgang, der die öffentliche Meinung stärker filtert als jedes Verbot »von oben«. Verantwortungsverschwörung bedeutet, dass Medienmacher sich freiwillig mit Eliten verbünden, deren Sichtweisen teilen und als vernünftig und »gut für das Land« bewerten. Journalisten wie Ken

Jebsen stören da, die Montagsmahnwachen stören ebenso, und auch kritische Webseiten wie die NachDenkSeiten stören, da sie alle mit ihren Argumenten das System schlecht aussehen lassen.

Die heutige Ausgrenzung von Personen, Medienportalen, Büchern oder Parteien mit Verweis auf den Mainstream als Autorität ist eng verwandt mit der früher üblichen Zensur durch den Staat, der ja ebenfalls immer eine Elite repräsentierte. Heute nun geht der Zensurwunsch kaum noch direkt vom Staat aus, manchmal im Gegenteil. Als eine SPD-Abgeordnete 2015 beim baden-württembergischen Innenministerium nachfragte, ob der Kopp-Verlag nicht aufgrund rechter Veröffentlichungen vom Verfassungsschutz beobachtet werden müsste, teilte die Landesregierung mit, dass »hinreichende Anhaltspunkte für Bestrebungen des Verlags gegen die freiheitliche demokratische Grundordnung nicht vorliegen« würden und im Übrigen »das Gewicht der grundgesetzlich geschützten Pressefreiheit zu beachten« sei.[23] Der Staat verteidigte in diesem Fall also die Meinungsfreiheit gegen eine Parlamentarierin aus einer traditionsreichen, früher selbst einmal vom Staat verbotenen Arbeiterpartei.

Ebenfalls ganz ohne staatliches Wirken werden mittlerweile in Buchhandlungen »unliebsame« Werke aus den Regalen entfernt – oder sogar gleich die ganze Bestsellerliste manipuliert, wie es 2017 der *Spiegel* vorführte.[24] Eine besonders geistlose Pointe ist es dabei, zu behaupten, dies geschehe im Namen einer »offenen Gesellschaft«. Denn offen und demokratisch ist an solchem Verhalten wenig. Je mehr es um »gute« und »böse« Gesinnungen geht, je mehr der Mainstream das eigene Denken reglementiert und auf Linie bringt, desto eher wird aus bunter Vielfalt genau die trübe Einfalt, die den alternativen Medien überhaupt erst den Erfolg der letzten Jahre beschert hat.

Finales Argument gegen Systemkritiker ist schließlich der Antisemitismus, mittlerweile noch bösartiger, weil juristisch schwerer angreifbar, verfeinert zu »antisemitischen Denkmustern«. Zuletzt hörte man davon beim Berliner Kultursenator Klaus Lederer, der Ende 2017 eine öffentliche Preisverleihung an Jebsen kippen wollte mit Verweis auf ebenjenen »Antisemitismus« des Journalisten. Lederer hatte den Betreiber eines staatlich geförderten Berliner Kinos, wo Jebsen von anderen Journalisten ausgezeichnet werden sollte, von seinem Staatssekretär anrufen lassen, woraufhin der Kinobetreiber einen schon geschlossenen Mietvertrag mit den Organisatoren der Preisverleihung wieder kündigen wollte – offenbar in Sorge um den weiteren Erhalt von Fördergeldern.[25] Der Parteivorstand der Linkspartei stellte sich mehrheitlich mit schriftlichem Beschluss hinter die Aktion ihres Kultursenators und dessen offenkundigen Zensurversuch, der von der Parteiführung zu einer »kritischen Äußerung« zu »Rechtspopulisten, Nationalisten, Verschwörungstheoretikern und Antisemiten«, einer »klaren Kante gegen Querfront« umdefiniert wurde.[26]

Doch so einfach ist es eben nicht. Kraft eines politischen Amtes Druck auf Abhängige auszuüben ist keine simple »Meinungsäußerung«. Lederer bestritt zwar später, mit einer Kürzung von Fördergeldern gedroht zu haben – doch warum sonst sollte der Kinobetreiber, der zuvor schon viele Veranstaltungen mit Jebsen durchgeführt hatte, nun plötzlich gegenüber dem Senator einknicken? Aus Einsicht in dessen politische Analyse?

Was am Ende übrig bleibt bei all den Grabenkämpfen, sind die zahlreicher werdenden Begriffe, mit denen eine grundsätzliche politische Kritik abgewehrt wird: »Verschwörungstheorie«, »Antisemitismus«, »Querfront«, »Hate Speech«, »Populismus«. So wie die Worte inflationieren, schwindet zugleich die Logik in ihrem Gebrauch. Die gesellschaftlichen Widersprüche sind inzwischen größer, als dass sie sich noch überzeugend mit Sprache kaschieren ließen. Nach all dem Ausgrenzen, Diffamieren und Denunzieren, dem Einteilen in »Schmuddelkinder« und »Demokraten« wird eines immer klarer: Eine inhaltliche Auseinandersetzung ist überfällig. Es reicht nicht, bloß »gegen rechts« oder »gegen links« zu sein. Demokratie bedeutet vor allem eines: Bereitschaft zur Debatte.

14 Der Mythos von der »neuen Zeit«

Politische Auseinandersetzungen fußen meist auf einfachen Vorstellungen und Denkmustern. In der Politikwissenschaft werden sie »Frames« genannt – das englische Wort für »Rahmen« oder »Deutungsrahmen«. Ein Frame ist ein großer, erklärender Zusammenhang, in den ein Ereignis gestellt wird, eine Brille, durch die man die Welt betrachtet, manchmal im Tunnelblick.

Im Englischen besitzt das Wort noch eine zweite Bedeutung. Jemanden zu »framen« heißt dort, jemanden hereinzulegen, ihm mit einer Intrige ein Verbrechen anzuhängen. Ein Deutungsrahmen kann auch manipulieren. Der Historiker und Friedensforscher Daniele Ganser weist in seinen Vorträgen immer wieder darauf hin, dass westliche Außenpolitik heute zum großen Teil über den »Terror-Frame« vermittelt wird.[1] Damit meint er, dass Politiker eine Terrorgefahr durch Islamisten als Rechtfertigung benutzen für Kriege und Gesetze, die ohne diesen Rahmen, ohne den Blick durch diese Brille, nur schwer durchzusetzen wären.

Es gibt viele solcher Frames. Ein einflussreiches und manipulatives Denkmuster ist zum Beispiel die Ansicht, wir befänden uns gegenwärtig in einer »neuen Zeit«. Die Gegenwart ist naturgemäß immer neu, gemeint ist mit dem Begriff aber mehr, nämlich ein umfassender, alle Menschen beeinflussender Bruch, der gerade jetzt stattfände, eine riesige wirtschaftliche und politische Verschiebung, die ganz neue Regeln erfordern würde. Daher müsse man mutig aufbrechen und sich von überholten Traditionen und Gesetzen lossagen, um mit der rasanten Entwicklung Schritt zu halten. So formulierte es zum Beispiel FDP-Chef Christian Lindner 2017 im Vorwort seines Wahlprogramms. Unter der Überschrift »Denken wir neu« meinte er:

»Wir befinden uns in einem radikalen Umbruch. Digitalisierung und politische Umwälzungen verändern alles. Nicht nur Deutschland, sondern die ganze Welt steht am Beginn einer neuen Zeit. Wir Freie Demokraten glauben, dass wir für diese neue Zeit auch ein neues Denken brauchen. (...) Ein Denken, das nach vorne gerichtet ist und das die Lösungen eben nicht in der Vergangenheit sucht.«[2]

Die Gegenüberstellung von neuem Denken, das »nach vorne gerichtet ist«, und überholtem, das »Lösungen in der Vergangenheit sucht«, ist sehr beliebt. Was so markig klingt und manchem spontan einleuchtet, ist tatsächlich eine folgenschwere (Selbst-)Täuschung. Wo Geschichte beiseite geschoben wird, da herrscht nicht etwa völlige Freiheit für Neues, sondern im Gegenteil pure Ideologie. Das vermeintlich befreiende Loslösen von der Vergangenheit führt dazu, dass die Modebegriffe der Gegenwart nicht mehr im geschichtlichen Zusammenhang betrachtet werden. Die Gegenwart wird zu einer beziehungslosen Insel, Stimmungen und Parolen prägen das Denken.

Je mehr das Bewusstsein für die eigene Geschichte verlöscht, desto stärker können Ideologen und Lobbyisten Fuß fassen und ihre Interpretation der Welt als »neues Denken« verkaufen. In Wahrheit ist in der Politik selten etwas neu, meist wird Altes in wechselnden Mischungen mehr oder weniger erfolgreich zusammengesetzt. Um politische Vorhaben einschätzen zu können, braucht es Kenntnisse ihrer historischen Wurzeln. Ohne Geschichtsbezug, ohne einen Vergleich mit Früherem fehlt jeder Maßstab für Politik. Kurz gesagt: Man verliert die Orientierung.

Genau das, so darf man mutmaßen, ist auch gewollt. Die vermeintlich »neue Zeit« schafft sich eigene Regeln, braucht keine Rücksichten auf Altes zu nehmen, besonders dann nicht, wenn niemand mehr das Alte überhaupt kennt und alle bloß geringschätzig davon reden. Keine Gesellschaft lässt sich so absolut manipulieren wie eine, die ihr Gedächtnis verloren hat oder die glaubt, in einer »neuen Zeit« zu leben.

Christian Lindner (39) ist der deutsche Kandidat dieser großen Amnesie, Sebastian Kurz (31) der österreichische und Emmanuel Macron (40) der französische. Die jungen »Neudenker« haben Konjunktur und wurden – Überraschung! – sämtlich gefördert und aufgebaut von alten Eliten, die wiederum die Geschichte sehr genau studiert haben.

Macron, gestartet als Beststudent an der französischen Eliteuniversität ENA, dann Banker bei Rothschild, wo er eine milliardenschwere Konzernübernahme als Berater begleitete[3], hat es mit viel Marketingaufwand geschafft, sich im französischen Präsidentschaftswahlkampf 2017 als »unabhängiger«, »unparteiischer« Anwalt der kleinen Leute zu präsentieren. Tatsächlich unterstützt ihn vor allem die Geldelite, wie der Milliardär Bernard Arnault, reichster Mann Frankreichs, dessen Kinder von Macrons Ehefrau Brigitte, einer Lehrerin, unterrichtet wurden.[4] Eine gründliche Recherche der Zeitung *Le Monde diplomatique* zu Macrons Karriere und seinem Unterstützernetzwerk fasst zusammen:

»Emmanuel Macron, der als der neue Mann ohne Vergangenheit und ohne Beziehungen posiert, verkörpert mit seiner Person und mit seiner Umgebung das kompakte Aufgebot der Staatsaristokratie (Abteilung Finanzministerium) und der Hochfinanz, kurz: das ›System‹ schlechthin.«[5]

Ähnlich wie Lindner schwärmt auch Macron von der »neuen Zeit« und gibt sich als volksnaher Revolutionär, freilich ohne seine reichen Gönner zu erwähnen:

»Das politische System, wie wir es kennen, ist am Ende. Etwas Neues musste her. (…) Die Art und Weise, wie unser Land regiert wird, muss sich radikal ändern. (…) Was wir brauchen, ist eine tief greifende Erneuerung. Und ich biete den Franzosen dieses Neue an: Meine Bewegung hat nichts mit der fast hermetisch abgeschlossenen politischen Landschaft zu tun, die wir hier bisher kennen. (...) Ich glaube, dass Frankreich sich nicht reformieren lässt – in normalen Zeiten. Aber glücklicherweise gleicht die Gegenwart eher einem Ausnahmezustand. Der Moment, wo alles möglich wird.«[6]

Hier deutet Macron an, was hinter der Parole der »neuen Zeit« steht: der Wunsch, eine Politik durchzusetzen, für die keine Mehrheiten existieren. Seine wesentlichen Vorhaben liegen denn auch sämtlich im Interesse der Oberschicht: die Vermögenssteuer abschaffen, die Steuer auf Kapitalerträge senken, den Arbeitsmarkt im Sinne der deutschen Agenda 2010 umbauen sowie einen europäischen Finanzminister installieren und damit die Hoheit über das Geld und die »Befehlsgewalt« über Schuldnerländer noch weiter von nationaler, demokratischer Kontrolle entfernen.

Macron ist ohne Frage ein Kandidat der Reichen, sowohl was seine Pläne, als auch sein personelles Netzwerk angeht. Viele Bürger – und insbesondere viele Journalisten – zeigten sich im Wahlkampf dennoch geradezu geblendet vom jugendlichen Flair des Kandidaten, ähnlich wie es 2008 beim Hype um Barack Obama zu beobachten war. Im *Spiegel* hieß es am Tag nach Macrons Wahl zum französischen Staatspräsidenten begeistert:

»Die Franzosen haben einen Mann an die erste Stelle gewählt, der aus dem Establishment kommt und doch den Bruch mit dem Establishment verkörpert (das erinnert ein bisschen an Martin Schulz!). Einen Mann, der für Aufbruch und Neuanfang steht, aber nicht für Radikalismus und Eliten-Hass. Seine Wähler wollen eine Erneuerung aus der Mitte. Der französische Schriftsteller Michel Houellebecq hat in seinem Roman ›Unterwerfung‹ den Niedergang der traditionellen französischen Parteien vorhergesehen. Das gestrige Wahlergebnis hat ihn bestätigt. Was er nicht vorhersah, ist die Kraft der Demokratie, sich zu erneuern. Die Lehre von Frankreich lautet:

Wenn die Wähler ein neues Gesicht wollen, das eine andere Politik verspricht, aber zugleich weder rechts- noch linksradikal ist, dann bringt die Demokratie diese Person hervor.«[7]

Diese Analyse steht in ihrer Naivität beispielhaft für den Tenor der Berichterstattung in den großen Medien. Motto: Gewinnt der Liebling der Eliten und des Mainstreams, dann siegt die Demokratie; gewinnt ein Kandidat, vor dem die Mächtigen warnen, dann ist die Demokratie in Gefahr. Wo auf diesem Niveau nachgedacht wird, haben Politstrategen und Spin-Doctors leichtes Spiel.

So auch in Österreich: Sebastian Kurz, der neue starke Mann dort, hat Macrons Konzept kopiert und präsentierte sich im Wahlkampf ebenfalls als vollkommen neue Kraft, jenseits der alten Parteien, besonders jenseits der ÖVP, deren Mitglied Kurz ist und die man als österreichisches Gegenstück zur deutschen CDU bezeichnen kann. Auch Kurz ist ein Produkt des Establishments, ein Kandidat der Eliten. Der ehemalige österreichische Außen- und Finanzminister Michael Spindelegger gilt als sein Förderer. Im Wahlkampf forderte Kurz eine Abschaffung der Körperschaftssteuer, also der Steuer, die zum Beispiel Aktiengesellschaften zahlen müssen und lehnt auch eine Erbschafts- und Vermögenssteuer ab.[8]

Der Wiener Wochenzeitung *Falter* wurden im Sommer 2017 interne Dokumente der Wahlkampagne von Sebastian Kurz zugespielt, aus denen hervorgeht, welche Strategie hinter den Kulissen verfolgt wurde.[9] In einer der internen Analysen heißt es unter anderem, die Grundstimmung in der Bevölkerung sei derzeit von Unsicherheit und Systemverdrossenheit geprägt, verbreitet sei eine »schlechte Meinung vom ›System‹«:

»Die Mehrheit der Menschen hassen ›das System‹ – vor allem die an der Spitze stehende Regierung und die in ihr vertretenen Parteien. (…) Sie spüren ›Dieses System ist am Ende‹ – wissen zwar weder, welches System hier ersetzen kann, noch wie ein neues

System aussehen soll, wünschen sich aber Veränderung und sind daher bereit, Experimente auf sich zu nehmen (...) SK (Sebastian Kurz) und das neue Team in diese Richtung framen.«[10]

Aufbauend auf dieser Analyse empfehlen die Politstrategen:

»Einzige Möglichkeit, in dieser Situation politisch erfolgreich zu sein, ist eine Position einzunehmen, die diese Stimmung bedient. ›Anders sein – Anti-Establishment‹. Wir halten dagegen – ›gegen das System‹ (...) Wahlkampf wird klar auf SK abgestellt. Seine Glaubwürdigkeit wird aber durch ein kompetentes Zukunfts-Team (= ›Jünger‹) unterstrichen, dem die Leute Veränderung zutrauen. Die Marke ÖVP wird beim Wahlkampf sehr spärlich verwendet, weil sie derzeit für ›alt‹ steht. Die müsste erst wieder in der neuen Periode aufgeladen werden. – Bypass über die Person SK.«[11]

Als Grundlinie für das Wahlprogramm von Kurz wird von den Beratern außerdem empfohlen, mit einer »unideologischen« Politik zu werben.[12] Die Strategen setzen das Wort »unideologisch« dabei selbst in Anführungszeichen. Das heißt, ihnen ist völlig klar, dass die Behauptung einer »unideologischen« Politik irreführend ist, oder anders gesagt: Dummenfang. Eine Ideologie ist eine Weltanschauung. Wer behauptet, ohne sie auszukommen, der meint eigentlich, seine eigene Sicht auf die Welt sei die einzig vernünftige. Das schafft die Ideologie nicht ab, sondern treibt sie auf die Spitze.

Der Mythos von der »neuen Zeit« und einer »unideologischen« Politik kann als notdürftiger Versuch gesehen werden, das System zu stabilisieren. Denn ob nun in Österreich, in Frankreich oder in Deutschland: Der Apparat der Eliten, der Reichen und Mächtigen, ist schwer angeschlagen. Der Vertrauensverlust erreicht zunehmend die großen Volksparteien und schwächt sie. Während CDU, CSU und SPD bei der Bundestagswahl 2002 noch insgesamt 37 Millionen Stimmen erhielten, waren es 2017 bloß noch 25 Millionen. Die Volksparteien verlieren ihr Volk.

Nun wird in aufwendigen Marketing-Aktionen auf junge Köpfe gesetzt, die vermeintlich Neues bringen. Da sich aber offenbar nichts an den grundlegenden Systemregeln ändern soll, die zur Krise führten, dürfte sich die Situation überall noch weiter zuspitzen. Vor allem wohl wird sich die Kontroverse in den Medien verschärfen – denn der eigentliche Machtkampf ist und bleibt der um die Begriffe und um die Deutung der Ereignisse. Immer wird dort am stärksten manipuliert, mit Sprachregelungen und Kampfbegriffen.[13] Doch haben solche Verfälschungen auch ihre Grenzen. Wer die Wortbedeutungen zu sehr verbiegt und ihre Logik nachhaltig beschädigt, der untergräbt damit das Fundament der Sprache selbst. Sinnvolle Kommunikation wird dann immer schwieriger. Am Ende gerät nicht nur die Gesellschaft, sondern auch ihre Sprache in eine Krise.

Und genau dort liegt vielleicht auch ein Teil der Lösung: Wer sich auf falsche Begriffe nicht einlässt, wer sich der Kraft einer klaren und logischen Sprache bewusst wird und diese verteidigt, der könnte – nicht allein, sondern gemeinsam mit anderen – Schritt für Schritt die Deutungshoheit und damit über kurz oder lang auch politische Macht gewinnen. Der Schlüssel liegt nicht in verbissenem Kampf und hitziger Aufregung, sondern in Klarheit und Ruhe beim Eintreten für gemeinsame Prinzipien. Dies erscheint umso wichtiger, da es nicht nur um das Engagement für oder gegen eine bestimmte Partei geht, sondern, auch wenn es pathetisch klingen mag, um die Bewahrung einer gemeinsamen Kultur. Dazu gehören allgemeingültige und gleiche Standards für alle, fairer Umgang und friedliches Miteinander. Das derzeitige System der maßlosen Geldanhäufung zerstört diese Kultur. Es ist kriegerisch, unfair und garantiert Sonderregeln für einige Wenige. Es ist mit der Idee der Demokratie nicht vereinbar.

Anmerkungen

1 Möllers, Christoph: *Demokratie – Zumutungen und Versprechen*, Wagenbach 2008, S. 117.
2 James Harrington, »The Commonwealth of Oceana«, zitiert nach: Rittstieg, Helmut: *Eigentum als Verfassungsproblem. Zu Geschichte und Gegenwart des bürgerlichen Verfassungsstaates*, Wissenschaftliche Buchgesellschaft 1975, S. 87.
3 Bookchin, Murray: *Die nächste Revolution. Libertärer Kommunalismus und die Zukunft der Linken*, Unrast 2015, S. 22. Anmerkung: Das Buch erschien nach dem Tod Bookchins. Er verfasste den zitierten Text 2002.

Vorwort

1 Carsten Knop, »Die Menschen trauen den Eliten nicht mehr«, *FAZ.NET*, 17. Januar 2017, online unter: faz.net/aktuell/wirtschaft/weltwirtschaftsforum/vor-dem-wef-umfragen-zeigen-niedriges-vertrauen-in-eliten-14670396.html

1 Reichtum regiert

1 Das Zitat lässt sich Brandeis zwar nicht zweifelsfrei zuordnen, ist aber aller Wahrscheinlichkeit nach von ihm. Näheres dazu in einem Artikel des Archivars der Brandeis-Papiere: Peter Scott Campbell, »Democracy v. concentrated wealth – in search of a Louis D. Brandeis quote«, *The Green Bag*, Volume 16, Nr. 3, Spring 2013, online unter: greenbag.org/v16n3/v16n3_articles_campbell.pdf
2 Elsässer, Lea/Hense, Svenja/Schäfer, Armin: »Systematisch verzerrte Entscheidungen? Die Responsivität der deutschen Politik von 1998 bis 2015«, Forschungsvorhaben im Auftrag des Bundesministeriums für Arbeit und Soziales, 2. Juni 2016, online unter: bmas.de/DE/Service/Medien/Publikationen/a-305-4-endbericht-systematisch-verzerrte-entscheidungen.html
3 »Nahles will mit Vorurteilen über Armut und Reichtum aufräumen«,

Süddeutsche Zeitung, 27. März 2015, online unter: sueddeutsche.de/news/politik/bundesregierung-nahles-will-mit-vorurteilen-ueber-armut-und-reichtum-aufraeumen-dpa.urn-newsml-dpa-com-20090101-1 50327-99-01689

4 Die Deutschlandtrend-Umfragen werden seit 1997 monatlich von Infratest dimap im Auftrag der ARD und mehrerer Tageszeitungen durchgeführt. Es handelt sich laut Infratest dimap um repräsentative Telefonbefragungen von rund 1 000 Wahlberechtigten in Deutschland (700 West, 300 Ost).
5 Elsässer et al. 2016, siehe Fußnote 2, S. 50ff.
6 Ebd., S. 34, 43.
7 Ebd., S. 35.
8 Mittelschicht bedeutet hier, wissenschaftlich gesprochen: die Gruppe der Menschen im 50. Einkommensperzentil, also am Median.
9 Elsässer et al. 2016, siehe Fußnote 2, S. 35f.
10 Öchsner, Thomas: »Regierung strich heikle Passagen aus Armutsbericht«, *Süddeutsche Zeitung*, 14. Dezember 2016, online unter: sueddeutsche.de/wirtschaft/armut-in-deutschland-regierung-strich-heikle-passagen-aus-armutsbericht-1.3295247; Butterwegge, Christoph: »Zensiert und geschönt«, *Zeit Online*, 12. April 2017, online unter: zeit.de/politik/deutschland/2017-04/armutsbericht-grosse-koalition-schoenung-kritik
11 Deckwirth, Christina: »Die Veränderungen im Kapitel ›Armut und Reichtum und Demokratie‹ im 5. Armuts- und Reichtumsbericht«, Lobbycontrol, 25. April 2017, online unter: lobbycontrol.de/2017/04/armuts-und-reichtumsbericht-die-originaldokumente-zu-reichtum-und-einfluss/
12 Bundesministerium für Arbeit und Soziales, »5. Armuts- und Reichtumsbericht«, April 2017, online unter: armuts-und-reichtumsbericht.de/DE/Bericht/Der-fuenfte-Bericht/Der-Bericht/der-bericht.html
13 Deutscher Bundestag, Ausschuss für Arbeit und Soziales, Protokoll-Nr. 18/124, 19. Juni 2017, Frage der Abgeordneten Daniela Kolbe (SPD).
14 Deutscher Bundestag, Plenarprotokoll 18/242, Stenografischer Bericht 242. Sitzung, 28. Juni 2017, S. 39-56, online unter: dip21.bundestag.de/dip21/btp/18/18242.pdf
15 Deekeling Arndt Advisors, Pressemitteilung: »Dr. Kristina Schröder wird Mitglied des Senior-Advisor-Kreises von Deekeling Arndt Advisors«, 21. Juni 2017, online unter: deekeling-arndt.de/de/ueber-uns/presse.html
16 Deekeling Arndt Advisors, »Unsere Beratungsbereiche – Public Affairs & Government Relations«, online unter: deekeling-arndt.de/de/unsere-beratungsbereiche/corporate-public-affairs/public-affairs-government-relations.html

17 Gilens, Martin: *Affluence and Influence: Economic Inequality and Political Power in America*, Princeton University Press 2012.
18 Ebd., S. 81.
19 Ebd.
20 Ebd., S. 101.
21 So Gilens bei einem Vortrag am 19. September 2014 am Massachusetts Institute of Technology, online unter: youtube.com/watch?v=SzS0 68SL-rQ
22 Gilens, Martin/Page, Benjamin I.: »Critics argued with our analysis of U.S. political inequality. Here are 5 ways they're wrong«, *The Washington Post*, 23. Mai 2016, online unter: washingtonpost.com/news/monkey-cage/wp/2016/05/23/critics-challenge-our-portrait-of-americas-political-inequality-heres-5-ways-they-are-wrong/?utm_term=.24762c7e5702

2 Die Wahrheit über den Populismus

1 Gathmann, Florian: »Das ist Pack«, *Spiegel Online*, 24. August 2015, online unter: spiegel.de/politik/deutschland/heidenau-sigmar-gabriel-besucht-fluechtlingsunterkunft-a-1049582.html
2 Augstein, Jakob: »Demonstriert lieber gegen die Banken«, *Spiegel Online*, 27. August 2015, online unter: spiegel.de/politik/deutschland/augstein-wir-brauchen-einen-linken-populismus-a-1050085.html
3 Widmann, Arno, Interview mit Wilhelm Heitmeyer: »Der Erfolg der AfD wundert mich nicht«, *Berliner Zeitung*, 22. Oktober 2016, online unter: berliner-zeitung.de/24954352
4 Lobenstein, Caterina: »Hier herrscht Klassenkampf«, *Zeit Online*, 22. Januar 2017, online unter: zeit.de/2017/02/afd-bitterfeld-fluechtlinge-kapitalismus-arbeiterstadt
5 AfD-Wahlprogramm vom 23. April 2017, S. 51–53.
6 AfD-Grundsatzprogramm vom 1. Mai 2016, S. 8.
7 Ebd., S. 67, 75.
8 Zinn, Howard: *Eine Geschichte des amerikanischen Volkes*, Nikol 2013, S. 247.
9 George, Henry: *Progress and Poverty*, E.P. Dutton & Company 1879, zitiert nach Zinn, a. a. O., S. 258.
10 Goodwyn, Lawrence: »Democratic Promise: The Populist Movement in America«, Oxford University Press 1976, zitiert nach Zinn 2013, S. 278.
11 Zinn, a. a. O., S. 281.
12 72 Prozent der Deutschen sind für bundesweite Volksentscheide, Umfrage von Infratest dimap, April 2017, online unter: mehr-demokratie.de/fileadmin/pdf/2017-05-23_Umfrage-Volksabstimmung.pdf; 93 Prozent sind für ein völkerrechtliches Verbot von Atomwaffen, Umfrage von Forsa, März 2016, online unter: ippnw.de/commonFiles/pdfs/

Atomwaffen/forsaumfrage_Atomwaffen_2016.pdf; 68 Prozent sind für höhere Steuern für Menschen mit hohem Einkommen, Umfrage von Infratest dimap, Juli 2017, online unter: tagesschau.de/inland/deutschlandtrend-831.pdf; 66 Prozent der Berufstätigen befürworten höhere Renten, Umfrage der Axa-Versicherung, April 2017, online unter: axa.de/site/axade/get/documents/axade/AXA.de_Dokumente_und_Bilder/Unternehmen/Presse/Mediathek/Dokumente/AXA-Deutschland-Report-2017/Kernergebnisse-AXA-Deutschland-Report-2017.pdf

13 Stegemann, Bernd: »Die andere Hälfte der Wahrheit«, *Zeit Online*, 3. April 2016, online unter: zeit.de/2016/15/fluechtlingspolitik-deutschland-angela-merkel-europa-humanitaet

14 AfD-Grundsatzprogramm vom 1. Mai 2016, S. 50: »Die AfD fordert ein allgemeines Verbot der Vollverschleierung in der Öffentlichkeit und im öffentlichen Dienst. (...) Ein Verbot ist (...) notwendig und nach einem Urteil des EuGH rechtmäßig.«

15 Lückoff, Janina: »Das Burkaverbot läuft ins Leere«, ARD, Tagesschau, 28. April 2017, online unter: tagesschau.de/inland/burkaverbot-bundestag-103.html

16 Stegemann, Bernd: *Das Gespenst des Populismus*, Theater der Zeit 2017, S. 13.

3 »Hate Speech« und die Meinungsfreiheit

1 Amadeu Antonio Stiftung, »»Geh Sterben!« Umgang mit Hate Speech und Kommentaren im Internet«, 2015, online unter: amadeu-antonio-stiftung.de/w/files/pdfs/hatespeech.pdf, S. 6.

2 Ebd., S. 7.

3 Ebd., S. 8.

4 Ebd., S. 11, Prof. Anatol Stefanowitsch, »Was ist überhaupt Hate Speech?«

5 Wissenschaftliche Dienste des Deutschen Bundestages, »Aktueller Begriff – Volksverhetzung«, Nr. 78/09, 2. Oktober 2009, online unter: bundestag.de/blob/190798/a52bed78fd61296f7a3ea11e84e7c12e/volksverhetzung-data.pdf

6 Benedikt Rohrßen, »Von der ›Anreizung zum Klassenkampf‹ zur ›Volksverhetzung‹ (§ 130 StGB). Reformdiskussion und Gesetzgebung seit dem 19. Jahrhundert«, De Gruyter 2009, S. 14.

7 Ebd., S. 55.

8 Ebd., S. 57.

9 Gesetz gegen die gemeingefährlichen Bestrebungen der Sozialdemokratie, 21. Oktober 1878.

10 Amadeu Antonio Stiftung, »»Geh Sterben!« Umgang mit Hate Speech und Kommentaren im Internet«, a. a. O., S. 10.

11 Ebd., S. 14.
12 Ebd., S. 16.
13 Boie, Johannes: »Wie Facebook Menschen zum Schweigen bringt«, *Süddeutsche Zeitung*, 22. August 2016, online unter: sueddeutsche.de/digital/zensur-in-sozialen-medien-wie-facebook-menschen-zum-schweigen-bringt-1.3130204
14 Schramm, Julia: »Re-legitimizing NATO«, *Atlantic Community*, 17. März 2011, online unter: atlantic-community.org/index.php/Open_Think_Tank_Article/Re-legitimizing_NATO
15 Mühl, Melanie: »Wahlkampf einer digitalen Seele«, *FAZ.NET*, 26. April 2012, online unter: faz.net/aktuell/feuilleton/piratin-julia-schramm-wahlkampf-einer-digitalen-seele-11731922.html
16 Müller-Enbergs, Helmut: »Zusammenfassende gutachterliche Stellungnahme zu: Frau Anetta Kahane und die DDR Staatssicherheit«, 26. November 2014, online unter: amadeu-antonio-stiftung.de/w/files/pdfs/gutachten-anetta-kahane.pdf
17 Müller, Uwe: »Birthler-Behörde ließ Stasi-Spitzel einladen«, *Die Welt*, 25. September 2007, online unter: welt.de/politik/deutschland/article1212415/Birthler-Behoerde-liess-Stasi-Spitzel-einladen.html
18 Ebd.
19 Entwurf eines Gesetzes zur Verbesserung der Rechtsdurchsetzung in sozialen Netzwerken (Netzwerkdurchsetzungsgesetz – NetzDG), Deutscher Bundestag, Drucksache 18/12356, 16. Mai 2017, online unter: dip21.bundestag.de/dip21/btd/18/123/1812356.pdf
20 Ebd.
21 Maas, Heiko: Rede zur ersten Beratung des Gesetzentwurfs zur Verbesserung der Rechtsdurchsetzung in sozialen Netzwerken, 19. Mai 2017, online unter: bmjv.de/SharedDocs/Reden/DE/2017/05192017_BT_1Lesung_NetzDG.html?nn=6704226
22 Die *Süddeutsche Zeitung* berichtete erstmals Ende 2016 davon, dass die Firma Arvato, eine Tochter des Medienkonzerns Bertelsmann, im Auftrag von Facebook ein riesiges Löschteam unterhält: »Mehr als 600 Menschen aus verschiedenen Ländern arbeiten in Berlin für Arvato im Auftrag von Facebook. Es gibt unter anderem Teams für die Sprachen Arabisch, Türkisch, Italienisch, Französisch. Viele der Angestellten sprechen kein Deutsch. Das Gehalt liegt nur knapp über Mindestlohn. (…) Alle berichten von strengen, oft undurchsichtigen Vorschriften, die sich oft ändern. Das Arbeitspensum der untersten Hierarchiestufen liegt bei etwa 2000 zu prüfenden Beiträgen pro Tag.« – Krause, Till/Grassegger, Hannes: »Inside Facebook«, *Süddeutsche Zeitung*, 15. Dezember 2016, online unter: sueddeutsche.de/digital/exklusive-sz-magazin-recherche-inside-facebook-1.3297138
23 NetzDG, Deutscher Bundestag, Drucksache 18/12356, 16. Mai 2017, S. 1.

24 Netzwerkdurchsetzungsgesetz, §1, Absatz 3: »Rechtswidrige Inhalte sind Inhalte im Sinne des Absatzes 1, die den Tatbestand der §§ 86, 86a, 89a, 90, 90a, 90b, 91, 100a, 111, 126, 129 bis 129b, 130, 131, 140, 166, 184b, 184d, 185 bis 187, 241 oder 269 des Strafgesetzbuchs erfüllen.«
25 Entwurf eines Gesetzes zur Verbesserung der Rechtsdurchsetzung in sozialen Netzwerken (Netzwerkdurchsetzungsgesetz – NetzDG), a. a. O., S. 12.
26 Busche, Lukkas: »Kommunistenverfolgung in der alten Bundesrepublik«, Bundeszentrale für politische Bildung, *Deutschland Archiv*, 29. April 2016, online unter: bpb.de/geschichte/zeitgeschichte/deutschlandarchiv/225517/kommunistenverfolgung-in-der-alten-bundesrepublik, Auszug: »Die Verfasser des 1. Strafrechtsänderungsgesetzes von 1951 schufen ein Gesinnungsstrafrecht, in dem die objektive Ermittlung von strafbaren Tatbeständen zunehmend in den Hintergrund rückte. Dagegen spielte die subjektive Einschätzung der individuellen Fälle durch die Beteiligten der Rechtsprechung gegen Kommunisten eine immer wichtigere Rolle.«
27 Bauer, Fritz: »Was ist Landesverrat?«, *Der Spiegel*, Ausgabe 45/1962, 7. November 1962, online unter: spiegel.de/spiegel/print/d-45124528.html
28 Ebd.
29 Bundesverfassungsgericht, Beschluss des Ersten Senats vom 4. November 2009 – 1 BvR 2150/08 – Rn. (1-110), online unter: bverfg.de/e/rs20091104_1bvr215008.html
30 Reporter ohne Grenzen, »Russland kopiert Gesetz gegen Hassbotschaften«, 17. Juli 2017, online unter: reporter-ohne-grenzen.de/presse/pressemitteilungen/meldung/russland-kopiert-gesetz-gegen-hassbotschaften/
31 Reuter, Markus: »Anhörung zum NetzDG: Mehrheit der Experten hält Gesetzentwurf für verfassungswidrig«, *Netzpolitik.org*, 19. Juni 2017, online unter: netzpolitik.org/2017/anhoerung-zum-netzdg-mehrheit-der-experten-haelt-gesetzentwurf-fuer-verfassungswidrig/
32 Hiller, Alexandra: »UN-Sonderberichterstatter: Netzwerkdurchsetzungsgesetz verstößt gegen Menschenrechte«, *Netzpolitik.org*, 9. Juni 2017, online unter: netzpolitik.org/2017/un-sonderberichterstatter-netzwerkdurchsetzungsgesetz-verstoesst-gegen-menschenrechte/
33 Wissenschaftliche Dienste, Deutscher Bundestag, Ausarbeitung WD 10 – 3000 – 037/17, 12. Juni 2017, online unter: bundestag.de/blob/510514/eefb7cf92dee88ec74ce8e796e9bc25c/wd-10-037-17-pdf-data.pdf, S. 6.
34 Menkens, Sabine: »Ist die Ehe für alle mit dem Grundgesetz vereinbar?«, *Die Welt*, 28. Juni 2017, online unter: welt.de/politik/deutschland/article166042974/Ist-die-Ehe-fuer-alle-mit-dem-Grundgesetz-vereinbar.html

35 Deutscher Bundestag, Plenarprotokoll 18/244, 30. Juni 2017, online unter: dip21.bundestag.de/dip21/btp/18/18244.pdf, S. 13.
36 »Hatespeech: Wie erkenne ich hatespeech?«, ARD, 30. Mai 2017, online unter: tagesschau.de/multimedia/video/video-293651.html; die ARD bezieht sich hier auf die zitierte Studie der Amadeu Antonio Stiftung (»›Geh Sterben!‹ Umgang mit Hate Speech und Kommentaren im Internet«, 2015, amadeu-antonio-stiftung.de/w/files/pdfs/hatespeech.pdf).
37 Amadeu Antonio Stiftung, »›Geh Sterben!‹ Umgang mit Hate Speech und Kommentaren im Internet«, a. a. O., S. 14.

4 Der Traum von der Gemeinschaft

1 Martin, Marko: »Wir sind das Volk! Von wegen. Das Volk gibt es nicht«, *Die Welt*, 15. März 2015, online unter: welt.de/debatte/kommentare/article138432957/Wir-sind-das-Volk-Von-wegen-Das-Volk-gibt-es-nicht.html
2 Müller, Jan-Werner: »Wie die Populisten ticken«, *NZZ Folio*, Ausgabe November 2016, online unter: folio.nzz.ch/2016/november/wie-die-populisten-ticken
3 Neujahrsansprache der Kanzlerin, 31. Dezember 2016, online unter: bundeskanzlerin.de/Content/DE/Artikel/2017/01/2017-01-02-neujahrsansprache.html
4 Bundeszentrale für politische Bildung, »Reale und nominale Lohnentwicklung«, 27. September 2013, online unter: bpb.de/nachschlagen/zahlen-und-fakten/soziale-situation-in-deutschland/61766/lohnentwicklung, Auszug: »In den letzten 20 Jahren wurde die Steigerung der Bruttomonatsverdienste insgesamt durch die Steigerung der Verbraucherpreise aufgehoben. Im Zeitraum 1992 bis 2012 sanken die Reallöhne um 1,6 Prozent.«
5 Hagelüken, Alexander: »Deutschland ist so ungleich wie vor 100 Jahren«, *Süddeutsche Zeitung*, 14. Dezember 2017, online unter: sueddeutsche.de/wirtschaft/einkommensverteilung-deutschland-ist-so-ungleich-wie-vor-jahren-1.3791457
6 Website von Pulse of Europe: »Worum geht es?«, online unter: pulseofeurope.eu/de/pulse-of-europe/worum-geht-es/
7 Hagelüken, Alexander: »Schluss mit der Nörgelei über die EU!«, *Süddeutsche Zeitung*, 14. März 2017, online unter: sueddeutsche.de/wirtschaft/europaeische-union-schluss-mit-der-noergelei-ueber-die-eu-1.3417488
8 Raddy, Nina: »Alle Menschen bleiben Brüder«, *Der Tagesspiegel*, 3. März 2017, online unter: tagesspiegel.de/kultur/pro-europa-bewegung-pulse-of-europe-alle-menschen-bleiben-brueder/19466672.html
9 Oppermann, Thomas: Rede zum Europäischen Rat am 9. März 2017,

online unter: thomasoppermann.de/2017/03/09/rede-zum-europaeischen-rat-am-9-maerz-2017/

10 »Europa ist eine Frage von Krieg und Frieden«, Deutschlandfunk Kultur, Daniel Röder im Gespräch mit Liane von Billerbeck, 13. Februar 2017, online unter: deutschlandfunkkultur.de/daniel-roeder-von-pulse-of-europe-europa-ist-eine-frage-von.1008.de.html?dram:article_id=378820

11 Ondreka, Lukas: »Joachim Gauck, die Ossis und Dunkeldeutschland«, *Süddeutsche Zeitung*, 26. August 2015, online unter: sueddeutsche.de/politik/bundespraesident-joachim-gauck-die-ossis-und-dunkeldeutschland-1.2622780

12 Bundeszentrale für politische Bildung, »Motive und Leitbilder der europäischen Einigung«, 30. März 2015, online unter: bpb.de/izpb/203855/motive-und-leitbilder-der-europaeischen-einigung

13 Scott, Peter Dale: *The Road to 9/11. Wealth, Empire and the Future of America*, University of California Press 2007, S. 13, Auszug: »Die Entscheidung dazu basierte auf einer Aktion, die als Erfolg der CIA in Italien betrachtet wurde, nämlich der Wahl einer christdemokratischen Regierung 1948, trotz weitverbreiteter Ängste vor einem kommunistischen Wahlsieg. Der Schlüssel zu diesem Erfolg lag in der raschen Bereitstellung mehrerer Millionen Dollar an die nichtkommunistischen Parteien; auch eine Entscheidung, die ihre Ursprünge in New York hatte. Wie die Journalisten David Wise und Thomas B. Ross schrieben: ›(Verteidigungsminister) Forrestal spürte, dass geheime Gegenmaßnahmen von größter Bedeutung waren, doch seine anfängliche Einschätzung war, dass die italienische Operation privat durchgeführt werden müsste. Die reichen Industriellen in Mailand zögerten, das Geld bereitzustellen, aus Angst vor Vergeltungsmaßnahmen, falls die Kommunisten gewinnen sollten, und so wurde die Sache an den Brook Club in New York weitergereicht. Allen Dulles allerdings glaubte, dass das Problem privat nicht effektiv gehandhabt werden könnte. Er bestand darauf, eine staatliche Geheimorganisation zu schaffen.‹«

14 Evans-Pritchard, Ambrose: »Euro-federalists financed by US spy chiefs«, *The Telegraph*, 19. September 2000, online unter: telegraph.co.uk/news/worldnews/europe/1356047/Euro-federalists-financed-by-US-spy-chiefs.html

15 Ebd.

16 Ebd.; Aldrich, Richard J.: »OSS, CIA and European unity: The American committee on United Europe, 1948–60«, in: *Diplomacy & Statecraft*, Volume 8, Issue 1, März 1997, online unter: dx.doi.org/10.1080/09592299708406035, S. 212.

17 Aldrich, Richard J.: »OSS, CIA and European unity: The American committee on United Europe, 1948–60«, a. a. O., S. 184–227.

18 Ebd., S. 209.
19 Ebd., S. 225; der Privatsekretär hieß François Duchêne und war später, in den 1970er Jahren, Direktor der britischen Denkfabrik International Institute for Strategic Studies.
20 Ebd., S. 207.
21 Ebd.
22 Ebd., S. 209f.
23 KenFM im Gespräch mit Andreas Wehr, 30. November 2017, online unter: youtube.com/watch?v=CmrS5MFlnck, Minute 40.
24 Krekelberg, Astrid: »Amerikaner verhinderten ›Sozialisierungsexperimente‹«, in: *Landtag intern*, 29. Jahrgang, Ausgabe 12, 25. August 1998, S. 21, online unter: landtag.nrw.de/portal/WWW/dokumentenarchiv/Dokument?Id=ZLANIN9812%7C21%7C21
25 Deutscher Bundestag, Dokumente, »Vor 60 Jahren: Debatte zum Montanunion-Beitritt«, Juli 2011, online unter: bundestag.de/dokumente/textarchiv/2011/34170545_kw28_montanunion/205240
26 Ebd.
27 Kurt Schumacher auf der Tagung der Sozialen Arbeitsgemeinschaften der SPD in Gelsenkirchen, 24. Mai 1951, online unter: library.fes.de/pdf-files/bibliothek/bestand/a-28881.pdf
28 KenFM im Gespräch mit Andreas Wehr, 30. November 2017, online unter: youtube.com/watch?v=CmrS5MFlnck, Minute 6.
29 Der Journalist Harald Schumann versucht gemeinsam mit europäischen Kollegen mit dem Portal »Investigate Europe« etwas Derartiges.
30 Bonse, Eric: »In Griechenland brechen alle Dämme«, *taz*, 20. Juli 2017, online unter: taz.de/!5431596/; Scheunemann, Egbert: »Griechenland: Verordnete Verarmung«, *Blätter für deutsche und internationale Politik*, Ausgabe 7/2017, online unter: blaetter.de/archiv/jahrgaenge/2017/juli/griechenland-verordnete-verarmung
31 Aswestopoulos, Wassilis: »Varoufakiade in Neuauflage«, Telepolis, 24. Juli 2017, online unter: heise.de/tp/features/Varoufakiade-in-Neuauflage-3781159.html
32 »Grundsatzdokument für EU-Verteidigungsunion ist unterzeichnet«, *Zeit Online*, 13. November 2017, online unter: zeit.de/politik/ausland/2017-11/pesco-eu-verteidigungsunion-gruendung – Auszug: »Die EU hat einen ersten Schritt zur Verteidigungsunion unternommen. (...) Ziele sind gemeinsame Rüstungsprojekte und der Aufbau von EU-weit zur Verfügung stehenden Einheiten und Kapazitäten. (...) Europa müsse selbst in der Lage sein, mögliche Probleme im Sicherheitsbereich mit benachbarten Regionen selbst zu lösen, forderte von der Leyen.«
33 Naidoo, Xavier: »Europa«, vom Album »Alles kann besser werden«, Naidoo Records 2009.

5 Sind Volksabstimmungen gefährlich?

1 Fleischhauer, Jan: »Man kann dem Volk nicht trauen«, *Der Spiegel*, 4. Juli 2016, online unter: spiegel.de/politik/ausland/direkte-demokratie-man-kann-dem-volk-nicht-trauen-kolumne-a-1101176.html
2 Heußner, Hermann K./Jung, Otmar: *Mehr direkte Demokratie wagen. Volksentscheid und Bürgerentscheid. Geschichte – Praxis – Vorschläge*, Olzog 2009, S. 103; Was unter Wahlen zu verstehen ist, wird im Grundgesetz in Artikel 38 erläutert, wo auf ein Bundesgesetz dazu verwiesen wird. Zum Punkt »Abstimmungen« fehlt jede nähere Konkretisierung im Grundgesetz.
3 Hartwig, Gunther: »Verfassungsrichter a.D. Udo Di Fabio: ›Man muss andere Meinungen aushalten‹«, *Südwest Presse*, 28. Dezember 2016, online unter: swp.de/ulm/nachrichten/politik/interview-mit-udo-di-fabio_-_man-muss-andere-meinungen-aushalten_-14212407.html, Udo Di Fabio im Interview: »Die Väter und Mütter des Grundgesetzes haben neben der Wahl zwar die Abstimmung als Herrschaftsinstrument des Volkes erwähnt, aber sie waren vielleicht nach den Weimarer Erfahrungen etwas misstrauisch, was die Reife des Volkes angeht. Deshalb enthält das Grundgesetz kein einziges ausdrückliches Beispiel dafür, dass das Gesamtvolk in einer Abstimmung entscheidet.«; LeFloid, *Wie geht eigentlich Demokratie?*, Fischer 2017, S. 140.
4 Schmid, Carlo: *Erinnerungen*, Scherz 1980, S. 358f.
5 Morgenrath, Birgit: »›Nützliche Eingeborene mit kriegerischen Eigenschaften‹ – Afrikanische Soldaten im Dienst der Kolonialmächte«, *SWR 2*, 2. Mai 2005, online unter: swr.de/-/id=1637904/property=download/nid=660374/1veght8/wi20050420_3100.rtf; Agoku, Jessica: »Koloniale Sonderschau auf der Pressa – 12. Mai bis 14. Oktober 1928«, Köln Postkolonial – Ein lokalhistorisches Projekt der Erinnerungsarbeit, 2009, online unter: kopfwelten.org/kp/ereignisse/pressa1928/index.html
6 Rügemer, Werner: »Die gekaufte Demokratie. Die Kölner Hinterbühne bei der Gründung der Bundesrepublik Deutschland«, in: *Junge Welt*, 2. September 2009, online unter: jungewelt.de/2009/09-02/023.php
7 Mensing, Hans Peter/Raths, Ursula: *Freundschaft in schwerer Zeit. Die Briefe Konrad Adenauers an Dora Pferdmenges 1933–1949*, Bouvier Verlag 2007, S. 68–70.
8 Dritte Sitzung des Parlamentarischen Rats, 9. September 1948, zitiert nach: Becker, Ernst Wolfgang: *Theodor Heuss, Erzieher zur Demokratie. Briefe 1945–1949*, K. G. Saur 2007, S. 414; Wiegand, Hanns-Jürgen: *Direktdemokratische Elemente in der deutschen Verfassungsgeschichte*, Berliner Wissenschafts-Verlag 2006, S. 196, unter Verweis auf: *Der Parlamentarische Rat 1948–1949. Akten und Protokolle*, Band 9, S. 103ff.

9 Otmar Jung weist darauf hin, dass die Initiative, eine Volksgesetzgebung in die neue Reichsverfassung mit aufzunehmen, wesentlich vom Württemberger SPD-Politiker Wilhelm Keil ausgegangen sei und Haußmann als Liberaler den Sozialdemokraten gegenüber eher bremsend gewirkt habe. (Jung, Otmar: *Grundgesetz und Volksentscheid*, Westdeutscher Verlag 1994, S. 282; auch Schiffers, Reinhard: *Elemente direkter Demokratie im Weimarer Regierungssystem*, Droste 1971, S. 113, 135). Bei Hanns-Jürgen Wiegand heißt es: »Keil und Haußmann wurden zu Promotoren der Volksgesetzgebung in der Weimarer Nationalversammlung.« (Wiegand, Hanns-Jürgen: *Direktdemokratische Elemente in der deutschen Verfassungsgeschichte*, a. a. O., S. 46) Keil, ein gelernter Drechsler, übernahm seinerseits viele Anregungen von dem aus reichen Verhältnissen stammenden Juristen und nationalliberalen Politiker Julius Curtius, der sich schon vor 1919 gründlich mit dem Thema direkte Demokratie befasst hatte. Curtius war später in den 1920er Jahren zunächst Wirtschafts- und dann Außenminister des Deutschen Reiches. Bei den Beratungen zur neuen Verfassung betonte er insbesondere die Notwendigkeit einer Volksabstimmung über die Verfassung selbst. (Schiffers 1971, S. 42ff.)

10 Auf diesen Zusammenhang weist Karl Moersch hin, in den 1970er Jahren Landesvorsitzender der FDP in Baden-Württemberg und Staatsminister im Auswärtigen Amt unter Willy Brandt. – Moersch, Karl: »Die Geschichte der Grundrechte – eine württembergische Geschichte«, Vortrag in der Sitzung des Kreistags Ludwigsburg am 24. April 2009, online unter: landkreis-ludwigsburg.de/deutsch/politik-und-verwaltung/aktuelles/60-jahre-grundgesetz/

11 Reichsgesetz, betreffend die Grundrechte des deutschen Volkes vom 27. Dezember 1848, in Kraft getreten am 17. Januar 1849 im gesamten Reichsgebiet (...), aufgehoben durch Bundesbeschluss vom 23. August 1851 (...) Dem deutschen Volke sollen die nachstehenden Grundrechte gewährleistet sein. Sie sollen den Verfassungen der deutschen Einzelstaaten zur Norm dienen, und keine Verfassung oder Gesetzgebung eines deutschen Einzelstaates soll dieselben je aufheben oder beschränken können. (...) Artikel 2, § 7: (...) Der Adel als Stand ist aufgehoben. Alle Standesvorrechte sind abgeschafft. Die Deutschen sind vor dem Gesetze gleich. (...) Artikel 3, § 8: Die Freiheit der Person ist unverletzlich. (...) § 10: Die Wohnung ist unverletzlich. (...) § 12: Das Briefgeheimniß ist gewährleistet. (...) Artikel 4, § 13: Jeder Deutsche hat das Recht, durch Wort, Schrift, Druck und bildliche Darstellung seine Meinung frei zu äußern. Die Preßfreiheit darf unter keinen Umständen und in keiner Weise durch vorbeugende Maßregeln, namentlich Censur, Concessionen, Sicherheitsbestellungen, Staatsauflagen, Beschränkungen der Druckereien oder des Buchhandels, Postver-

bote oder andere Hemmungen des freien Verkehrs beschränkt, suspendirt oder aufgehoben werden. – online unter: verfassungen.de/de/de06-66/grundrechte48.htm

12 Jung, Otmar: *Direkte Demokratie in der Weimarer Republik*, Campus 1989, S. 11.
13 Ebd.
14 Ebd., S. 61.
15 Jung, Otmar: *Grundgesetz und Volksentscheid*, a. a. O., S. 291.
16 Jung, Otmar: Direkte Demokratie in der Weimarer Republik, a. a. O., S. 57.
17 Ebd., S. 75.
18 *Vorwärts*, Ausgabe vom 16. Oktober 1928, zitiert nach: Jung, Otmar: *Direkte Demokratie in der Weimarer Republik*, a. a. O., S. 87.
19 Jung, Otmar: *Direkte Demokratie in der Weimarer Republik*, a. a. O., S. 91.
20 Bundeshaushalt 2017, Einzelplan 1702, online unter: bundeshaushalt-info.de/#/2017/soll/ausgaben/einzelplan/1702.html
21 »Kartellamt gibt grünes Licht für Korvetten-Konsortium«, *Handelsblatt*, 19. Juli 2017, online unter: handelsblatt.com/my/politik/deutschland/bundeswehr-kartellamt-gibt-gruenes-licht-fuer-korvetten-konsortium/20080358.html
22 Jung, Otmar: *Direkte Demokratie in der Weimarer Republik*, a. a. O., S. 85.
23 Dieser Generalagent hieß Parker Gilbert und wurde später Partner bei der Großbank J. P. Morgan. Sein Sohn leitete in den 1980er Jahren die Wall-Street-Bank Morgan Stanley.
24 Möller, Horst: *Europa zwischen den Weltkriegen*, Oldenbourg 1998, S. 47.
25 Sutton, Antony: *Wall Street und der Aufstieg Hitlers*, Perseus 2008, S. 30ff.
26 Heußner, Hermann K./Jung, Otmar: *Mehr direkte Demokratie wagen*, a. a. O., S. 91ff.
27 Ansprache Hitlers vor Kreisleitern auf der NS-Ordensburg Vogelsang, 29. April 1937, online unter: docplayer.org/38144383-Ansprache-hitlers-vor-den-kreisleitern-auf-vogelsang.html

6 Weshalb direkte Demokratie nicht im Grundgesetz steht

1 Otmar Jung, »Das demokratische Defizit: Deutschland ohne Volksentscheid«, in: *Blätter für deutsche und internationale Politik*, Ausgabe 5/2009, S. 97ff.
2 So in Bayern, Hessen, Baden, Rheinland-Pfalz, Schleswig-Holstein und Nordrhein-Westfalen. – Jung, Otmar: *Grundgesetz und Volksentscheid*, a. a. O., S. 141.

3 Friedrich Middelhauve am 27. November 1947 im Landtag Nordrhein-Westfalen, zitiert nach: Jung, Otmar: *Grundgesetz und Volksentscheid*, a.a.O., S. 106; Middelhauve war abseits der Politik auch Verleger der ersten Erzählungen von Heinrich Böll.
4 Erwein von Aretin, »Anmerkungen zum Verfassungsentwurf«, 17. Juli 1946, zitiert nach: Jung, Otmar: *Grundgesetz und Volksentscheid*, a.a.O., S. 37.
5 Carl Severing am 14. Dezember 1949 im Landtag Nordrhein-Westfalen, zitiert nach: Jung, Otmar: *Grundgesetz und Volksentscheid*, a.a.O., S. 111f.
6 Die folgenden Schilderungen stützen sich in großen Teilen auf die 300-seitige Studie »Grundgesetz und Volksentscheid« von Otmar Jung, dessen penible Archivrecherchen zum Thema die historische Forschung entscheidend vorangebracht haben. Seine Studie enthält mehr als 1500 Fußnoten, die vor allem auf Primärquellen in öffentlichen Archiven verweisen.
7 Willy Brandt in einem Bericht an den Parteivorstand vom 23. April 1948, zitiert nach: Jung, Otmar: *Grundgesetz und Volksentscheid*, a.a.O., S. 188.
8 *Der Parlamentarische Rat 1948–1949, Band 1 – Vorgeschichte*, De Gruyter 1975, S. 195, zitiert nach: Jung, Otmar: *Grundgesetz und Volksentscheid*, a.a.O., S. 214f., Fußnoten 62 und 65.
9 Ebd., S. 222, zitiert nach Jung, Otmar: *Grundgesetz und Volksentscheid*, a.a.O., S. 215.
10 Ebd., S. 225, zitiert nach Jung, Otmar: *Grundgesetz und Volksentscheid*, a.a.O., S. 215.
11 Jung, Otmar: *Grundgesetz und Volksentscheid*, a.a.O., S. 213.
12 Anmerkung am Rande: Zwar wurden damals die Landesverfassungen alle von einer Mehrheit der Abstimmenden angenommen, jedoch nie von der Mehrheit aller Wahlberechtigten. So stimmten etwa für die nordrhein-westfälische Landesverfassung 1950 62 Prozent derjenigen, die an dem Volksentscheid teilnahmen, aber insgesamt gesehen nur 41 Prozent aller Wahlberechtigten. Gleiches gilt für die übrigen Länder. Betrachtet man auch die Volksentscheide zu den Verfassungen der ostdeutschen Bundesländer in den 1990er Jahren, dann wurde – bis auf eine einzige Ausnahme (Thüringen 1994 mit 50,5 Prozent) – keine Landesverfassung von einer Mehrheit des gesamten Volkes angenommen. – Heußner, Hermann K./Jung, Otmar: *Mehr direkte Demokratie wagen*, a.a.O., S. 225f.
13 Otmar Jung führt auch Einwände gegen die Durchführung dieses Volksentscheids an, resümiert aber: »Über 77 Prozent Ja-Stimmen bei gut 93 Prozent Abstimmungsbeteiligung sind Werte, die bei formal freier und grundsätzlich geheimer Abstimmung nicht wegzudiskutieren

sind. Vom Ergebnis her wird man daher jenen sächsischen Maßnahmen das Prädikat ›demokratisch‹ nicht versagen können.« – Jung, Otmar: *Grundgesetz und Volksentscheid*, a. a. O., S. 147.
14 Godau-Schüttke, Klaus-Detlev: »Von der Entnazifizierung zur Renazifizierung der Justiz in Westdeutschland«, *forum historiae iuris*, 6. Juni 2001, online unter: www.forhistiur.de/media/zeitschrift/0106go dau-schuettke.pdf, S. 15.
15 Katz spielte eine führende Rolle in der antikommunistisch orientierten »German Labour Delegation« (GLD). Der CIA-Vorläufer OSS verfolgte 1943 ein gemeinsames Projekt mit der GLD, um perspektivisch Einfluss auf das zukünftige Nachkriegsdeutschland zu nehmen und dem in der Sowjetunion gegründeten »Nationalkomitee Freies Deutschland« etwas entgegenzusetzen. – Bungert, Heike: *Das Nationalkomitee und der Westen. Das NKFD und die Freien Deutschen Bewegungen aus der Sicht der Westalliierten, 1943–1948*, Franz Steiner Verlag 1997, S. 98f.
16 Fredericia, Walter: »Vierundzwanzig Richter entscheiden über Deutschland«, *Die Zeit*, Ausgabe 26/1952, online unter: zeit.de/1952 /26/vierundzwanzig-richter-entscheiden-ueber-deutschland/komplett ansicht; AFL-Chef William Green leitete auf Wunsch der US-Präsidenten Roosevelt und Truman mehrfach Regierungskommissionen in den USA.
17 Schmid, Carlo: *Erinnerungen*, a. a. O., S. 407.
18 Unter seinem Vorsitz wurden etwa die SPD-Klagen gegen das Petersberger Abkommen von 1949 verworfen, worin auch eine internationale Kontrolle des Ruhrgebiets festgelegt worden war, was die Pläne einer Übertragung der Montanindustrie in Gemeineigentum hintertrieb (siehe dazu auch Kapitel 4, Anmerkung 24). – *Der Spiegel*, Nachruf auf Rudolf Katz, 2. August 1961, online unter: spiegel.de/spiegel/ print/d-43365287.html; Als Vorsitzender des zweiten Senats des Bundesverfassungsgerichts erklärte Katz 1958 zudem die von SPD-Regierungen in Hamburg und Bremen initiierten Volksabstimmungen gegen die Atomrüstung für verfassungswidrig. – Gründler, Gerhard E.: »Erinnerung an Rudolf Katz«, online unter: web.archive.org/web/20 120308000913/http://www.gerdgruendler.de/Katz,%20Rudolf.html
19 Die CIA plante und nutzte den Verband als PR-Werkzeug, um öffentlichkeitswirksam und unter Verweis auf renommierte Juristen Menschenrechtsverletzungen in sozialistischen Ländern anzuprangern. Viele der beteiligten Juristen wussten nichts von der CIA-Förderung, die erst 1967 bekannt wurde. – Tolley Jr., Howard B.: *The International Commission of Jurists: Global Advocates for Human Rights*, University of Pennsylvania Press 1994.
20 Wiegand, Hanns-Jürgen: Direktdemokratische Elemente in der deutschen Verfassungsgeschichte, a. a. O., S. 201.

21 Ebd., S. 197.
22 Rudolf Katz im Parlamentarischen Rat am 8. Dezember 1948, zitiert nach: Jung, Otmar: *Grundgesetz und Volksentscheid*, a. a. O., S. 287.
23 Ebd.
24 Jung, Otmar: *Grundgesetz und Volksentscheid*, a. a. O., S. 255.
25 Ebd., S. 256.

7 Die Angst vor dem Volksentscheid

1 Die FDP ist laut ihrem Grundsatzprogramm von 2012 für bundesweite Volksabstimmungen, hat das aber im Wahlprogramm zur Bundestagswahl 2017 nicht mehr gefordert. Parteichef Lindner ist nach eigenen Worten dagegen (siehe auch Anmerkung 12). – Mehr Demokratie e.V., »Volksentscheid-Positionen der im Bundestag vertretenen Parteien«, 2017, online unter: mehr-demokratie.de/themen/volksabstimmungen/positionen-der-parteien/
2 Vitzthum, Thomas: »Die Angst der CDU vor dem Willen der Deutschen«, *Die Welt,* 17. November 2013, online unter: welt.de/politik/deutschland/article121964431/Die-Angst-der-CDU-vor-dem-Willen-der-Deutschen.html
3 van Ackeren, Margarete/Goffart, Daniel/Hoffmann, Andrea/Wendt, Alexander: »Die Kanzlerin und die V-Frage«, *Focus*, Ausgabe 38/2016, online unter: focus.de/politik/deutschland/politik-und-gesellschaft-die-kanzlerin-und-die-v-frage_id_5944546.html
4 Die SPD hatte im Wahlkampf 2013 einen eigenen Antrag für Volksabstimmungen in den Bundestag eingebracht, da jedoch aus der Opposition heraus (mit dem Wissen, dass der Vorschlag von der CDU-geführten Regierung abgelehnt werden würde).
5 Deutscher Bundestag, 18. Wahlperiode, Protokoll 176. Sitzung, 9. Juni 2016, online unter: dip21.bundestag.de/dip21/btp/18/18176.pdf, S. 36.
6 Kapitel 5, Anmerkung 27, Ansprache Hitlers vor Kreisleitern auf der NS-Ordensburg Vogelsang, 29. April 1937, online unter: docplayer.org/38144383-Ansprache-hitlers-vor-den-kreisleitern-auf-vogelsang.html
7 Deutscher Bundestag, 18. Wahlperiode, Protokoll 176. Sitzung, 9. Juni 2016, online unter: dip21.bundestag.de/dip21/btp/18/18176.pdf, S. 34.
8 Randnotiz: Der zitierte Abgeordnete Ostermann hat seine Doktorarbeit 2009 zum Thema »Die verfassungsrechtliche Stellung des Deutschen Kaisers« verfasst. Darin schwärmt er von der »Würde« des Kaisers, der »gleichsam Großvater der Nation« gewesen sei, und meint: »Es ist keine Ausnahmeerscheinung, einen Großteil des Lebens von dem gleichen

Monarchen begleitet zu werden. Dieser Umstand allein steigert die Identifikation des Volkes mit seinem monarchischen Oberhaupt. Das Volk wächst mit dem Monarchen über die Dauer seiner Regierungszeit zusammen. Je länger die Regierungszeit andauert, desto intensiver wird die Verbindung. Gleichzeitig intensiviert die Identifikation mit dem Monarchen die Identifikation mit dem Staat, an dessen Spitze er steht.« Das bezieht sich auf das 19. Jahrhundert, dennoch ist man geneigt, an die »endlosen« Amtszeiten von Kohl und Merkel zu denken. – Ostermann, Tim: *Die verfassungsrechtliche Stellung des Deutschen Kaisers nach der Reichsverfassung von 1871*, Peter Lang 2009, S. 29.

9 Grundgesetz, Artikel 20: »Die Bundesrepublik Deutschland ist ein demokratischer und sozialer Bundesstaat. Alle Staatsgewalt geht vom Volke aus. (…) Gegen jeden, der es unternimmt, diese Ordnung zu beseitigen, haben alle Deutschen das Recht zum Widerstand, wenn andere Abhilfe nicht möglich ist.«

10 FDP-Grundsatzprogramm, beschlossen auf dem 63. ordentlichen Bundesparteitag in Karlsruhe, 22. April 2012, online unter: fdp.de/sites/default/files/uploads/2016/01/28/karlsruherfreiheitsthesen.pdf, S. 73.

11 FDP-Wahlprogramm 2017, online unter: fdp.de/sites/default/files/uploads/2017/08/07/20170807-wahlprogramm-wp-2017-v16.pdf, S. 96.

12 »FDP-Chef Lindner lehnt bundesweite Volksentscheide ab«, *Die Welt*, 19. September 2017, welt.de/regionales/bayern/article168799746/FDP-Chef-Lindner-lehnt-bundesweite-Volksentscheide-ab.html

13 ARD, hart aber fair, »Volksabstimmung für alle – sind Bürger die besseren Politiker?«, 31. Oktober 2016, online unter: daserste.de/information/talk/hart-aber-fair/videoextern/volksabstimmung-fuer-alle-sind-buerger-die-besseren-politiker-106.html

14 Siehe Anmerkung 12; mehrfache schriftliche Nachfragen von mir an Lindner zu den Gründen für seinen Sinneswandel ließ dieser unbeantwortet.

15 Deutscher Bundestag, Drucksache 18/13502, »Veröffentlichung von Spenden, die im Einzelfall die Höhe von 50 000 Euro übersteigen«, 5. September 2017, online unter: dip21.bundestag.de/dip21/btd/18/135/1813502.pdf; Müller, Florian: »Der unbekannte Wohltäter der FDP«, ARD Panorama, 17. August 2017, online unter: daserste.ndr.de/panorama/archiv/2017/Der-unbekannte-Wohltaeter-der-FDP,fdp812.html

16 Deutscher Bundestag, Drucksache 18/13179, »Veröffentlichung von Spenden, die im Einzelfall die Höhe von 50 000 Euro übersteigen«, 25. Juli 2017, dip21.bundestag.de/dip21/btd/18/131/1813179.pdf

17 ARD, Tagesschau, »CDU und FDP kassieren am meisten«, 1. August 2017, online unter: tagesschau.de/inland/parteispenden-103.html

18 Mehr Demokratie e.V., Gesetzentwurf zur Einführung von Volksinitiative, Volksbegehren und Volksentscheid sowie fakultativen und obligatorischen Referenden auf Bundesebene, Oktober 2013, online unter: mehr-demokratie.de/fileadmin/pdf/MD-Gesetzentwurf_Volksentscheid.pdf
19 Für ein Volksbegehren, das eine Grundgesetzänderung anstrebt, wären laut dem Plan 1,5 Millionen Unterschriften nötig.
20 Tiefenbach, Paul: *Alle Macht dem Volke? Warum Argumente gegen Volksentscheide meistens falsch sind*, VSA 2013, S. 40; Der Bundesstaat South Dakota war der Pionier für direkte Demokratie in den USA, damals vorangetrieben durch die schon in Kapitel 2 erwähnte »Populist Party«. In den 1890er Jahren scheiterten zunächst mehrere Ansätze einer Volksgesetzgebung am Widerstand der Republikaner. Erst in einer Allianz mit der Demokratischen Partei gelang es den »Populists« schließlich, Volksabstimmungen in die Verfassung von South Dakota mit aufzunehmen. Es folgten die Bundesstaaten Utah (1900), Oregon (1902) und schließlich Dutzende weitere, darunter Kalifornien (1911) und Florida (1968). – Heußner, Hermann K./Jung, Otmar: *Mehr direkte Demokratie wagen*, a. a. O., S. 140.
21 Gerber, Elizabeth R.: *The Populist Paradox: Interest Group Influence and the Promise of Direct Legislation*, Princeton University Press 1999.
22 Heußner, Hermann K./Jung, Otmar: *Mehr direkte Demokratie wagen*, a. a. O., S. 135.
23 Gerber, Elizabeth R.: *The Populist Paradox*, a. a. O., S. 119f.
24 Glaser, Ulrich: Direkte Demokratie als politisches Routineverfahren. Volksabstimmungen in den USA und Kalifornien, Palm & Enke 1997, S. 216, zitiert nach: Tiefenbach, Paul: *Alle Macht dem Volke?*, a. a. O., S. 38, Fußnote 5.
25 Heußner, Hermann K./Jung, Otmar: *Mehr direkte Demokratie wagen*, a. a. O., S. 152f.

8 Aus Ohnmacht wird Wut oder: Wer ist die AfD?
1 Bundeswahlleiter, Wahl zum 19. Deutschen Bundestag am 24. September 2017, Heft 2, Vorläufige Ergebnisse nach Wahlkreisen.
2 Hans-Böckler-Stiftung, »Neue Studie: Wer wählt Rechtspopulisten? Erfahrung von Unsicherheit und Kontrolle im Arbeitsleben sowie Zukunftssorgen wichtige Faktoren«, 9. August 2017, online unter: boeckler.de/106575_110284.htm (vollständige Studie unter: boeckler.de/pdf/p_fofoe_WP_044_2017.pdf).
3 *Der Spiegel*, Ausgabe 28/2004, 5. Juli 2004, S. 30, online unter: spiegel.de/spiegel/print/d-31409958.html

4 Götz Eisenberg, »Im Abseits«, *Junge Welt*, 24. Juli 2017, online unter: jungewelt.de/artikel/315001.im-abseits.html
5 David Folkerts-Landau, »Lasst sie kommen!«, *Zeit Online*, 15. Oktober 2015, online unter: zeit.de/2015/42/fluechtlinge-zuwanderung-deutschland-integration-vorteile
6 Götz Eisenberg, »Im Abseits«, a. a. O.
7 Kempkens, Sebastian: »76000 Mal Hoffnung«, *Zeit Online*, 8. Juli 2017, online unter: zeit.de/politik/deutschland/2017-07/g20-gipfel-hamburg-grenzenlose-solidaritaet-hans-christian-stroebele
8 *Focus Online*, »100 Milliarden pro Jahr: Über die Kosten für diese Flüchtlinge spricht niemand«, 24. September 2015, online unter: focus.de/finanzen/steuern/steuerhinterziehung/sie-fliehen-nicht-vor-krieg-100-milliarden-ueber-die-kosten-fuer-diese-fluechtlinge-spricht-niemand_id_4968896.html
9 Schreyer, Paul: »Senden, wenn keiner zuschaut«, Telepolis, 25. April 2013, online unter: heise.de/tp/features/Senden-wenn-keiner-zuschaut-3398547.html
10 Webseite der AfD, abgerufen am 4. Oktober 2017, Auszug: »Willkommen bei der Alternative für Deutschland, der neuen Kraft im Deutschen Bundestag! Deutschland braucht eine Partei, die sich konsequent der verantwortungslosen Politik dieser Kanzlerin und ihrer Bundesregierung entgegenstellt. Wir stehen als einzige ernstzunehmende Kraft für einen grundsätzlichen Politikwechsel in den für die Zukunft unseres Landes besonders relevanten Fragen: Asyl und Einwanderung, Islam und Identität, EU und EURO-Rettung, Schutz und Sicherheit der Bürger, Zukunft für unsere Kinder und Familien.«
11 Lutz, Martin/Müller, Uwe: »Alice Weidel und viele Fragen zu ihrem Lebenslauf«, *Die Welt*, 21. Mai 2017, online unter: welt.de/politik/deutschland/article164763372/Alice-Weidel-und-viele-Fragen-zu-ihrem-Lebenslauf.html
12 *Manager Magazin*, »Ein Mann für Milliarden«, 25. September 2009, online unter: manager-magazin.de/unternehmen/karriere/a-651358.html
13 Erhard, Ludwig: *Wohlstand für alle*, Econ 1957, S. 230.
14 AfD Bayern, »Alice Weidel: Reform der Erbschaftssteuer – Eine historische Chance für eine Abschaffung«, 17. Februar 2016, online unter: afdbayern.de/alice-weidel-reform-der-erbschaftsteuer-eine-historische-chance-fuer-eine-abschaffung/
15 *Spiegel Online*, »Milliardenkredite für Griechenland retteten vor allem Banken«, 4. Mai 2016, online unter: spiegel.de/wirtschaft/soziales/griechenland-hilfsmilliarden-retteten-vor-allem-banken-a-1090710.html
16 Striesow, Jan: *Die Deutschnationale Volkspartei und die Völkisch-Radikalen 1918–1922*, Haag & Herchen 1981, S. 116.

17 Bernd, Hans-Dieter: *Die Beseitigung der Weimarer Republik auf »legalem« Weg: Die Funktion des Antisemitismus in der Agitation der Führungsschicht der DNVP*, Dissertation an der Universität Hagen 2004, S. 92f.
18 Ebd., S. 100, Auszug: »Der einzige konstruktive Ansatz, die Frage nach dem ›Wie‹ der Agitation gegen den ›jüdischen Geist‹ zu lösen, ohne dabei gegen die Juden an sich vorgehen zu müssen, sie aber dennoch zu erwähnen, zeigte sich in der Ablehnung der Zuwanderung der Ostjuden. Hier bestand die einzige Möglichkeit, dem Kampf gegen den ›jüdischen Geist‹ Glaubwürdigkeit zu verleihen, indem das Zuwanderungsproblem zur Lösung des Glaubwürdigkeitsproblems instrumentalisiert wurde.«
19 Kailitz, Steffen: »Flüchtlingswelle in der Weimarer Republik: Rechte Kampagnen damals und heute«, in: *Cicero*, 13. November 2015, online unter: cicero.de/innenpolitik/fluechtlingsdebatte-was-wir-aus-der-judeneinwanderung-der-20er-lernen/60106
20 Bernd, Hans-Dieter: *Die Beseitigung der Weimarer Republik auf »legalem« Weg*, a. a. O., S. 108.
21 Gauland, Alexander: »Warum sich die Deutschen mit Gewalt so schwer tun«, *Der Tagesspiegel*, 23. Juli 2012, online unter: tagesspiegel.de/meinung/diffuser-pazifismus-warum-sich-die-deutschen-mit-gewalt-so-schwer-tun/6907386.html
22 Alexander Gauland beim Kyffhäusertreffen am 2. September 2017: »Was in der Bismarck-Zeit die Vollendung erlebte, hatte Luther begonnen, hatte Lessing fortgesetzt und hatte die Goethesche Sprache vollendet. Es war die Dominanz deutscher Kultur und deutscher Sprache in Europa. (…) Wenn die Franzosen zu Recht stolz auf ihren Kaiser sind und die Briten auf Nelson und Churchill, haben wir das Recht, stolz zu sein auf die Leistungen deutscher Soldaten in zwei Weltkriegen.« – online unter: youtube.com/watch?v=Te66uN9gssY
23 Lehming, Malte: »Dresden war ein Kriegsverbrechen«, *Der Tagesspiegel*, 13. Februar 2015, online unter: tagesspiegel.de/politik/70-jahrestag-der-bombenangriffe-dresden-war-ein-kriegsverbrechen/11342384.html
24 *Focus*, »Bundestagswahl 2013: Das Wahlprogramm der Alternative für Deutschland«, 10. Juli 2013, online unter: focus.de/politik/deutschland/bundestagswahl-2013/bundestagswahl-2013-das-wahlprogramm-der-alternative-fuer-deutschland_aid_1039346.html
25 AfD-Wahlprogramm zur Europawahl 2014, beschlossen vom Bundesparteitag am 22. März 2014, online unter: afd-cottbus.de/wp-content/uploads/2014/07/AfD-Europaprogramm_Langfassung.pdf, S. 15f.
26 Schröder, Gerhard: »Neues Strategiepapier: Die AfD schwenkt nach rechts«, Deutschlandfunk Kultur, 22. Januar 2015, online unter:

deutschlandfunkkultur.de/neues-strategiepapier-die-afd-schwenkt-nach-rechts.2165.de.html?dram:article_id=309465

27 *Spiegel Online*, »Islamkritik soll Schwerpunkt im neuen AfD-Programm werden«, 11. März 2016, online unter: spiegel.de/politik/deutschland/afd-programm-islamkritik-soll-schwerpunkt-werden-a-1081842.html

28 Neuerer, Dietmar: »Konservativ, liberal, rechts – wohin steuert die AfD?«, *Handelsblatt*, 28. Juni 2013, online unter: handelsblatt.com/politik/deutschland/bundestagswahl-2013/euro-kritiker-konservativ-liberal-rechts-wohin-steuert-die-afd/8419392.html

29 Berger, Jens: »Bürgerkonvent 2.0 – die deutsche Tea-Party-Bewegung«, NachDenkSeiten, 8. September 2011, online unter: nachdenkseiten.de/?p=10678

30 Lachmann, Günther: »Hans-Olaf Henkels Spiel mit der AfD«, *Die Welt*, 28. Dezember 2013, online unter: welt.de/politik/deutschland/article123352824/Hans-Olaf-Henkels-Spiel-mit-der-AfD.html

31 *Zeit Online*, »Henkel leiht AfD eine Million Euro«, 30. April 2014, online unter: zeit.de/politik/deutschland/2014-04/afd-europawahl-henkel-kredit

32 JUVE, »Nach 17 Jahren: Bayer bekommt neuen General Counsel«, 9. September 2016, online unter: juve.de/nachrichten/namenundnachrichten/2016/09/nach-17-jahren-bayer-bekommt-neuen-general-counsel

33 Schönstein, Jürgen: »Die Denkfabrik im Bündnisdorf«, *Focus*, 30. November 2006, online unter: focus.de/politik/ausland/krieg-gegen-terror_aid_120184.html

34 Die MacDill Air Force Base in Tampa, Florida, ist die Befehlszentrale des United States Central Command, von wo aus alle US-Militäroperationen und Militärbasen von Ägypten bis Pakistan geleitet werden.

35 »Georg Pazderski, Spitzenkandidat der AfD zur Wahl in Berlin«, Jung & Naiv: Folge 277, 4. September 2016, online unter: youtube.com/watch?v=Rit89i-gJ2g, Minute 8.

36 Ebd., Minute 25 und 83.

37 Lobbycontrol, »Geheime Millionen und der Verdacht illegaler Parteispenden: 10 Fakten zur intransparenten Wahlkampfhilfe für die AfD«, September 2017, lobbycontrol.de/wp-content/uploads/Hintergrundpapier_Verdeckte_Wahlhilfe_AfD.pdf

9 Milliardäre machen Politik

1 ZDF-Moderator Kleber gehört zum Beispiel zu einem kleinen Kreis von Journalisten, die bei der Münchner Sicherheitskonferenz als persönliche Gäste von Organisator Wolfgang Ischinger Zugang zu einflussreichen Konferenzteilnehmern erhalten. Er ist oder war außerdem der At-

lantik-Brücke und dem Aspen-Institut verbunden, Organisationen die von westlichen Wirtschaftsführern dominiert werden. FDP-Politiker Lindner ist Mitglied in der Atlantik-Brücke und der Deutschen Atlantischen Gesellschaft und wurde 2013 – als einziger aktiver deutscher Politiker – zur Bilderberg-Konferenz eingeladen, wo er in vertraulichem Rahmen zwischen den Chefs von internationalen Großbanken und Konzernen saß.

2 Alexander, Dan: »How Bill And Hillary Clinton Made $240 Million In The Last 15 Years«, *Forbes*, 8. November 2016, online unter: forbes.com/sites/danalexander/2016/11/08/how-bill-house-hillary-clinton-made-240-million-how-much-earnings-rich-white/#294668c47a16

3 Krysmanski, Hans Jürgen: *Hirten & Wölfe. Wie Geld- und Machteliten sich die Welt aneignen oder: Einladung zum Power Structure Research*, Westfälisches Dampfboot 2004; sowie: *0,1 %. Das Imperium der Milliardäre*, Westend 2012.

4 Foundation Center, »Fiscal Totals of the 50 Largest Foundations in the U.S. by Total Giving", 2014, online unter: data.foundationcenter.org/#/foundations/all/nationwide/top:giving/list/2014

5 Mit der Ernennung von Dean Rusk zum Außenminister 1961 folgte Kennedy einer persönlichen Empfehlung von Chester Bowles, damals Vorstandsmitglied der Rockefeller Foundation und einflussreiches Mitglied der Elite. – Halberstam, David: *Die Elite. The Best and the Brightest*, Rowohlt 1974, S. 34.

6 Shoup, Laurence H./Minter, William: *Imperial Brain Trust. The Council on Foreign Relations and United States Foreign Policy*, Monthly Review Press 1977, S. 119; Dieses Buch ist eine wichtige Quelle für das vorliegende Kapitel und liegt als Scan mittlerweile auch online vor: swprs.files.wordpress.com/2017/09/cfr_imperial_brain_trust.pdf – Eine deutsche Übersetzung (»Kulissenschieber e.V. – Der Council on Foreign Relations und die Außenpolitik der USA«) erschien 1981, ist allerdings nur noch antiquarisch erhältlich. Das Buch wurde seinerzeit in der Council-Zeitschrift *Foreign Affairs* rezensiert (Ausgabe Oktober 1977), und zwar persönlich vom Herausgeber William P. Bundy, selbst ein Mitglied der Oberschicht. Der war von der Kritik am Council nicht begeistert und bewertete sie als »fern der Realität« – ohne aber einzelne Fakten aus dem Buch anzuzweifeln.

7 Ebd., S. 148–157.

8 Ebd., S. 166–169.

9 Ebd., S. 163f; Auszug: »Council president Norman Davis, now chairman of the Department of State's security subcommittee of the Advisory Committee on Postwar Foreign Policy, asserted in early May 1942 that it was probable ›the British Empire as it existed in the past will never reappear and that the United States may have to take its place.‹«

10 Council on Foreign Relations, War-Peace Studies, Memorandum E-B32, »Economic War Aims: General Considerations«, 17. April 1941, Northwestern University Library, Evanston, Illinois; zitiert nach: Shoup, Laurence H./Minter, William: *Imperial Brain Trust*, a. a. O., S. 162f.
11 Shoup, Laurence H./Minter, William: *Imperial Brain Trust*, a. a. O., S. 175.
12 Eigendarstellung Bertelsmann-Stiftung, Leitbild, bertelsmann-stiftung. de/de/ueber-uns/was-uns-bewegt/leitbild/
13 Schuler, Thomas: *Bertelsmannrepublik Deutschland. Eine Stiftung macht Politik*, Campus 2010, S. 72.
14 Ebd., S. 101–137.
15 Ebd., S. 106; Eichhorst, Werner/Profit, Stefan/Thode, Eric: *Benchmarking Deutschland: Arbeitsmarkt und Beschäftigung. Bericht der Arbeitsgruppe Benchmarking und der Bertelsmann Stiftung*, Springer 2001.
16 Deutsches Historisches Museum, Programmatischer Wahlaufruf der Deutschnationalen Volkspartei zur Unterstützung Alfred Hugenbergs – vermutlich zur Reichstagswahl November 1932, Text: »Lasst die Schornsteine rauchen! Sozial ist, wer Arbeit schafft. Hugenberg kann's! Darum wählt Liste 5, Deutschnational!«, online unter: dhm.de/datenbank/dhm.php?seite=5&fld_0=D2Z23759
17 Schuler, Thomas: *Bertelsmannrepublik Deutschland*, a. a. O., S. 107f; Eichhorst, Werner/Profit, Stefan/Thode, Eric: *Benchmarking Deutschland*, a. a. O., S. 1f. – Zitat: »Die Arbeitsgruppe Benchmarking tagte in der Regel unter Beteiligung von Dr. Stefan Empter und Dipl.-Volksw. Andreas Esche von der Bertelsmann Stiftung. Für die wissenschaftliche Erarbeitung der vorliegenden Studie richtete die Bertelsmann Stiftung ein Projektbüro ein, dem zunächst Dr. Werner Eichhorst und Dr. Stefan Profit angehörten. Nach dem Wechsel von Dr. Profit in das Bundesministerium für Arbeit und Sozialordnung kam zu Beginn des Jahres 2001 Dipl.-Volksw. Eric Thode dazu.«
18 Schuler, Thomas: *Bertelsmannrepublik Deutschland*, a. a. O., S. 125.
19 Spindler, Helga: »War die Hartz-Reform auch ein Bertelsmann Projekt?«, NachDenkSeiten, 23. September 2009, online unter: nachdenkseiten. de/?p=4212; Wernicke, Jens/Bultmann, Torsten: *Netzwerk der Macht – Bertelsmann. Der medial-politische Komplex aus Gütersloh*, Bund demokratischer Wissenschaftler 2007, S. 279–311.
20 Fels, Gerhard/Heinze, Rolf G./Pfarr, Heide/Streeck, Wolfgang: »Bericht der Wissenschaftlergruppe der Arbeitsgruppe Benchmarking über Möglichkeiten zur Verbesserung der Beschäftigungschancen geringqualifizierter Arbeitnehmer«, November 1999, S. 5, online unter: ssoar. info/ssoar/handle/document/19521 – Auszug: »Einige der von der Wissenschaftlergruppe der Arbeitsgruppe Benchmarking diskutierten Optionen zielen auf die Schaffung oder Erweiterung eines sogenannten

›Niedriglohnsektors‹. Damit ist ein Bereich gemeint, in dem die Nettolöhne dauerhaft unterhalb des sozialen Existenzminimums liegen oder mindere Formen der sozialen Sicherung bestehen.«
21 Ebd., S. 14.
22 Gerhard Schröder am 28. Januar 2005 auf dem World Ecomomic Forum in Davos, online z.B. unter: nachdenkseiten.de/upload/wdoks/Rede_Davos.pdf
23 Peter Wahl, »Die Grenzen sind klar«, *taz*, 15. Januar 2005, online unter: taz.de/!652322/
24 Lieb, Wolfgang: »Häufig gestellte Fragen: Welche Ziele verfolgt Bertelsmann in der Hochschulpolitik?«, NachDenkSeiten, 28. August 2012, online unter: nachdenkseiten.de/?p=14270
25 Schuler, Thomas: *Bertelsmannrepublik Deutschland*, a.a.O., S. 150.
26 Lieb, Wolfgang: »Die Bertelsmann Stiftung und ihre Verflechtungen«, NachDenkSeiten, 27. Februar 2007, online unter: nachdenkseiten.de/?p=2144
27 Ritz, Hauke »Bewusstseinsdesign im Namen der Exzellenz. Wie man durch die Umstrukturierung der Universitäten das gesellschaftspolitische Bewusstsein der nächsten Generationen plant. Über die gesellschaftspolitischen Ziele der Bertelsmann-Stiftung«, Arbeitskreis kritischer Juristinnen und Juristen an der Humboldt-Universität Berlin, Dezember 2003, online unter: akj.rewi.hu-berlin.de/zeitung/annex/annex1/index.htm
28 Ebd.

10 Begrenzte Grundrechte

1 Schnell, Lisa: »Gefährder-Gesetz verschärft«, *Süddeutsche Zeitung*, 19. Juli 2017, online unter: sueddeutsche.de/bayern/bayern-gefaehrdergesetz-verschaerft-1.3595274 – Auszug: »Bisher galt eine Höchstdauer von zwei Wochen, die nun völlig aufgehoben ist. Alle drei Monate muss die Haft von einem Richter überprüft werden. Theoretisch können Betroffene so jahrelang im Gefängnis sitzen, ohne ein Urteil.«
2 Joeres, Annika: »Ausnahmezustand in Frankreich: Das Außergewöhnliche wird Alltag«, *Zeit Online*, 7. Juni 2017, online unter: zeit.de/politik/ausland/2017-06/frankreich-ausnahmezustand-terrorbekaempfung-sicherheitspolitik
3 »Neues Antiterrorgesetz statt Ausnahmezustand«, *Zeit Online*, 18. Oktober 2017, online unter: zeit.de/politik/ausland/2017-10/frankreich-antiterrorgesetz-ausnahmezustand-emmanuel-macron
4 *Süddeutsche Zeitung*, »Bundesanwaltschaft verzichtet auf Ermittlungen«, 17. Mai 2010, online unter: sueddeutsche.de/politik/strafan

zeige-gegen-rumsfeld-bundesanwaltschaft-verzichtet-auf-ermittlungen-1.315505
5 n-tv, »Auch von Hartz IV Erspartes nicht sicher«, 13. Oktober 2017, online unter: n-tv.de/ratgeber/Auch-von-Hartz-IV-Erspartes-nicht-sicher-article20080772.html; *Spiegel Online*, »Freispruch für Deutsche-Bank-Chefs«, 25. April 2016, online unter: spiegel.de/wirtschaft/deutsche-bank-prozess-freispruch-fuer-juergen-fitschen-und-josef-ackermann-a-1089065.html
6 Marx, Karl/Engels, Friedrich: *Das kommunistische Manifest*, 1848, Ausgabe des Reclam-Verlages von 1999, S. 21; Ähnlich der antike Philosoph Augustinus: »Was sind überhaupt Reiche, wenn die Gerechtigkeit fehlt, anderes als große Räuberbanden?« (*Vom Gottesstaat*, 4. Buch)
7 Der Begriff »Eliten« bezeichnet hier die Gruppe sehr reicher Eigentümer, deren gemeinsames Interesse darin besteht, ihr Eigentum und den damit verknüpften politischen Einfluss zu sichern.
8 Das Office of Policy Coordination (OPC), eine CIA-Abteilung für verdeckte Operationen, zu deren Aufgaben auch die Destabilisierung von Staaten gehörte, wurde 1948 ohne Wissen des Parlamentes geschaffen. – Scott, Peter Dale: *The Road to 9/11*, a. a. O., S. 13; Über das »Gladio«-Netzwerk der NATO-Geheimtruppen waren vor 1990 zum Teil noch nicht einmal die Verteidigungsminister der jeweiligen Länder informiert. Siehe dazu: Ganser, Daniele: *NATO-Geheimarmeen in Europa. Inszenierter Terror und verdeckte Kriegsführung*, Orell Füssli 2008, S. 221f.
9 Ritz, Hauke: »Vom Sturm auf die Bastille bis zum 11. September 2001. Der Aufstieg und der drohende Fall des republikanischen Zeitalters«, in: *Hintergrund*, Heft 3/2017, S. 84–89.

11 Der Tiefenstaat

1 Bittorf, Wilhelm: »Ein Politbüro für den Kapitalismus?«, *Der Spiegel*, Ausgabe 50/1975, 8. Dezember 1975, online unter: spiegel.de/spiegel/print/d-41389590.html, S. 142–147.
2 Shoup, Laurence H./Minter, William: *Imperial Brain Trust*, a. a. O.; Dulles war von 1944 bis 1946 Vizepräsident und von 1946 bis 1950 Präsident des Council on Foreign Relations, in direkter Nachfolge des Bankers Russell C. Leffingwell, dem damaligen Vorstandschef der Bank J.P. Morgan. – Council on Foreign Relations, Historical Roster of Directors and Officers, online unter: web.archive.org/web/20160305000210/http://www.cfr.org/about/history/cfr/appendix.html
3 Talbot, David: *Das Schachbrett des Teufels: Die CIA, Allen Dulles und der Aufstieg Amerikas heimlicher Regierung*, Westend 2016.
4 Der General war Hoyt Vandenberg und damals Director of Central Intel-

ligence im »War Department«, dem Vorläufer des »Department of Defense«. – Helms, Richard: *A Look Over My Shoulder: A Life in the Central Intelligence Agency*, Random House 2003.
5 Ebd.; Die Beratergruppe unter der Leitung von Dulles bestand aus Paul Nitze (Ex-Vizepräsident von Dillon Read), Kingman Douglass (Ex-Managing Partner bei Dillon Read), William Harding Jackson (ab 1947 Managing Partner bei J.H. Whitney), Robert A. Lovett (Ex-Partner bei Brown Brothers Harriman), Frank Wisner (Ex-Wall-Street-Anwalt) und Admiral Sydney Souers (Ex-Vizepräsident der Canal Bank & Trust Company).
6 Scott, Peter Dale: *The Road to 9/11*, a.a.O., S. 12.
7 Einige Beispiele: Bobby Ray Inman, von 1977 bis 1981 zunächst Direktor der NSA, dann Vizechef der CIA, wechselte später nahtlos in die Leitung einer der regionalen Federal Reserve Banken. William Casey wiederum war erst Partner in einer großen Anwaltskanzlei, dann Chef der US-Börsenaufsicht, bevor er von 1981 bis 1987 an die Spitze der CIA wechselte. Andere Manager können auf ähnliche Karrieren zurückblicken. Chad Sweet: 1990 bis 1993 im »Directorate of Operations« der CIA, 1994 bis 1996 Investment Banker bei Morgan Stanley, 1996 bis 2006 Vizechef von Goldman Sachs, 2007 bis 2009 Stabschef im Heimatschutzministerium. Kenneth Minihan: 1995 bis 1996 Chef des Militärgeheimdienstes DIA, 1996 bis 1999 Direktor der NSA, später im Vorstand der Paladin Capital Group. John Deutch: 1995 bis 1996 Direktor der CIA, 1998 bis 2010 Vorstandsmitglied der Citigroup. Auch George Tenet wechselte von der Spitze der CIA (1997 bis 2004) zu einer Investmentbank. Und General David Petraeus, erst Kommandeur der Truppen in Afghanistan, dann von 2011 bis 2012 CIA-Chef, wurde später Berater für den Finanzinvestor KKR.
8 Ullrich, Volker: »Die Noske-Pabst-Connection«, *Zeit Online*, 15. Januar 2009, online unter: zeit.de/2009/04/P-Gietinger
9 Scott, Peter Dale: »The Assassinations of the 1960s as ›Deep Events‹«, *History Matters*, 17. Oktober 2008, online unter: history-matters.com/essays/jfkgen/AssassinationsDeepEvents/AssassinationsDeepEvents.htm
10 Gietinger, Klaus: *Der Konterrevolutionär. Waldemar Pabst – eine deutsche Karriere*, Edition Nautilus 2009.
11 Sabrow, Martin: *Der Rathenaumord: Rekonstruktion einer Verschwörung gegen die Republik von Weimar*, De Gruyter 1994.
12 Bauer, Wolfgang: »Dag Hammarskjöld: War es doch Mord?«, *Zeit Online*, 13. Juni 2017, online unter: zeit.de/2017/25/dag-hammarskjoeld-flugzeugabsturz-kalter-krieg-geheimdienste/komplettansicht
13 Giefer, Thomas: »Mord im Kolonialstil. Patrice Lumumba, eine afrikanische Tragödie«, in: Blondiau (Hg.), Heribert: *Tod auf Bestellung. Politi-*

scher Mord im 20. Jahrhundert, Ullstein 2000, S. 143ff.
14 Bröckers, Mathias: JFK. Staatsstreich in Amerika, Westend 2017; Kompa, Markus: »JFK – blown away«, Telepolis, 25. Oktober 2017, online unter: heise.de/tp/news/JFK-blown-away-3870799.html
15 DiEugenio, James/Pease, Lisa: »The Assassinations: Probe Magazine on JFK, MLK, RFK and Malcolm X«, Feral House 2003.
16 Scott, Peter Dale: »The Assassinations of the 1960s as ›Deep Events‹«, a.a.O.
17 Baab, Patrik/Harkavy, Robert E.: Im Spinnennetz der Geheimdienste. Warum wurden Olof Palme, Uwe Barschel und William Colby ermordet?, Westend 2017.
18 Deiseroth, Dieter: Der Reichstagsbrand und der Prozess vor dem Reichsgericht, Tischler 2006.
19 Risen, James: »The C.I.A. in Iran«, The New York Times, 16. April 2000, online unter: nytimes.com/library/world/mideast/041600iran-cia-index.html
20 Prados, John: »Essay: 40th Anniversary of the Gulf of Tonkin Incident«, The National Security Archive, 4. August 2004, online unter: nsarchive2.gwu.edu//NSAEBB/NSAEBB132/essay.htm
21 Scott, Peter Dale: The Road to 9/11, a.a.O.
22 Gellman, Barton/Schmid, Susan: »Shadow Government Is at Work in Secret«, The Washington Post, 1. März 2002, online unter: washingtonpost.com/wp-dyn/content/article/2006/06/09/AR2006060900891.html
23 Mann, James: Rise of the Vulcans. The History of Bush's War Cabinet, Penguin 2004, S. 138.
24 Der damalige Antiterrorkoordinator Richard Clarke berichtete 2004, dass er den Plan 1998 in dieser Hinsicht aktualisiert hatte. – Clarke, Richard: Against All Enemies. Inside America's War on Terror, Free Press 2004, S. 167; Die entsprechende Direktive des Präsidenten (PDD-67) war geheim. Ihr genauer Inhalt wurde nie öffentlich gemacht. – Näheres dazu online unter: fas.org/irp/offdocs/pdd/pdd-67.htm
25 Scott, Peter Dale: The Road to 9/11, a.a.O., S. 236–246; ABC News, »Worst Case Scenario: Secret Plan to Control U.S. Government After an Attack Went Into Motion on 9/11«, 25. April 2004, online unter: web.archive.org/web/20040429063810/http://abcnews.go.com/sections/Nightline/Politics/armageddon_plan_040425.html; Schreyer, Paul: »The 9/11 Plan: Cheney, Rumsfeld and the ›Continuity of Government‹«, Global Research, 28. Januar 2013, online unter: globalresearch.ca/the-911-plan-cheney-rumsfeld-and-the-continuity-of-government/5320879
26 9/11 Commission Report, online unter: 9-11commission.gov/report/911Report.pdf, S. 326, 555 (Fußnote 9) – Auszug: »The 9/11 cri-

sis tested the U.S. government's plans and capabilities to ensure the continuity of constitutional government and the continuity of government operations. We did not investigate this topic, except as needed to understand the activities and communications of key officials on 9/11. The Chair, Vice Chair, and senior staff were briefed on the general nature and implementation of these continuity plans.«

27 Mann, James: *Rise of the Vulcans*, a. a. O., S. 142.
28 Erdheim, Mario: *Die gesellschaftliche Produktion von Unbewusstheit. Eine Einführung in den ethnopsychoanalytischen Prozess*, Suhrkamp 1982.
29 *Der Spiegel*, »Ich ließ Rosa Luxemburg richten« – *Spiegel*-Gespräch mit dem Putsch-Hauptmann Waldemar Pabst, Ausgabe 16/1962, 18. April 1962, online unter: spiegel.de/spiegel/print/d-45139766.html, S. 38–44.
30 *Spiegel Online*, » NSU-Komplex: Aktenschreddern bleibt für Verfassungsschützer folgenlos«, 10. November 2016, online unter: spiegel.de/panorama/justiz/nsu-aktenschreddern-bleibt-fuer-verfassungsschuetzer-folgenlos-a-1120662.html; Crolly, Hannelore: »Warum sterben so viele NSU-Zeugen auf dubiose Art?«, *Die Welt*, 22. Februar 2016, online unter: welt.de/debatte/kommentare/article152527660/Warum-sterben-so-viele-NSU-Zeugen-auf-dubiose-Art.html
31 CNN, Anderson Cooper 360 Degrees, Interview mit Michael Hayden, 6. März 2017, online unter: edition.cnn.com/TRANSCRIPTS/1703/06/acd.01.html
32 *Politico*, »Full transcript: POLITICO's Glenn Thrush interviews Michael Hayden«, 28. März 2016, online unter: politico.com/story/2016/03/full-transcript-politicos-glenn-thrush-interviews-michael-hayden-221275
33 Hayden, Michael: »The chasm between the security agencies and the Obama administration«, *The Washington Times*, 20. Mai 2015, online unter: washingtontimes.com/news/2015/may/20/michael-hayden-the-chasm-between-the-security-agen/ – Auszug: »One way of looking at the federal government is that part of it is permanent and another part of it is transient. (...) The permanent government brings with it fact-based expertise and experience, both of which are virtues unless they become so dominant as to foster stagnation. The transient folks bring a political legitimacy along with a vision and energy for change that stimulates progress unless they become so obsessive that it fosters recklessness.«
34 Greenwald, Glenn: »The Deep State Goes to War With President-Elect, Using Unverified Claims, as Democrats Cheer«, *The Intercept*, 11. Januar 2017, online unter: theintercept.com/2017/01/11/the-deep-state-goes-to-war-with-president-elect-using-unverified-claims-as-dems-cheer/
35 Eisenhower, Dwight D.: »Farewell Radio and Television Address to the

American People«, 17. Januar 1961, online unter: eisenhower.archives. gov/all_about_ike/speeches/farewell_address.pdf
36 Rede von Salvador Allende vor der UNO-Vollversammlung am 4. Dezember 1972, online unter: abacq.net/imagineria/cronolo4.htm
37 Alden, Robert: »Mr. Allende follows outline of speech«, The New York Times, 5. Dezember 1972, online unter: nytimes.com/1972/12/05/archives/allende-at-un-charges-assault-by-us-interests-chilean-president.html; youtube.com/watch?v=vbZHXHOMOz0
38 Scott, Peter Dale: The Road to 9/11, a.a.O., S. 39–42; Rockefeller selbst schrieb dazu in seinen Memoiren: »In March 1970, well before the election, my friend Augustin (Doonie) Edwards, publisher of El Mercurio, Chile's leading newspaper, told me that Allende was a Soviet dupe who would destroy Chile's fragile economy and extend Communist influence in the region. If Allende won, Doonie warned, Chile would become another Cuba, a satellite of the Soviet Union. He insisted the United States must prevent Allende's election. Doonie's concerns were so intense that I put him in touch with Henry Kissinger.« – Rockefeller, David: Memoirs, Random House 2002, S. 432, zitiert nach: Scott, Peter Dale: The Road to 9/11, a.a.O., S. 40.
39 Anlässlich des vierzigsten Jahrestags des Putsches hat das brasilianische Online-Magazin Carta Maior 2013 ein umfangreiches Dossier veröffentlicht, aus dem dieses Zitat stammt. Ich danke Lutz Taufer für den Hinweis darauf, sowie die Übersetzung, die Taufer auch in seinem Buch »Über Grenzen: Vom Untergrund in die Favela«, (Assoziation A, 2017,) anführt. – Carta Maior, »40 anos depois daquele terca-feira I e II«, 10. September 2013; Der erwähnte Gesprächspartner Kissingers war der chilenische Botschafter Orlando Letelier, der 1976 in Washington vom Geheimdienst des chilenischen Diktators Pinochet mit einer Autobombe ermordet wurde. Ein junger chilenischer Politiker, der im Beitrag von Carta Maior erwähnt wird, war Zeuge des Gesprächs mit Kissinger und berichtete später davon.
40 Schreyer, Paul: »Die Demokratie des George Soros«, NachDenkSeiten, 30. August 2016, online unter: nachdenkseiten.de/?p=34805

12 Das Eigentum

1 Blickle, Peter: Der Bauernkrieg. Die Revolution des Gemeinen Mannes, C.H. Beck 2012, S. 126 – Auszug: »Über 300 Jahre diente der Bauernkrieg den intellektuellen und politischen Eliten als Zuchtmittel, um den Untertanen Gehorsam gegenüber jeder Obrigkeit als gottgewollt einzubläuen. Ungehorsam war die Chiffre für 1525, nicht Freiheit.«
2 Dams, Jan: »Das könnte eine finanzpolitische Trendwende werden«, Die Welt, 25. Oktober 2017, online unter: welt.de/wirtschaft/article170

022913/Das-koennte-eine-finanzpolitische-Trendwende-werden.html

3 *Manager Magazin*, »Autokonzerne lassen Dividenden im Dax kräftig steigen«, 24. November 2017, online unter: manager-magazin. de/finanzen/geldanlage/dividende-dax-konzerne-zahlen-rekordwert-von-35-milliarden-fuer-2017-a-1180084.html

4 »BMW schüttet eine Milliarde Euro an die Quandts aus«, *FAZ. NET*, 21. März 2017, online unter: faz.net/aktuell/wirtschaft/unternehmen/autokonzern-verdient-gut-bmw-schuettet-eine-milliarde-euro-an-die-quandts-aus-14935810.html

5 Hägler, Max: »Porsche-Eigentümer bestehen auf Millionen-Dividende«, *Süddeutsche Zeitung*, 25. April 2016, online unter: sueddeutsche.de/wirtschaft/ausschuettungen-porsche-eigentuemer-bestehen-auf-millionen-dividende-1.2967077

6 Wahlprogramm der Partei Die Linke zur Bundestagswahl 2017, S. 76, 78.

7 Ebd., S. 37.

8 Im Bundeshaushalt 2017 wies die Bundesregierung Lohnsteuereinnahmen in Höhe von 83 Mrd. Euro aus.

9 Creutzburg, Dietrich: »Die SPD-Spitze wehrt die Vermögensteuer vorerst ab«, *FAZ.NET*, 25. Juni 2017, online unter: faz.net/aktuell/wirtschaft/wirtschaftspolitik/bundestagswahl-programm-spd-spitze-wehrt-vermoegensteuer-ab-15077043.html

10 Das Heidelberger Programm – Grundsätze und Forderungen der Sozialdemokratie, herausgegeben auf Beschluss des sozialdemokratischen Parteivorstandes, Redaktion: Paul Kampffmeyer, 18. September 1925, online unter: library.fes.de/prodok/fa82-01783.pdf, S. 7.

11 Ebd., S. 21f.

12 Grundsatzprogramm der Sozialdemokratischen Partei Deutschlands, beschlossen auf dem Außerordentlichen Parteitag der Sozialdemokratischen Partei Deutschlands in Bad Godesberg vom 13. bis 15. November 1959, Archiv des Instituts für Zeitgeschichte München, Druckschriftensammlung, Dn 012-002(a), online unter: 1000dokumente.de/index.html?c=dokument_de&dokument=0013_god, S. 14, 26.

13 NachDenkSeiten, 28. Pleisweiler Gespräch mit Professor Mausfeld, 22. Oktober 2017, online unter: youtube.com/watch?v=aK1eUnfcK4Q, Minute 119.

14 Dahn, Daniela: *Wir sind der Staat. Warum Volk sein nicht genügt*, Rowohlt 2013, S. 59f; Hoffmann-Riem, Wolfgang: »Machtverhältnisse im Wissenschaftsbetrieb – zu Helmut Rittstiegs als urheberrechtliche Exegese getarnter Glosse«, in: Krajewski, Markus et al.: *Gesellschaftliche Herausforderungen des Rechts: Eigentum – Migration – Frieden und Solidarität. Gedächtnisschrift für Helmut Rittstieg*, Nomos 2015, S. 69f.

15 Kommentar zum Grundgesetz für die Bundesrepublik Deutsch-

land, Reihe Alternativkommentare, Gesamtherausgeber Rudolf Wassermann, Luchterhand 1984.
16 »Neue Interpreten«, in: *Der Spiegel*, Ausgabe 44/1984, 29. Oktober 1984, online unter: spiegel.de/spiegel/print/d-13513317.html, S. 103.
17 Im Bundestag stellen die Juristen weiterhin die mit Abstand größte Berufsgruppe. 115 Juristen stehen dort neun Handwerkern gegenüber. – Ciesielski, Rebecca: »So sieht der neue Bundestag aus«, *Süddeutsche Zeitung*, 27. September 2017, online unter: sueddeutsche.de/politik/bundestagswahl-so-sieht-der-neue-bundestag-aus-1.3684878
18 Mayer-Tasch, Peter Cornelius: »John Locke – Der Weg zur Freiheit«, in: Locke, John: *Über die Regierung* (The Second *Treatise of Government*), Reclam 1974, S. 223.
19 Locke, John: *Über die Regierung*, a.a.O.; Lockes Werk *Two Treatises of Government* erschien 1689.
20 Rittstieg, Helmut: *Eigentum als Verfassungsproblem*, a.a.O., S. 33.
21 Locke diente Anthony Ashley-Cooper (1621–1683), dem 1. Earl of Shaftesbury, als Berater und Leibarzt.
22 Locke, John: *Über die Regierung*, a.a.O., Abschnitt 142; Lockes Werk ist in fortlaufend nummerierte Abschnitte gegliedert, die hier bei den Quellenangaben anstelle von Seitenzahlen genannt werden. Somit können die entsprechenden Passagen auch leicht in anderen Ausgaben des Buches gefunden werden.
23 Ebd., Abschnitt 36.
24 Ebd.; im Original: »(…) had not the invention of money, and the tacit agreement of men to put a value on it, introduced (by consent) larger possessions, and a right to them; (…)«
25 Locke, John: *Über die Regierung*, a.a.O., Abschnitt 46.
26 FDP-Grundsatzprogramm, 2012, S. 80f.
27 AfD-Grundsatzprogramm, 2016, S. 9, 67.
28 Berschens, Ruth: »EU zieht Entwurf für Trennbanken-Gesetz zurück«, *Handelsblatt*, 24. Oktober 2017, online unter: handelsblatt.com/finanzen/banken-versicherungen/finanzbranche-eu-zieht-entwurf-fuer-trennbanken-gesetz-zurueck/20498838.html – Auszug: »Nach jahrelangem Streit verzichtet die EU auf das Vorhaben, die Giganten unter den Geldhäusern zur Abspaltung bestimmter riskanter Geschäftszweige zu zwingen.«
29 Berger, Jens: »Funke-Freispruch – die Aufarbeitung der Finanzkrise ist ein einziger Skandal«, NachDenkSeiten, 2. Oktober 2017, online unter: nachdenkseiten.de/?p=40396 – Auszug: »Obgleich es unstrittig ist, dass zahlreiche Banker mit hoher krimineller Energie Kollegen, Anleger und Aufsichtsbehörden täuschten und der Schaden

alleine für den deutschen Staat bei mindestens 40 Mrd. Euro liegt, musste kein einziger Banker ins Gefängnis. (...) Auch in Großbritannien kam es zu keiner einzigen Haftstrafe, in den USA musste ein einziger Abteilungsleiter hinter Gitter. Das Strafgesetz ist heute offenbar in fast allen westlichen Ländern nicht mehr in der Lage, komplexere Finanzstraftaten zu ahnden.«

30 Locke, John: *Über die Regierung*, a. a. O., Abschnitt 50.
31 Lockes deutsche Übersetzerin Dorothee Tidow weist in einer Anmerkung auf die beschränkten sprachlichen Fähigkeiten von Locke hin: »Locke führt keine leichte Feder. Oftmals scheint er den Schwung zum folgenden Wort nicht zu finden, wenn er mit zähem Fleiß an Beispielen festhält und Autoritäten bemüht, wo immer er nur einen Zipfel ihres Rocksaumes zu fassen bekommt. Seine Sprache ist einfach, er wiederholt sich oft, und oft auch erscheint sein Wortschatz äußerst beschränkt.« – Locke, John: Über die Regierung, a. a. O., S. 187.
32 Umfrage von Dods Information, »Parliamentary Perceptions of the Banking System«, Juli 2014, online unter: positivemoney.org/wp-content/uploads/2014/08/Positive-Money-Dods-Monitoring-Poll-of-MPs.pdf
33 Schreyer, Paul: »Der Bundestag und das Geldsystem«, Telepolis, 31. Mai 2016, online unter: heise.de/tp/features/Der-Bundestag-und-das-Geldsystem-3223186.html
34 Die Deutsche Bundesbank schreibt dazu: »Als gesetzliches Zahlungsmittel bezeichnet man das Zahlungsmittel, das niemand zur Erfüllung einer Geldforderung ablehnen kann, ohne rechtliche Nachteile zu erleiden. Im Euroraum ist Euro-Bargeld das gesetzliche Zahlungsmittel; nur die Zentralbanken des Eurosystems dürfen es in Umlauf bringen. In Deutschland sind auf Euro lautende Banknoten das einzige unbeschränkte gesetzliche Zahlungsmittel.« – online unter: bundesbank.de/Navigation/DE/Service/Glossar/_functions/glossar.html?lv2=32032&lv3=62825
35 Seiffert, Horst: *Geldschöpfung. Die verborgene Macht der Banken*, H. Seiffert 2014, S. 80, 152.
36 Ebd.; Binswanger, Mathias: *Geld aus dem Nichts. Wie Banken Wachstum ermöglichen und Krisen verursachen*, Wiley 2015.
37 Näheres dazu in deutscher Sprache unter monetative.de und in Englisch unter positivemoney.org.
38 Zarlenga, Stephen: *Der Mythos vom Geld – die Geschichte der Macht*, Conzett 1999.
39 Werner, Richard A.: *Neue Wirtschaftspolitik. Was Europa aus Japans Fehlern lernen kann*, Vahlen 2007, S. 213.
40 Ein Beispiel ist die Ausgabe von selbst erzeugtem Papiergeld amerikanischer Kolonisten 1690 in Massachusetts oder, in größerem Maßstab, im amerikanischen Unabhängigkeitskrieg ab 1775, als eine

gemeinsame Versammlung der Kolonien in Philadelphia, der sogenannte Kontinentalkongress, die Ausgabe einer eigenen Papierwährung, des »Continental-Dollar«, beschloss, um die Kämpfe gegen die britischen Truppen zu finanzieren.

41 Das war zum Beispiel der Fall im amerikanischen Bürgerkrieg 1862, als Präsident Lincoln staatliches Papiergeld, den »Greenback«, ausgab, um den Krieg gegen die abtrünnigen Südstaaten zu finanzieren, der auch im Interesse der eigenen Oberschicht lag. – Zarlenga, Stephen: *Der Mythos vom Geld – die Geschichte der Macht*, a. a. O., S. 331; Schreyer, Paul: *Wer regiert das Geld? Banken, Demokratie und Täuschung*, Westend 2016, S. 128ff.

42 Das berühmte Buch *Das Ende der Geschichte* des amerikanischen Politikwissenschaftlers Francis Fukuyama erschien 1992, kurz nach dem Zusammenbruch der Sowjetunion.

43 »Islamistisch« wird hier in Anführungszeichen gesetzt aufgrund der fehlenden Aufklärung von Anschlägen wie 9/11. Bis heute sind die Verantwortlichen in diesem und anderen Fällen nicht zweifelsfrei und im Rahmen rechtsstaatlichen Grundsätzen genügender Gerichtsverfahren ermittelt. Die Rolle der Geheimdienste (denen mutmaßliche Täter oft lange bekannt waren, die teilweise Bombenzünder und Ähnliches lieferten) ist kaum ansatzweise aufgeklärt, wie auch die auffällige Häufung von Notfallübungen, die regelmäßig zeitgleich zu Terroranschlägen stattfanden. Siehe dazu: Schreyer, Paul: »Der trainierte Terror«, Telepolis, 19. November 2015, online unter: heise.de/tp/features/Der-trainierte-Terror-3376721.html

13 Vorsicht, Querfront!

1 Häring, Norbert: »Der Antisemit Norbert Häring: Dekonstruktion eines versuchten Rufmords«, 17. Mai 2016, online unter: norberthaering.de/de/27-german/news/617-antisemit

2 Storz, Wolfgang: »›Querfront‹ – Karriere eines politisch-publizistischen Netzwerks«, Otto-Brenner-Stiftung, 14. August 2015 (geändert und neu veröffentlicht am 19. Oktober 2015), online unter: otto-brenner-shop.de/uploads/tx_mplightshop/AP18_Storz_2015_10_19.pdf

3 Ebd., S. 4.

4 Ebd., S. 4, 8, 9.

5 Zu meiner eigenen Zusammenarbeit mit Jürgen Elsässer – die seit vielen Jahren beendet ist, der letzte gemeinsame Auftritt war 2013 – habe ich mich ausführlich hier geäußert: »In eigener Sache: Paul Schreyer, Ken Jebsen, Jürgen Elsässer, Compact und die Querfront«, 26. Januar 2017, online unter: paulschreyer.wordpress.com/2017/01/26/

in-eigener-sache-paul-schreyer-ken-jebsen-juergen-elsaesser-compact-und-die-querfront/
6 Storz, Wolfgang: »›Querfront‹ – Karriere eines politisch-publizistischen Netzwerks«, a. a. O., S. 27f.; Storz erwähnt den Bruch am Rande, ohne Details zu nennen, gegen Ende der Studie in einem Nebensatz: »Dies unterstellt nicht, dass die Akteure bei allen Themen einer Meinung sind. Bei wenigen, wie Fragen von Religion, Familie und nationaler Homogenität, gibt es sehr wohl gravierende Unterschiede, mit denen beispielsweise Ken Jebsen – nach eigener Darstellung – nach einer langen Zusammenarbeit seinen ›Bruch‹ mit Jürgen Elsässer begründet.«
7 Shahyar, Pedram/Jebsen, Ken u.a: »Für einen humanistischen Grundkonsens!«, 24. Mai 2014, veröffentlicht auf dem Facebook-Kanal von Pedram Shahyar, online unter: facebook.com/pedram.shahyar/posts/10203029098061185
8 Storz, Wolfgang: »›Querfront‹ – Karriere eines politisch-publizistischen Netzwerks«, a. a. O., S. 6.
9 Amann, Melanie/Baumgärtner, Maik/Feldenkirchen, Markus/Knobbe, Martin/Müller, Ann-Katrin/Neubacher, Alexander/Schindler, Jörg: »Aufstand der Ängstlichen«, *Der Spiegel*, Heft 51/2015, 12. Dezember 2015, online unter: spiegel.de/spiegel/print/d-140390005.html, S. 18–27.
10 Ebd.
11 Gottfried, Dietmar: »Nazis gegen Hitler – Otto Strasser und der Revolutionäre Nationalsozialismus«, Telepolis, 23. September 2012, online unter: heise.de/tp/features/Nazis-gegen-Hitler-3395613.html?seite=all – Joseph Goebbels zum Beispiel, ursprünglich antikapitalistisch geprägt und mit dem ebenso orientierten Strasser-Flügel der Partei verbunden, wechselte bereits 1925 die Seiten zu Hitler, der seine Partei klar kapitalistisch ausrichtete und die (nichtjüdische) Großindustrie als Partner ansah.
12 *Antifaschistisches Infoblatt*, »Der Begriff Querfront. Eine historische Betrachtung«, Ausgabe 1/2004, 10. März 2004, online unter: antifainfoblatt.de/artikel/der-begriff-querfront-eine-historische-betrachtung
13 Neebe, Reinhard: *Großindustrie, Staat und NSDAP 1930–1933*, Vandenhoeck & Ruprecht 1981, S. 164 – Auszug: »In einem bisher zu wenig beachteten Interview mit dem amerikanischen Journalisten H. R. Knickerbocker bestätigt sich diese Kehrtwendung: Strasser erklärte dort unmissverständlich: ›Wir erkennen das Privateigentum an. (…) Wir erkennen unsere Schulden an und unsere Verpflichtung, sie zu zahlen. Wir sind gegen die Verstaatlichung der Industrie. (…) Wir sind gegen Planwirtschaft im Sowjetsinne (…) Wenn wir zur Macht kommen, wird es keine gewaltsamen Änderungen geben.‹«
14 Sander, Ulrich: »Das Spenden-Rendezvous«, in: *Ossietzky*, Aus-

gabe 9/2013, 20. April 2013, online unter: ossietzky.net/9-2013& textfile=2252
15 Ebd.
16 Ebd.
17 Jens Wernicke im Interview mit Prof. Rudolph Bauer, »Es gibt keine linke Querfront«, NachDenkSeiten, 14. Juni 2016, online unter: nachdenkseiten.de/?p=33793
18 Jürgen Elsässer, »Neuwahlen in Sicht: Danach Gauland Kanzler, Lindner Vizekanzler?«, *Compact Online*, 22. November 2017, online unter: com pact-online.de/neuwahlen-in-sicht-danach-gauland-kanzler-lindner-vi zekanzler/ – Auszug: »Aber es gibt noch eine andere Möglichkeit: Wenn die AfD das ganze bisherige Spielbrett umschmeißt und auf Sieg spielt. Sieg heißt: Sie macht der FDP das Angebot, eine gemeinsame Regierung zu bilden. (…) Die AfD sammelt die enttäuschten Arbeitslosen, Arbeiter und den bedrohten Mittelstand, die FDP die Besserverdienenden und die Teile des Kapitals, die noch alle Tassen im Schrank haben. Gemeinsam könnten sie eine Regierung aus dem Volk, durch das Volk und für das Volk bilden. Gauland Kanzler, Lindner Vizekanzler.«
19 Bröckers, Mathias: *Der Fall Ken Jebsen oder Wie Journalismus im Netz seine Unabhängigkeit zurückgewinnen kann: Der Macher von KenFM im Gespräch mit Mathias Bröckers*, Westend 2016, S. 14.
20 Ein Beispiel unter vielen: Holland-Letz, Matthias: »Die Welt von KenFM«, in: *Journalist*, Ausgabe 12/2017, S. 52–55.
21 de.wikipedia.org/wiki/Kontaktschuld, aufgerufen am 11. Dezember 2017.
22 Krüger, Uwe: *Mainstream. Warum wir den Medien nicht mehr trauen*, C.H. Beck 2016, S. 105.
23 Landtag von Baden-Württemberg, Drucksache 15 /7467, Kleine Anfrage der Abgeordneten Rita Haller-Haid (SPD): »Verfassungsrechtlich bedenkliche Verlage im Kreis Tübingen«, 2. Oktober 2015, online unter: landtag-bw.de/files/live/sites/LTBW/files/dokumente/WP15/Drucksachen/7000/15_7467_D.pdf
24 Schreyer, Paul: »Kontaktverlust oder: Wenn unbequeme Bücher ›verschwinden‹«, NachDenkSeiten, 8. November 2017, online unter: nachdenkseiten.de/?p=40961
25 Meisner, Matthias: »Streit um Preis für Ken Jebsen: Die Linke im Kampf gegen die Querfront«, *Der Tagesspiegel*, 4. Dezember 2017, online unter: tagesspiegel.de/politik/streit-um-preis-fuer-ken-jebsen-die-linke-im-kampf-gegen-die-querfront/20666844.html
26 Die Linke, Beschluss 2017/152, »Klare Kante gegen Querfront«, 3. Dezember 2017, online unter: die-linke.de/partei/parteistruktur/parteivorstand/2016-2018/beschluesse/detail/news/klare-kante-ge gen-querfront/

14 Der Mythos von der »neuen Zeit«

1 KenFM, »Dr. Daniele Ganser über Terror-Frame und Syrien-Krieg«, 1. Februar 2017, online unter: kenfm.de/ganser-terror-frame-syrien-krieg/
2 FDP-Wahlprogramm 2017, a. a. O., S. 3.
3 Finkenzeller, Karin: »Jung, smart, loyal«, *Zeit Online*, 27. August 2014, online unter: zeit.de/politik/ausland/2014-08/frankreich-macron-neuer-wirtschaftsminister
4 *Manager Magazin*, »Diese Milliardäre setzen auf Macron«, 24. April 2017, online unter: manager-magazin.de/fotostrecke/wahl-in-frankreich-die-kandidaten-der-milliardaere-fotostrecke-146737.html
5 Denord, François/Lagneau-Ymonet, Paul: »Die Bande des Monsieur Macron«, in: *Le Monde diplomatique*, 9. März 2017, online unter: monde-diplomatique.de/artikel/!5388627
6 Sandberg, Britta/Heyer, Julia Amalia: »Wie Macron Frankreich erneuern will«, *Der Spiegel*, Ausgabe 12/2017, 17. März 2017, online unter: spiegel.de/spiegel/emmanuel-macron-im-franzoesischen-wahlkampf-wir-brauchen-erneuerung-a-1139308.html
7 Hoffmann, Christiane: »Die Lage am Montag«, *Spiegel Online*, 24. April 2017, online unter: spiegel.de/politik/ausland/news-frankreich-emmanuel-macron-horst-seehofer-ivanka-trump-a-1144486.html
8 Kurz, Sebastian: »Der neue Weg. Das Programm der Liste Sebastian Kurz – die neue Volkspartei zur Nationalratswahl 2017«, online unter: mitmachen.sebastian-kurz.at/page/-/SK_Programm_Teil1_RZ_WEB.pdf
9 Tóth, Barbara/Redl, Josef: »Projekt Ballhausplatz«, in: *Falter*, Ausgabe 38/2017, 19. September 2017, online unter: cms.falter.at/falter/2017/09/19/projekt-ballhausplatz/
10 Ebd., Dokument »Strategische Grundlage und Positionierung, Stand 21.7. 2016«, online unter: cms.falter.at/falter/wp-content/uploads/StrategischeGrundanlageundPositionierung.pdf, S. 1, 3.
11 Ebd., S. 4.
12 Ebd., Dokument »Grundlinien Wahlprogramm«, online unter: cms.falter.at/falter/wp-content/uploads/GrundlinienWahlprogramm.pdf
13 Schreyer, Paul: »Die vertraulichen Sprachregelungen der ARD«, Telepolis, 30. Juni 2017, online unter: heise.de/tp/features/Die-vertraulichen-Sprachregelungen-der-ARD-3758887.html – Auszug: »Tagesschau-Redakteure sind beim Formulieren ihrer Texte an interne Richtlinien gebunden, die offenbar auch politische Wertungen vorgeben.«

Literatur

Bleicken, Jochen: *Die athenische Demokratie*, Schöningh 1995
Blickle, Peter: *Der Bauernkrieg. Die Revolution des Gemeinen Mannes*, C.H. Beck 2012
Bookchin, Murray: *Die nächste Revolution. Libertärer Kommunalismus und die Zukunft der Linken*, Unrast 2015
Buck-Morss, Susan: *Hegel und Haiti. Für eine neue Universalgeschichte*, Suhrkamp 2011
Dahn, Daniela: *Wir sind der Staat. Warum Volk sein nicht genügt*, Rowohlt 2013
Finley, Moses I.: *Das politische Leben in der antiken Welt*, dtv 1991
Gerber, Elizabeth R.: *The Populist Paradox: Interest Group Influence and the Promise of Direct Legislation*, Princeton University Press 1999
Gilens, Martin: *Affluence and Influence: Economic Inequality and Political Power in America*, Princeton University Press 2012
Häring, Norbert: *Markt und Macht*, Schäffer-Poeschel 2010
Halberstam, David: *Die Elite. The Best and the Brightest*, Rowohlt 1974
Heußner, Hermann K./Jung, Otmar: *Mehr direkte Demokratie wagen. Volksentscheid und Bürgerentscheid – Geschichte – Praxis – Vorschläge*, Olzog 2009
Jung, Otmar: *Direkte Demokratie in der Weimarer Republik*, Campus 1989
– *Grundgesetz und Volksentscheid*, Westdeutscher Verlag 1994
Krüger, Uwe: *Mainstream. Warum wir den Medien nicht mehr trauen*, C.H. Beck 2016
Krysmanski, Hans Jürgen: *Hirten & Wölfe. Wie Geld- und Machteliten sich die Welt aneignen oder: Einladung zum Power Structure Research*, Westfälisches Dampfboot 2004
– *0,1 %. Das Imperium der Milliardäre*, Westend 2012
Locke, John: *Über die Regierung (The Second Treatise of Government)*, Reclam 1974
Mills, C. Wright: *Die amerikanische Elite. Gesellschaft und Macht in den Vereinigten Staaten*, Holsten 1962
Richter, Edelbert: *Deutsche Vernunft – Angelsächsischer Verstand. Intime Beziehungen zwischen Geistes- und Politikgeschichte*, Logos 2015

Rittstieg, Helmut: *Eigentum als Verfassungsproblem. Zu Geschichte und Gegenwart des bürgerlichen Verfassungsstaates,* Wissenschaftliche Buchgesellschaft 1975

Ritz, Hauke: *Der Kampf um die Deutung der Neuzeit. Die geschichtsphilosophische Diskussion in Deutschland vom Ersten Weltkrieg bis zum Mauerfall,* Wilhelm Fink 2013

Schiffers, Reinhard: *Elemente direkter Demokratie im Weimarer Regierungssystem,* Droste 1971

Schmid, Carlo: *Erinnerungen,* Scherz 1980

Schmidt, Manfred G.: *Demokratietheorien,* VS Verlag 2010

Schreyer, Paul: *Wer regiert das Geld? Banken, Demokratie und Täuschung,* Westend 2016

Schuler, Thomas: *Bertelsmannrepublik Deutschland. Eine Stiftung macht Politik,* Campus 2010

Scott, Peter Dale: *Deep Politics and the Death of JFK,* University of California Press 1993

– *The Road to 9/11. Wealth, Empire, and the Future of America,* University of California Press 2007

Shoup, Laurence H./Minter, William: *Imperial Brain Trust. The Council on Foreign Relations and United States Foreign Policy,* Monthly Review Press 1977

Stegemann, Bernd: *Das Gespenst des Populismus,* Theater der Zeit 2017

Sutton, Antony: *Wall Street und der Aufstieg Hitlers,* Perseus 2008

Tiefenbach, Paul: *Alle Macht dem Volke? Warum Argumente gegen Volksentscheide meistens falsch sind,* VSA 2013

Todd, Emmanuel: *Die neoliberale Illusion. Über die Stagnation der entwickelten Gesellschaften,* Rotpunktverlag 1999

Werner, Richard A.: *Neue Wirtschaftspolitik. Was Europa aus Japans Fehlern lernen kann,* Vahlen 2007

Wernicke, Jens/Bultmann, Torsten: *Netzwerk der Macht – Bertelsmann. Der medial-politische Komplex aus Gütersloh,* Bund demokratischer Wissenschaftler 2007

Wiegand, Hanns-Jürgen: *Direktdemokratische Elemente in der deutschen Verfassungsgeschichte,* Berliner Wissenschafts-Verlag 2006

Zinn, Howard: *Eine Geschichte des amerikanischen Volkes,* Nikol 2013

Personenregister

Adenauer, Konrad 51, 62, 82, 113, 189
Aldrich, Richard 53, 187
Allende, Salvador 138–140, 142, 207
Aretin, Erwein von 78, 192
Arnault, Bernard 175
Arnold, Karl 80
Ashley-Cooper, Anthony 209
Augstein, Jakob 22, 182

Bauer, Fritz 41f., 185
Berger, Jens 199, 209
Berger, Roland 104
Berner, Albert Friedrich 35
Biedenkopf, Kurt 114
Bishop, William Alexander 55
Bismarck, Otto von 36, 58, 102, 198
Bookchin, Murray 180
Boël, René 52
Bowles, Chester 200
Brandeis, Louis 13, 93, 180
Brandt, Willy 79, 190, 192
Brasch, Klaus 37
Brasch, Thomas 37
Bröckers, Mathias 167, 205, 213
Brzeziński, Zbigniew 141
Bundy, William P. 200

Carnegie, Andrew 27
Casey, William 204

Cheney, Dick 133f., 141, 205
Churchill, Winston 51, 102f., 198
Cicero, Marcus Tullius 26
Clarke, Richard 205
Clinton, Hillary 21, 109, 200
Corbyn, Jeremy 10
Curtius, Julius 190

Davis, Norman 200
Deutch, John 204
Di Fabio, Udo 61, 189
Dilworth, James 98
Dittmann, Wilhelm 69
Donovan, William J. 51
Douglass, Kingman 204
Draghi, Mario 99
Duchêne, François 188
Dulles, Allen 51, 53, 110, 130f., 137, 141, 187, 203f.

Edwards, Augustin 207
Ehard, Hans 80
Eisenberg, Götz 95f., 197
Eisenhower, Dwight 138, 206
Elsässer, Jürgen 161f., 167, 211–213
Engels, Friedrich 146, 203
Erdheim, Mario 135, 206
Erhard, Ludwig 99, 197

Finck, August von 104
Flick, Friedrich 113

Folkerts-Landau, David 197
Forrestal, James 131, 187
Freiberger, Ernst 89
Fukuyama, Francis 211

Gabriel, Sigmar 22, 182
Ganser, Daniele 173, 203, 214
Gates, Bill 109
Gauck, Joachim 49, 187
Gauland, Alexander 102f., 198, 213
George, Henry 27, 182
Gerber, Elizabeth 91, 196
Gilbert, Parker 191
Gilens, Martin 20f., 182
Glaser, Ulrich 92, 196
Goebbels, Joseph 212
Goodwyn, Laurence 28, 182
Gracchus, Tiberius 26
Greenwald, Glenn 137, 206

Haffner, Sebastian 165
Hammarskjöld, Dag 132, 204
Harriman, Averell 53, 204
Harrington, James 180
Hartwig, Roland 104f.
Haußmann, Conrad 63, 190
Hayden, Michael 136f., 206
Heitmeyer, Wilhelm 23, 182
Henkel, Hans-Olaf 104, 199
Heuss, Theodor 63, 66, 82f., 189
Heußner, Hermann 92, 189, 191f., 196
Hitler, Adolf 61–63, 74f., 77, 83, 86, 88, 100, 102, 112f., 165f., 191, 194, 212, 216
Höcke, Björn 159
Houellebecq, Michel 176
Hugenberg, Alfred 73f., 201

Inman, Bobby Ray 204

Jackson, William Harding 204
Jebsen, Ken 161–163, 167f., 171f., 211, 212f.
Jung, Otmar 64, 66, 70, 189, 190–194, 196

Kaeser, Joe 109
Kahane, Anetta 33, 37, 184
Kahane, Max 37
Kardorff, Siegfried von 101
Katz, Rudolf 82f., 193f.
Kautsky, Karl 146
Kautsky, Luise 146
Kaye, David 44
Keil, Wilhelm 190
Kennedy, John F. 110, 132, 136, 138, 140, 200
Kennedy, Robert 132
King, Martin Luther 132, 140
Kissinger, Henry 110, 139, 141, 207
Klatten, Susanne 89, 144
Kleber, Claus 109, 199
Knickerbocker, Hubert Renfro 212
Kohl, Helmut 114, 195
Kolbe, Daniela 181
Krosigk, Johann Ludwig von 113
Krüger, Harald 144
Krüger, Uwe 170, 213
Krupp, Alfried 113
Kubicki, Wolfgang 88
Kublai Khan 157
Kurz, Sebastian 175, 177f., 214

La Fayette, Marquis de 124
Lammert, Norbert 45
Lederer, Klaus 171f.
Leffingwell, Russel C. 203
Legrand, Jupp 160
Letelier, Orlando 207
Leyen, Ursula von der 188
Liebknecht, Karl 69, 132, 136, 140, 142
Lincoln, Abraham 211
Lindner, Christian 88f., 109, 174f., 194f., 200, 213

Locke, John 125, 149–154, 157, 210f.
Lovett, Robert A. 204
Lumumba, Patrice 132, 140, 204
Luxemburg, Rosa 132, 136, 140, 142, 146, 206

Maas, Heiko 33, 38, 184
Macron, Brigitte 175
Macron, Emmanuel 175–177, 202, 214
Maizière, Thomas de 31
Marshall, George 81
Marx, Karl 128, 203
Mason, George 125
Mausfeld, Rainer 147, 208
McCloy, John J. 53, 113f.
Mélenchon, Jean-Luc 10
Merkel, Angela 14, 17, 20, 30f., 47f., 71, 85, 99, 183, 195
Middelhauve, Friedrich 77f., 192
Minihan, Kenneth 204
Moeller van den Bruck, Arthur 164
Möllers, Christoph 180
Moersch, Karl 190
Mohn, Reinhard 114, 117, 121
Monnet, Jean 52
Morgan, John Pierpont 27, 72, 191, 203
Müller, Albrecht 118
Müller, Hermann 70
Mutlu, Özcan 86

Nahles, Andrea 14, 19f., 180f.
Naidoo, Xavier 59, 188
Nitze, Paul 204
North, Oliver 134, 137

Obama, Barack 176, 206
Ollenhauer, Erich 55
Oppermann, Thomas 49, 58, 186f.
Ostermann, Tim 86, 194f.

Pabst, Waldemar 136f., 204, 206
Palme, Olof 132, 140, 205
Paul, Hugo 82
Pazderski, Georg 104f., 199
Petraeus, David 105, 204
Pferdmenges, Robert 62
Piëch, Ferdinand 144
Pinochet, Augusto 140, 207
Porsche, Wolfgang 144, 208
Profit, Stefan 115, 201
Putin, Wladimir 160

Quandt, Stefan 89, 144, 208

Rathenau, Walther 132, 204
Reagan, Ronald 134
Renner, Heinz 83
Retinger, Józef 53
Riester, Walter 115
Rittstieg, Helmut 180, 208f., 216
Ritz, Hauke 120f., 202f., 216
Rockefeller Foundation 51, 53, 72, 110f., 114, 200
Rockefeller, David 53, 110f., 113f., 121, 139, 153, 207
Rockefeller, John D. 27, 110f., 121, 139
Röder, Daniel 49, 187
Roosevelt, Franklin D. 52, 193
Rumsfeld, Donald 133, 203, 205
Rusk, Dean 200

Sander, Ulrich 165, 212
Sanders, Bernie 10
Sarrazin, Thilo 159
Schäfer, Armin 14, 180
Schäuble, Wolfgang 99
Schmid, Carlo 55, 61f., 82, 189, 193, 216
Schmidt, Günther 116
Schmitt, Carl 164
Schleicher, Kurt von 165
Schoder, Adolph 64

Personenregister **219**

Scholz, Olaf 147
Schramm, Julia 37, 184
Schröder, Gerhard 95, 115, 117, 198, 202
Schröder, Kristina 20, 181
Schulz, Martin 14, 147, 176
Schumacher, Kurt 55, 188
Schuman, Robert 51 f., 55
Schumann, Harald 188
Seiffert, Horst 155, 210
Severing, Carl 78, 192
Smith, Walter Bedell 51, 53
Snowden, Edward 11
Soros, George 109, 141, 153, 207
Souers, Sydney 204
Spindelegger, Michael 177
Spindler, Helga 116, 201
Stegemann, Bernd 32, 183, 216
Steinmeier, Frank-Walter 14, 41, 147
Stock, Christian 80, 84
Stone, Shepard 53
Storch, Beatrix von 103–105, 113
Storz, Wolfgang 160 f., 164, 211 f.
Strasser, Gregor 165
Struck, Peter 31
Sweet, Chad 204

Taufer, Lutz 207
Teltschik, Horst 114
Tenet, George 204
Tidow, Dorothee 210
Tiefenbach, Paul 91, 196, 216
Tooze, Adam 166
Trump, Donald 10, 21 f., 48, 109, 136 f.

Ulfkotte, Udo 161, 168

Vandenberg, Hoyt 203
Varoufakis, Yanis 58

Wagenknecht, Sahra 10
Weaver, James 28
Wehr, Andreas 56 f., 188
Weidel, Alice 98 f., 103, 105, 197
Weizsäcker, Ernst von 113
Weizsäcker, Richard von 113
Wisner, Frank 204
Wisnewski, Gerhard 161, 168

Young, Owen D. 71–73

Zetsche, Dieter 109
Zinn, Howard 26 f., 182, 216
Zuckerberg, Mark 109

PAUL SCHREYER

ISBN: 978-3-86489-316-2
176 Seiten
Auch als Ebook erhältlich

Chronik einer angekündigten Krise

Wie ein Virus die Welt verändern konnte

Politik der Angst?

Ob in Politik, Wirtschaft oder Privatleben: Das Coronavirus gibt den Takt vor. Tausende Unternehmen steuern auf den Konkurs zu, kaum für möglich gehaltene Einschränkungen der Bürgerrechte werden ohne Diskussionen beschlossen - auf unbestimmte Zeit. Viele Menschen verharren in Angst und Passivität. Regierungen unterwerfen sich Empfehlungen von Experten, eine Opposition ist kaum zu sehen und die Medien hinterfragen wenig. Was geschieht hier eigentlich? Die vordergründig chaotisch erscheinenden Reaktionen auf den Virus, werden von Paul Schreyer in einen erhellenden globalen Kontext gestellt. Deutlich wird: Einige der aktuellen Entwicklungen sind nicht zufällig.